Michael Altmoos

Besonders: Schmetterlinge

Gedruckt auf
100% Recyclingpapier

Michael Altmoos

Besonders: Schmetterlinge

Kreativer Schmetterlingsschutz für Landschaft und Garten

Praxiswissen und Inspiration für vielfältige Lebensräume

pala
verlag

Besonders: Schmetterlinge – Danke!

Mein besonderer Dank gilt meiner Familie, meiner Frau Ursula, meinen Kindern Sarah und Elisa, für die liebevolle gemeinsame Lebensreise samt Nahe-der-Natur-Museumsarbeiten, die fortwährt und eng mit Schmetterlingen verbunden ist. Sie schenkten diesem Buch Inspiration und lasen Teile kritisch Korrektur. Meine Eltern, Liane und Robert, gaben mir überhaupt erst die Chance, tieferes Interesse und Zuneigung zu Faltern und Menschen entfalten zu können, eine Entwicklung, die nie aufhören wird solange ich lebe.

Dankbar bin ich allen Fachleuten und Fotografen, die mir ergänzend zu den meinen auch ihre besonderen Blickwinkel und Bilder für das Buch übermittelten (Bildnachweise siehe Seite 208). Dem pala-verlag mit seinem kompetenten und engagierten Team gebührt großer Dank, ein solches teils ungewöhnliches Buch in bester Zusammenarbeit verwirklicht zu haben.

Eine Danksagung sollte eigentlich nicht anonym adressieren, aber ich tue es hier dennoch und von Herzen: Denn die Namen all der vielen Menschen kenne ich meist nicht, die seit 2012 unser Museum und »SchmetterlingsReich« in Staudernheim besuchten und mit mir sprachen. Sie prägten gerade dadurch dieses Buch mit: die vielen Fragenden, die mich auch zu sonst wenig beachteten Aspekten anregten und zu verständlichen Antworten zwangen. Die vielen Begeisterten, Kinder wie Erwachsene, die mir durch ihre so freudvollen Falterbeobachtungen zeigten, dass das menschliche Band zur Natur lebt und ein solches Buch es weiter stützen könnte. Und manche sensiblen Besucher, die mir teils mit Tränen in den Augen sagten, wie die vielen Schmetterlinge sie hier gerade in ihrer Lebenssituation berührt haben – und die damit ebenso mich tief bewegten: zum Buchschreiben und für noch viel mehr Schmetterlingsschutz.

So gibt es Hoffnung, dass es nie zu spät ist: für Naturschutz mit Herz und Verstand, mit und für uns Menschen. Daher möchte ich auch all jenen danken, die Flächen für Natur und Schmetterlinge bereitstellen und sich für sie einsetzen – ein jeder auf seine Art, an vielen Orten, gerne auch im weiteren Austausch, stets in lebendiger Vielfalt. Besonders: Schmetterlinge!

Michael Altmoos

Inhalt

Prolog

Das Besondere ...

... an Schmetterlingen sind ihre Zartheit, Schönheit, ihre Formen und Farbenpracht, ihre Verwandlung, ihre ... – sehen Sie selbst. Wunder der Natur! Kein Wunder, dass sie zu den beliebtesten Tieren zählen.

Schmetterlinge berühren auch persönlich. Ihnen folgend bin ich schon in so manchen Bergbach gefallen und im Matsch gelandet. Ihre Eleganz ist der meinen entgegengesetzt, wenn ich zum Fotografieren an sie herantapse – und sie kurz vor dem Auslösen doch auffliegen. Ich schaue dabei manchmal dumm aus, sie nie. Und doch fühle ich mich ihnen verbunden im Drang nach Leben und Freiheit, zwischen Scheitern und Aufstehen. Manche Erlebnisse, Geschichten und Erfahrungen als Ökologe und Naturschützer lasse ich in diesem Buch wahrlich auffliegen, um Sachverhalte zu illustrieren, aber auch, um Sie persönlich anzuregen. Das dient dem Hauptziel dieses Buches: gute Plätze, Räume und Flächen für Schmetterlinge gestalten.

Angesprochen sind Gärtnerinnen und Gärtner, Naturschutz-Interessierte, Planer und Profis, Gemeinden, Bewirtschafter von Flächen, ja alle, die auf Landschaften Einfluss nehmen können oder wollen. Aber auch wer nicht gestalten kann, gewinnt mit diesem Buch: Denn auf dem Weg zu Falterplätzen gibt es Einblicke in besondere Lebensweisen, in Umweltprobleme unserer Zeit, in Wissen um Natur und ihre Faszination: Naturschutz mit Denken!

Besonders Schmetterlinge! Sie stehen hier im Zentrum und beispielhaft dafür, wie alles in der Natur verwoben ist. Erst aber aus ökologischen Zusammenhängen, auch über Falter hinaus, entwickle ich die praktische Gestaltung. Damit statt Aktionismus gute Aktionen sinnvoll wirken. »Besonders« heißt in diesem Buch:

* Besonders praktisch – ein Alphabet für Schmetterlinge: Aus der Vielzahl an Aspekten, die wichtig für Schmetterlingsplätze sind, wähle ich die 25 Wesentlichen aus. Und zwar einprägsam als Alphabet. Die Macher unter uns finden 100 Praxistipps und 100 Schmetterlingspflanzen zur individuellen Anregung. Naturschutz funktioniert nicht in Schemata, sondern in vielfältiger Variation und unter Mitnahmewirkung für die ganze Natur. So gaukeln Falter und wir über altbekannte Tipps, über Gartenzäune und bisherige Denkgrenzen hinaus in die Freiheit.
* Besonders traumhaft: Wir wechseln an manchen Stellen die Perspektive, sehen mit Schmetterlingen die Welt mal anders und ziehen daraus Schlüsse. Wir finden anregende Analogien in ihrer Metamorphose zu unseren eigenen Anwandlungen und Verwandlungen. Ich spreche sogar mit vier weniger bekannten Faltern, und Sie können uns belauschen. Wer Schmetterlinge lachen hört ...

Großer Perlmutterfalter *(Argynnis aglaja)* landet frei auf der Hand des Autors.
Es kommt zusammen, was zusammen gehört: Menschen und Schmetterlinge.

* Besonders dringlich und umfassend: Angesichts eines Schmetterlingssterbens, das mit einer weltweiten ökologischen Krise verflochten ist, brauchen wir jetzt mehr besondere Lebensgestalter und Schmetterlingsschützer: Sie! Dabei geht es nicht nur um Tagfalter, sondern auch um Nachtfalter und Kleinschmetterlinge, um Raupen, Motten und Gespinste. Es geht ums Ganze. Weil alles miteinander verbunden ist: Mensch, Natur – Leben als Netzwerk!

Besonders nicht besonders: Ist Ihnen da ein »Besonders« zu viel? Wir verstehen uns. Denn natürlich kann ein Buch wie dieses keine Wunder vollbringen, auch wenn ich einige Wunder der Falter hervorhebe. Auch kann es kein Bestimmungsbuch oder Ökologiebuch ersetzen. Aber es bietet relevante Zusammenhänge, Falterbeispiele und so manche Überraschung in kompakter Form.

»Ich weiß, wie wenig ich weiß« ist der Leitsatz jedes tiefen Naturkenners. Hüten Sie sich vor denjenigen, die über Natur viel zu wissen vorgeben. Ich gehöre sicher nicht dazu. Aber ahnungslos bin ich doch nicht. Nach über 25 Jahren wissenschaftlichem Naturschutz über enge Fachgrenzen hinaus möchte ich, dass Sie nicht die Fehler machen, die ich früher teils machte. Gehen wir auf die besondere Reise zwischen Traum und Wirklichkeit, Gefühl und Wissen, Humor und Ernst. Das ist in der Kombination dann schon besonders – wie jeder Falter, jeder Mensch.

Michael Altmoos

Bild folgende Doppelseite: Grünader-Weißling *(Pieris napi)* an Bachnelkenwurz *(Geum rivale)*

Wer Schmetterlinge lachen hört,
der weiß, wie Wolken schmecken,
der wird im Mondschein, ungestört
von Furcht die Nacht entdecken.

Der wird zur Pflanze, wenn er will,
zum Tier, zum Narr, zum Weisen,
und kann in einer Stunde
durchs ganze Weltall reisen.

Er weiß, dass er nichts weiß,
wie alle andern auch nichts wissen,
nur weiß er, was die anderen
und er noch lernen müssen.

Wer in sich fremde Ufer spürt,
und Mut hat sich zu recken,
der wird allmählich ungestört
von Furcht sich selbst entdecken.

Carlo Karges (1951 – 2002) für die deutsche Rockband »Novalis« (1973)
im Stil des Romantik-Dichters Von Hardenberg (Novalis, 1772 – 1801),
der diese Worte aber nie schrieb.

Erste Flügelschläge

Besondere Augenblicke erleben

Erwachen mit und für Falter

Ein Flügelschlag. Ganz zart und sanft. Es berührt uns.
Vergänglich. Er und wir.
Ein Flügelschlag, eingebunden in die Ewigkeit.
Die ewig weiter geht.

Seit Millionen von Jahren gibt es Schmetterlinge auf der Erde, sie veränderten sich, entwickeln sich weiter – ein Leben in unzähligen Generationen, eine Evolution in großer Vielfalt, die sich weiterentwickelt – wenn wir sie nicht zerstören. Und wir mittendrin, im Hier und Heute. Zukunft offen.

»Besonders Schmetterlinge« heißt, mit ihnen besondere Augenblicke zu erleben. Ich erinnere mich an prägende Erlebnisse. Geht es Ihnen ähnlich? Sie dürfen sich angeregt fühlen, nach eigenen Falter-Momenten zu suchen. Sie führen in eine Welt sanfter Flügelschläge, faszinierender Farben und Formen, voller Lebensfreude und Ideen. In eine Welt, die bedroht ist und gerettet werden kann.

Mannheim-Vogelstang, 1979: Als 12-jähriger Junge spielte ich zwischen den heimatlichen Hochhäusern mit Freunden Fußball. Nach einem Foul landete ich im weichen Moos. Mehr dazu in meinem Buch »Der Moosgarten«. Im selben Jahr gab es eine weitere Abzweigung: Mit jener Straßenfußballer-Gang unternahmen wir Fahrradausflüge in den nahen Käfertaler Wald, einen von Eichen und Kiefern dominierten lichtdurchfluteten Forst. Immer wieder flatterten braune Falter mit weißen Flecken um uns herum. Es waren Waldbrettspiele. Sie ließen sich vor allem in den Lichtflecken nieder. Wir machten uns einen Spaß daraus, selbst von Lichtfleck zu Lichtfleck zu springen, und entwickelten Fangspiele: In den Lichtflecken war man sicher. Wir waren das Waldbrettspiel! Das Leben war unbeschwert, diese Schmetterlinge schienen es auch. An anderen Tagen kam ich mit einem Freund und selbst gebautem Kescher, fing sie, betrachtete sie, ließ sie wieder frei. Ich begann, kindlich zu forschen, ohne dass mich jemand dazu angeregt hätte. Wie entsteht Naturinteresse? Ein jeder hat seine Geschichte. Blicken Sie um sich: Jeder Falter, jeder Tag ist immer wieder ein Anfang.

Bild links oben: Ein magischer Sonnenstrahl des Augenblicks beleuchtet das zufällige Treffen von Schwalbenschwanz *(Papilio machaon)* und Baumweißling *(Aporia crataegi)*.
unten: Waldbrettspiel *(Pararge aegeria)*

Schweizer Alpen, 1983: Verschwitzt wanderte ich als 16-Jähriger mit meinen Eltern durch das hochalpine Spöltal im Schweizer Nationalpark, dem größten Wildnisschutzgebiet Mitteleuropas seiner Zeit. Viele kleine Bläulinge setzten sich auf meine feuchten Arme, leckten am salzhaltigen Schweiß. Wie das kitzelte. Wir lachten das Tal voll. Auch sonst war das wilde Tal falterreich. Ein majestätischer Apollofalter schwebte vorbei. Ich sprang ihm hinterher und plumpste in den kleinen Seitenbach. Können Falter lachen? Bald tauchte die große Staumauer von Livigno auf, die zugleich Teil der Nationalparkgrenze und Staatsgrenze zwischen der Schweiz und Italien ist. Schien das Tal unberührt, wurde mir dort – buchstäblich – betonhart klar, dass dies eine Täuschung war: Vieles wird reguliert, das Wasser, das Geschiebe des Wildbaches. Viel später, 2016, wurde festgestellt, dass aus der Staumauer Schadstoffe (Polychlorierte Biphenyle) in dieses doch streng geschützte Spöltal eingetragen werden. Ist eine Wildnis, deren Zufluss so verbaut ist, noch eine Wildnis, obwohl das Tal sonst frei von Bewirtschaftung ist? Wo beginnt Naturzerstörung, wo ergänzen sich Menschenwerke und Natur? Falter wurden für mich zu einer Spur der Natur. Auch heute noch kitzelt es mich angenehm, als würden Bläulinge an mir sitzen, wenn ich an die besondere Freiheit ungestalteter Flächen denke. Haben Sie auch ein »Naturschutz-Gefühl« – oder entsteht es?

Hochtannberggebiet in Österreich, 2009: Aus dem Jungen, der nur eine vage Ahnung hatte, wurde ein erwachsener Mensch, der jetzt immerhin weiß, wie wenig er weiß. Mit meiner Frau und unseren zwei Töchtern wanderte ich in den Bergen am Körbersee im Vorarlberg. Dort war ich schon als Kind, auch dort vertiefte sich meine Naturbegeisterung. Aber statt des kleinen Jungen rannten jetzt ein ehemaliger Junge, seine Frau und ihre kleinen Mädchen über die Wiesen. Uns fielen die dunklen Mohrenfalter auf. Ihre Flügel sind wie Sonnenkollektoren, sichern Wärme in rauer Bergwelt. Bald standen wir spaßeshalber mit unseren Armen da wie Mohrenfalter mit ihren Flügeln: Sonne tankend, sanft Arme auf und ab wippend. Andere Wanderer schauten irritiert: die Verrückten? Eine neue Entspannungsübung? Eine ältere Dame fragte, ob sie mitmachen dürfe. Na klar: Mohrenfalter-Yoga!

Insgesamt ist das Gebiet im Gegensatz zum Schweizer Nationalpark keine Wildnis, sondern eine Kulturlandschaft, harmonisch gestaltet von Mensch und Kuh – und Schmetterlingen. Ohne sie als Bestäuber, zusammen mit Wildbienen, wäre das Hochtal blütenärmer. Wir juchzten begeistert, wenn uns einer der Mohrenfalter umkreiste. Die Kleinste wich einmal aus und – plumps, rein in den kleinen Bach. Das kenne ich, erkenne mich – und meine zu erkennen: Schmetterlinge lachen doch.

Selber Tag am Abend: Ich las unseren Kindern aus dem Enid-Blyton-Klassiker »Der Berg der Abenteuer« vor. Die vier Abenteuerkinder wandern mit Eseln durch die Berge von Wales in ein »Tal der Schmetterlinge«, so heißt es im Buch wirklich. Ich liebe dieses Kopfkino und ein vager Gedanke entstand in mir: Kann man freie Flächen gezielt in ein solches Schmetterlingsparadies verwandeln?

Mohrenfalter *(Erebia spec.)*, hier auf einer Bergwiese im Nationalpark Hohe Tauern (Osttirol)

Bendorf-Sayn, 2011: Wir unternahmen einen Ausflug in den »Garten der Schmetterlinge«, einen Glashaus-Zoo für bunte Falter der Tropen. Die Einrichtung war gut besucht, man kam tropischen Faltern ganz nah. Kann man das ähnlich mit heimischen Faltern machen? Unter Freilandbedingungen? Da ist es wieder: das »Tal der Schmetterlinge«, Schmetterlingsparadiese, Kindheitsabenteuer, Familienerlebnisse – und doch gerne erwachsen. Für unsere Natur. Wollen Sie das auch?

Staudernheim, 2020: »Wir nennen es SchmetterlingsReich«, so führte ich Besucher in unseren Schmetterlingsgarten, der Teil unseres Museums für Naturschutz in Staudernheim ist. Ideen haben Gestalt angenommen, aus gestern wurde heute, der große Traum zur kleinen Wirklichkeit. »Das ist ja das reinste Chaos«, unterbricht mich eine Dame entsetzt. »Nicht Chaos, und schon gar nicht rein, sondern alternative Ordnung«, lachte ich. »Es gibt viele Wege zum Schmetterlingsparadies. Sie können auch ordentlicher Unordnung machen.« Nun lachten alle. Und die vielen Falter bezaubern. Möchten Sie zaubern? Dieses Buch will »Magie« und Wissen weitergeben. Jetzt mit Wissen und Erfahrung, aufbauend auf Lebensgeschichten und Träumen – und doch tief in der Wirklichkeit.

Doch gehen wir zuerst in die Urzeit, in der erste Flügelschläge der Falter stattfanden. Denn erst aus Vergangenheit versteht man Gegenwart und gestaltet Zukunft.

Erdgeschichtlich spannend – falterreiche Evolution!

Ur-Flügelschlag

Tyrannosaurus rex hob nur kurz den Kopf. Ein flatterndes Ding umkreiste seine Riesenschnauze. »Will der da nur spielen?« Aber der winzige unbekannte Falter flog lautlos davon. Er wurde eins mit dem dämmrigen Himmel des Erdmittelalters, als kleine Pointe in jener Sekunde ziemlich ungenau 230 Millionen Jahre vor dem Erscheinen dieses Buches.

Schmetterlinge sind seit mindestens 300 Millionen Jahren auf der Erde, Saurier traten nach etwa 250 Millionen Jahren auf, und so bevölkerten »Ur-Falter« einst gemeinsam mit Dinosauriern diesen Planeten. Soweit man anhand von fossilierten Flügelschuppen in Norddeutschland rekonstruieren kann, waren die damaligen Falter braun-grau wie unsere heutigen Motten, die Nachtfalter sind. Während die großen Dinos vor allem infolge des Asteroideneinschlages vor etwa 66 Millionen Jahren ausstarben, entwickelten sich aus den überlebenden kleinen Flugsauriern Vögel, unsere heutigen Saurier, in derzeit rund 10 000 bekannten Arten. Die damaligen Schmetterlinge überlebten das Massensterben, das etwa 75 Prozent aller Lebensformen betraf, und entwickelten sich zur heutigen Formenvielfalt weiter.

Als Schmetterlinge im Laufe der Evolution im Erdzeitalter der Trias entstanden, gab es noch keine Blütenpflanzen, auf deren Nektar viele von ihnen heute angewiesen sind. Über ihre Ernährung ist wenig bekannt, möglicherweise ernährten sie sich von Moosen, Pflanzensäften oder Nährsalzen. Falter mit ihren Rüsselformen und Blüten mit ihren Formen haben sich erst später in wechselseitiger Abhängigkeit entwickelt (Co-Evolution). Früher dachte man, es wären zuerst die Blüten aufgetreten. An deren Nektar hätten sich die Falter angepasst. Nach neueren Erkenntnissen war es wohl umgekehrt. Zuerst gab es Falter, und nach ihnen entstanden Blumen mit ihrem Nektarangebot. Vielleicht gibt es nur deshalb so viele Blumen, weil es Schmetterlinge gibt.

Aktuelle Evolutionserkenntnisse zeigen, dass es zunächst nur Nachtfalter ähnlich unseren heutigen Motten gab. Die Szene mit Saurier und Falter könnte wohl in der Dämmerung geschehen sein. Ganz in Ruhe? Fledermäuse, heute wichtige natürliche Feinde der Nachtfalter, traten erst 200 Millionen Jahre später auf, ab etwa 80 Millionen Jahre vor heute. Früher dachte man, dass sich Hörmöglichkeiten der Nachtfalter später in Anpassung an Fledermäuse entwickelt hätten. Doch seit 2019 ist durch ein Team um Akito Kawahara von der Universität Florida belegt, dass schon frühe Nachtfalter weit vor Auftreten der Fledertiere einfache Rezeptoren für Schall und Töne hatten. Wozu das? Man spekuliert, dass sie damit ihre Umwelt, vielleicht auch frühe uns unbekannte Feinde, auf einfache akustische Art wahrnehmen konnten. Nach Auftreten der Fledermäuse bildeten sich aus einfachen Hörmöglichkeiten in Co-Evolution hochdifferenzierte Höranlagen. Manche Nachtfalter entwickelten selbst Ultraschalltöne, um die Fledertiere zu warnen oder zu verwirren. Andere bildeten Haare aus, eine Art Fell, die die Ultraschalllaute der Fledermäuse weniger gut reflektieren, und machten sich damit für sie fast unsichtbar. Andere Motten lassen sich bei Empfang eines Fledertierlauts nach unten fallen oder leben bodennah. Aber auch die Entwicklung der Fledermäuse ging und geht weiter. Alles Leben ist in dynamischer Abhängigkeit – miteinander!

Eine weitere Anpassung der frühen Nachtfalter gab es: Was würden Sie, liebe Leserin, lieber Leser, tun, wenn es nachts zu gefährlich wird? Na klar, man kann das Leben am Tag probieren. Tatsächlich findet die Entwicklung von tagaktiven Schmetterlingen erst seit etwa 100 Millionen Jahren und verstärkt seit dem Auftreten der Fledermäuse statt. Allerdings legen neue Erkenntnisse der Universität Florida nahe, dass auch zuvor schon einige Falter tagaktiv aufgetreten sind, wahrscheinlich parallel zu frühen Bienen, die das erste Blühangebot neu nutzten und in Co-Evolution die Vielfalt an Pflanzen ebenfalls erhöhten. Wer kann zu einer guten Idee schon Nein sagen?

Die Tagfalter haben zwar keinen Stress mehr mit Fledermäusen, dafür stellen ihnen des Tags nun ausgerechnet die Nachfahren der Saurier nach, die sie einst überlebten: Vögel. Welch Ironie der Erdgeschichte! Falter mögen das für einen schlechten Witz halten, Vögel sehen buchstäblich die Superpointe. Weil aber letztlich alles zusammenhängt, lachen und weinen wir immer zusammen.

Bild links: Weißfleck-Widderchen *(Amata phegea)* – erfahrene Lebenskunst an struktur- und blütenreichen Sonnenhängen, hier im Vinschgau (Südtirol)

Beziehungen von Menschen zu Schmetterlingen

Alter Falter!

Menschen und Schmetterlinge sind seelenverwandt! Wie bitte? Wie können wir als »Wirbeltiere« uns mit so flüchtigen, niederen Tieren verbunden fühlen? Zunächst einmal meine ich das ganz wörtlich: und zwar im Altgriechischen. Dort heißt Schmetterling »psyche« – und das ist die Verkörperung der Seele. Nach antikem Verständnis fliegt nach dem Tod unsere Seele als Schmetterling davon. Wir alle sind flüchtig auf dieser Welt. Berühren uns deshalb so besonders die sanften Flügelschläge des Vergänglichen und die bunten Farben der Lebensfreude?

Eines meiner Lieblingsmosaike der Kunstgeschichte ist das »Memento mori« (Erinnere Dich des Todes / Umkehrschluss: Lebe bewusst) aus Pompeji, heute im Archäologiemuseum Neapel (in Pompeji: Kopie an Originalstelle): In einem Mosaikbild aus kleinen kolorierten Kalksteinen lauert im Mittelpunkt der Tod in Form eines Totenschädels, das Leben hängt an einem seidenen Faden. Reißt dieser, fliegt die Seele davon – in Form eines, na klar, Schmetterlings. Diese Darstellung ist auch deshalb so berührend, weil wir das Schicksal Pompejis kennen.

Ganz praktischer Art ist, dass Schmetterlinge seit rund 5000 Jahren als Nutztiere gehalten werden: Aus China kommt der Maulbeerspinner *(Bombyx mori)*, auch Seidenspinner genannt. Aus Kokons der Puppen werden Seidenfäden abgewickelt, die zu

Aurorafalter *(Anthocharis cardamines)* sind Frühlingsboten und berühren offene Menschen in der Seele.

feinsten Stoffen verarbeitet werden. Sollten Sie dieses Buch gemütlich im Seiden-Pyjama im Bett lesen, sind Sie vom Schmetterling wahrhaft bekleidet. Doch halten Sie inne: Der Seidenspinner wurde auf Hochleistung gezüchtet, inzwischen teils auch gentechnisch verändert, und die Puppen werden überwiegend bei lebendigem Leibe verkocht. Kriminell?

Einem Krimi gleicht die Ausbreitung der Seide. Einst waren Seidenspinnerraupen auf China begrenzt und wertvoll wie Gold. Unter abenteuerlichen Umständen wurden von Fahrensleuten Eier entwendet, um die begehrte Seide in Europa selbst herstellen zu können: Raubkopien – oder wie ich sagen würde: Raupenkopien! Davon ausgehend, änderten sich wirtschaftliche Machtverhältnisse in der Welt und die Seidenproduktion verbreitete sich. In Europa wurden Maulbeerbäume als Blattlieferanten zur Versorgung der Raupen gepflanzt, später auch zur Zierde. So fuhr ich als Jugendlicher mit dem Rad gerne auf die »Maulbeerinsel« meiner Heimatstadt Mannheim, eine Landzunge im Neckar mit alten Maulbeerbäumen. Unter ihnen las ich so manchen Krimi, während die Nachfahren des »Kriminalfalls Seidenraupe« Schatten spendeten.

Wissenschaftlich wurden Schmetterlinge von Carl von Linné (1707 – 1778) im 18. Jahrhundert »Lepidoptera« genannt, lateinisch für »Schuppenflügler«, weil ihre Flügel mit vielen kleinen Schuppen besetzt sind. In Teilen des deutschen Sprachraumes hießen sie lange Zeit »Sommervogel« sowie »Tagvogel« für Tagfalter und »Nachtvogel« für

Bild links: Ein derart angegriffener Segelfalter *(Iphiclides podalirius)* kann realtiv problemlos weiterleben. Aber seine harte Lebenserfahrung, gepaart mit Schönheit, geht uns nahe.

Nachtfalter. Ihr Ansehen war von eher zweifelhafter Natur: Im Aberglauben galten sie in weiten Teilen Europas als Verkörperung von Hexen, die angeblich Milch und Sahne stahlen. Sie »schmetterten« darin (früher stand »Schmetten« für »Sahne«), was unsere Vorfahren wohl nur begrenzt lustig fanden. Aber so setzte sich ab dem 18. Jahrhundert immer mehr unser heutiger Name »Schmetterling« durch, welcher vom Anfang des 16. Jahrhundert erstmals belegt ist, im Englischen »butterfly«. Die andere heutige Bezeichnung »Falter« kommt weniger von »falten«, obwohl dies angesichts ihrer Flügel passt, sondern hat Wortstämme im Mittelhochdeutschen wie »vivalter«, im Italienischen »farfalla«, und ist eher mit dem lateinischen »papilio« (»Falter«) und der heutigen französischen Bezeichnung »papillon« verwandt. Letzteres klingt doch schön und edel für unsere Butterschmetterer, Hexen oder Seelen, ganz wie Sie möchten.

Im 17. Jahrhundert, als Europa teils noch vom Aberglauben über »Butterschmetterer« und Hexen dominiert war, begann Maria Sybilla Merian, naturgetreue Schmetterlingsporträts zu zeichnen, die in ihrer Schönheit und Originaltreue bezaubern. Auch porträtierte sie den der breiten Bevölkerung weithin unbekannten Verwandlungszyklus. Ihre Bilder fanden als Stickvorlagen weite Verbreitung und trugen wohl auch zur langsam wachsenden Popularität von Faltern bei.

Schmetterlinge tauchten immer wieder in Literatur und Kunstwerken auf. Sehr inspiriert haben mich die Werke von Hermann Hesse und seine berühmte Kurzgeschichte »Das Nachtpfauenauge«, die vom Sammeln und Besitzen von Schmetterlingen handelt, und auch voller Menschlichkeit ist. Ab dem 18. Jahrhundert wurden vermehrt Schmetterlinge gesammelt, weil sie die Menschen faszinierten, weil sie schön und kunstvoll waren oder weil vermehrtes Forschungsinteresse erwachte. Die entstandenen großen Sammlungen zeugen heute von der großartigen Vielfalt, die es einst gab, und enthalten wichtige Vergleichsstücke. Das Sammeln von Schmetterlingen fand wiederum Eingang in Kunstwerke. Bekannt ist der »Schmetterlingsfänger« (1840) von Carl Spitzweg. Karikiert wurden Schmetterlingsfänger mit ihren Fangnetzen auch in Filmen. Wer gerne mal einen alten Winnetou-Film anschaut, wird sich über die Rolle des großartigen Edi Arent als Lord Castlepool amüsieren, der sehr frei nach Karl May den scheinbar trotteligen Natur- und Schmetterlingsforscher im Wilden Westen verkörpert und inmitten mancher Schießerei für Humor sorgt, dann aber doch recht treffsicher ist: mit Colt, Pointe und Schmetterlingskescher.

Wie tief solch ein Bild in vielen Köpfen sitzen kann, erfuhr ich auf komische Art in meiner Zeit am Umweltforschungszentrum Leipzig in den 1990er-Jahren: Ein Kollege nahm eines Tages einen Reporter der Lokalredaktion der Bild-Zeitung zu einer Untersuchung an Schmetterlingen in die Dübener Heide mit. Endlich sollte unsere wissenschaftlich wertvolle Arbeit der breiten Öffentlichkeit bekannt werden. Mit Keschern wurde in brütender Hitze den ganzen Tag gefangen, freigelassen, erklärt. Wirklich harte Arbeit, gute Ergebnisse. Der Reporter schien begeistert. Am nächsten

Zufall des Augenblicks: alter Schönbär *(Callimorpha dominula)* auf jungem Schönbär *(Homo sapiens)* im »SchmetterlingsReich« Staudernheim

Tag lasen wir aber: »Während normale Menschen hart arbeiten, fangen die Forscher nur Schmetterlinge.« Und anbei ein Foto von uns, wie wir als Silhouetten doch frappierend nicht ganz eleganten Schmetterlingsfängern à la Spitzweg ähneln. Natürlich lachten wir über uns selbst, lernten aber auch viel über die Arbeit von Medien und Sender-Empfänger-Missverständnisse. Schmetterlinge zu untersuchen, wurde lange als nicht ernstzunehmende Beschäftigung angesehen. Doch das ändert sich.

Schlagzeilen vom Insektensterben, auch »Schmetterlingssterben« und »Vogelsterben« gehen seit 2017 verstärkt durch die Massenmedien. Die grundsätzliche Entwicklung und viele Fakten sind uns Wissenschaftlern zwar schon lange bekannt, wenn auch nicht in allen Details. Aber endlich erreicht das die Breite der Bevölkerung. Manche Falter sind empfindsame Indikatoren (Zeiger) für Intaktheit oder Beeinträchtigungen ganzer Lebensräume. So ist das Verschwinden der Schmetterlinge ein Beispiel für fortlaufende Naturzerstörung. Ist das zarte, alte Band der Verbundenheit von Falter und Mensch zerfetzt? Oder durchdenken und greifen wir es neu auf?

Schmetterlinge sind stets beliebte Motive auf Kleidung, Tassen, Nippes aller Art, auch als Tattoos und Tätowierungen. Schmetterlinge gehen Menschen wohl in jeder Hinsicht unter die Haut. Lebend sind sie mir jedoch lieber. Lassen wir aus bloßen Motiven echte Motivation werden: mehr Wissen und Lebensräume für Schmetterlinge entwickeln! Das Band der Verbundenheit soll wieder aufleben.

Mitfliegen

Wir Menschen blicken auf Schmetterlinge. Wie aber sähen diese selbst die Welt? Wechseln wir die Perspektive und nehmen die uns ungewohnte Sicht von Faltern ein. Erleben wir drei Schmetterlingsarten – ein Tagpfauenauge, einen Schachbrettfalter (ab Seite 50) und einen Kaisermantel (ab Seite 154) –, die auch in Gärten vorkommen, zudem eine Forscher-Schaltung zum Distelfalter (ab Seite 176). Wir fliegen, träumen, lachen und leiden mit ihnen. Aber keine Angst: Das hier bleibt ein Sachbuch. Daher folgern wir aus den Erlebnissen Fakten, die helfen, Schmetterlinge zu verstehen.

Tagebuch eines Tagpfauenauges: normal unnormale Enthüllungen

Sensation! Im Steinbruch Staudernheim, »Nahe der Natur«, wurde das Tagebuch eines Tagpfauenauges *(Inachis [Aglais] io)* entdeckt. Wie es hinterlassen und entziffert wurde, darüber schweigen die Experten. Hier die Übertragung in unsere Schrift:

25. Mai Ei vorbei. Ich bin da als Räupchen. Hunger!

Brennnessel-Ecke → S. 61

26. Mai Bin nicht allein, wir sind viele, alle weiß-grün. Doch viele Eier blieben zu. Man munkelt was von Parasiten. Habe Angst. Aber noch mehr Appetit. Super Brennnessel, schön warm in der Sonne. Ich kann mir nichts Besseres vorstellen.

30. Mai Fühle mich verspannt. Haut muss weg. Ich wachse schnell.

1. Juni Heute hat es Theo und Trine erwischt. Vom Himmel hoch, da kam es her. Mein Gott, ein Schnabelmonster! Obwohl wir doch für die als Raupen nicht wohlschmeckend sind. Das müssen die doch wissen! Na ja, die Ausbildung der Monster ist wohl auch nicht mehr das, was sie mal war.

3. Juni Habe Riesenhunger, den ganzen Tag, jeden Tag.

6. Juni Wir sind jetzt graubraun. Gespinstbau angesagt. Wir überziehen die Brennnessel. Schön kuschelig.

15. Juni Mal wieder Häutung. Verlasse Gespinst, das sich auflöst. Bin jetzt schwarz mit weißen Pünktchen. Schick.

16. Juni Tom und Tanja geht es nicht gut. Sind heute parasitiert worden. Kleine Fliege, dummer Piks. Frisst sie von innen auf. Mir geht es aber gut. Riesenhunger.

Parasiten
→ S. 40
→ S. 81

20. Juni Brennnessel ganz aufgegessen. Vor Hunger wechsle ich auf die nächste Brennnessel. Wir verteilen uns. Tschüss, Kumpels. Aber so viele sind gar nicht mehr da.

21. Juni Verdauungsprobleme. Viel gegessen. Heute Häutung. Mal wieder.

24. Juni Bin voll voll.

Hochgras-
bestände
→ S. 73

26. Juni Kann nicht mehr warten. Habe stabilen Halm gefunden. Baue mit Fäden aus meiner Superdrüse eine Unterlage. Hänge mich auf. Werde Stürzpuppe. Ruhe jetzt.

30. Juni Die gekrümmte Haltung halte ich nicht mehr aus. Streife Haut durch kreisende Bewegung ab. Hula-Hoop. Als neue Puppe bin ich jetzt hellgrün wie junge Nesseln.

1. Juli Wechsle Farbe auf Graugrün, dann Braun und habe zwei Reihen schöne glänzende Dornen. Bin schickste Puppe am Hang und gut getarnt: Schnabelmonster fliegen vorbei.

2. Juli Wieder Glückstag. Die Sonne scheint. Kein Parasit zu spüren. Ruhe.

Zeit geben,
Zeit genießen
→ S. 135

Raupe (letztes Stadium) des Tagpfauenauges *(Inachis io)*

Metamorphose → S. 163

14. Juli Guten Morgen, liebe Sorgen. Bin gerade aus Puppe geschlüpft. Aber was sind das für Lappen auf meinem Rücken? Ich werde verrückt: Flügel! Wenn das nur mit dem Aufklappen und Trocknen nicht so lange dauern würde. Pumpen und pumpen, Blut und Luft rein in die Flügel.

15. Juli Mein erster Flug war toll. Mein bester Trick: Ich kann jetzt den Schnabelmonstern ausweichen. Und wenn ich meine Super-Flügel aufklappe, sehen die riesige Augen. Echt gefährlich. Das meinen die. Ich aber bin Pazifist. Ehrlich.

Hochstauden und lila Blüten → S. 76

16. Juli Ich brauche Nektar, süß und stark. Brennnessel ist nur was für Kinder. Die violetten Tankstellen mag ich am liebsten. Da kommt ein Kumpel. Thorsten?

Wert von Disteln → S. 107

18. Juli Als Pazifist machte ich mal Pause. Weil ich schon länger hier bin und viel geschickter fliege, habe ich gerade Thorsten vertrieben. Mein Revier gönne ich nur mir. Nur zum Trinken finden wir uns auf großen Blüten wie Disteln zusammen. Bin dann doch wieder Pazifist.

Buddleja → S. 97

19. Juli Habe Schmetterlingsflieder entdeckt. Super Gebräu. Viele Falter da. Die sind schon besoffen, hocken oft nur still da. Tassilo ist dabei von Schnabelmonster gefressen worden. Das ist jetzt nicht nur Pech, Leute: haltet Maß!

1. August Habe mein Hobby zum Beruf gemacht. Gaukeln, Gammeln und Genießen. Viel Durst! Wiesen aber alle abgemäht. Jetzt räumt diese seltsame zweibeinige Senkrecht-Riesenraupe auch meine Disteln ab. Warum zerstört sie das letzte und beste Buffet?

Blühwiesen, Steifen-Mahd → S. 114

20. September Das Leben ist schön. Habe wieder Schuppen verloren. Muss immer weiter fliegen, um satt zu werden.

Winterquartier → S. 109

24. November Jetzt wird es kalt. Will ich in das Astloch, den Fuchsbau oder will ich den Gartenschuppen für den Winter nehmen? Darf nicht zu warm sein, sonst verbrauche ich zu viel Energie. Aber vor Wasser muss ich geschützt sein. Entscheide mich für den Schuppen, wofür ist der wohl sonst da? Hänge mich auf. Gute Nacht, Freunde und frohe Weihnachten, bleibt mir fern.

2. März Aufgewacht, nachgedacht. Was für eine Sonne, auch wenn alles noch kahl ist. Wie kommt man aus diesem verdammten Schuppen raus? Zum Glück hat die, wie heißt die nochmal, die Senkrecht-Riesenraupe eine Schaufel geholt, da bin ich mit rausgeflogen. Bin wieder hier, in meinem Revier. Auf zu neuen Taten, Aufbau unserer neuen Population – durch mich, den Überwinterer: baut auf, baut auf ...

3. März Hunger. Sonne wärmt, Nektar schwer zu finden. Aber ich habe eine Supernase: kann Pflanzen über Kilometer am Duft erkennen. Zum Glück gibt es Salweiden, gelbe frühe Blüte.

Frühblüher im Garten → S. 105

5. März Blöde Maus. Wollte mich fressen, als ich mich am Boden sonnte. Zum Glück kann ich durch heftige Flügelbewegungen nicht nur meine Zauberaugen zeigen, sondern sogar zischen. Ha, das ist Horror für die. Jetzt muss die Maus in Therapie.

Biotopverbund → S. 127

23. April Warum machen die Zweibeinraupen das? Wiesen-Buffet gemäht. Alles langweilig kurz grün. Ob ich über diesen Riesenacker komme? Es stinkt. Bin dann mal weg.

2. Mai Dank meiner Patrouille am Waldrand habe ich sie gefunden. So ein Saum ist die reinste Partnerbörse für Falter. Sogleich Pflicht erfüllt, kurz mal gepaart. C'est la vie, hauchte sie mir zu.

Ökotone → S. 101

20. Mai Ich sehe, wie sie unsere Eier an frischen Brennnesseln ablegt. Etwa zwei Wochen, bis meine Räupchen schlüpfen. Wie ich damals. Meine Nachkommen werden eine neue Generation begründen, in guten Jahren gleich zwei. Fliegt auf, wenn Ihr Tagpfauenauge seid. Unsterblich unser Kreislauf, sterblich wir als Tier. Aber was heißt schon sterben? Ich will leben. Schön ist die Witwenblume. Lecker.

24. Mai Irgendwie bin ich müde. Bleibe jetzt mal sitzen. Das Schnabelmonster dahinten sieht mich bestimmt nicht.

Erster Zwischenfall: Interview mit einem Federgeistchen

Dank der Biotranslation, einer geheimen Methode, die Äußerungen von Tieren und Pflanzen in menschliche Sprache übersetzt, kann ich – ob Sie es glauben oder nicht – mit Schmetterlingen reden. Belauschen Sie mich bei drei »Zwischenfällen«, überraschenden Gesprächen mit vergessenen und oft unscheinbaren Nachtfaltern – und einem vierten »Zwischenfall« mit einem süßen Halunken. Hier die erste dieser Begegnungen.

Michael Altmoos (MA) Ich glaub, ich sehe Gespenster. Wer bist Du?

Federgeistchen (F) *Hui buh und sei gegrüßt. Vorurteil! Ich bin kein Gespenst. Viel geheimnisvoller: Ich bin ein Kleinschmetterling. Gestatten: Pterophorus pentadactylus. Versuch's mal auszusprechen.*

MA (tippt in sein Tablet): Ach, ein Federgeistchen! Ganz schön schnippisch. Leider hat sich Alexa beim Versuch, Deinen wissenschaftlichen Namen auszusprechen, aufgehängt.

F *Wie hast Du das so schnell herausgefunden? In Deiner Hand spukt es. Ist Alexa auch ein Federgeistchen?*

MA Das ist ein Kleincomputer mit Sprachunterstützung. Hat heute fast jeder. Aber einen Geist im Garten hat nicht jeder. Jetzt, beim genauen Hinsehen, erkenne ich Deine Schmetterlingsform in bizarrer Gestalt.

F *Ich will ja nur spielen. Wenn es dämmrig wird, fliege ich über Wiesen, in Gärten und entlang der Wege. Auch in Siedlungen. Sauge hier und da etwas Nektar, will mich vermehren. Die Welt braucht mehr von uns. Lautlos, still und heimlich.*

MA Sag ich ja, Du spukst. Und wer Dich bei Vollmond im Gesicht hängen hat, erschrickt zu Tode. Nachtfalter sind bei uns leider unbeliebt und werden unterschätzt. Aber vielleicht ändert sich das, wenn ich Dich in meinem Buch erwähne?

F *Dann sag das weiter: Meine Raupen brauchen Ackerwinde, gerne auch Klee in Wildsäumen. Aber Ihr räumt alles auf: Wildkräuter – davor habt Ihr wohl ziemlich Angst. Mehr als vor Gespenstern. Ihr seid rückständig!*

MA Nun ja, manche nennen es Fortschritt. Ich kenne Leute, die würden sich vor Dir ekeln und mögen Landschaft nur sauber und rein. Sind trotzdem liebe Menschen. Aber ich sag auch das weiter: Ein guter Garten braucht einen guten Geist wie Dich, braucht wenigstens etwas Wildheit. Bist Du eigentlich nützlich?

F *Was ist das: nützlich? Ich bin einfach da. In Falterbook, unserem sozialen Netzwerk, hatte ich neulich annonciert: »faszinierende Erscheinung, zärtlich, sucht Hochzeit in Weiß.« Leider hat sich noch niemand gemeldet. Gute Partner sind selten geworden. Nur fiese Fledermäuse: »Lecker« mit Smiley, haben die kommentiert. Immer diese Hass-Postings! Ich finde, die sind echt gefährlich, sollten verboten werden.*

MA Ja, Hass-Postings sind schlimm.

F *Nein, ich meine die Fledermäuse.*

MA Oh, das ist eine Frage der Perspektive. Ich erkenne aber einmal mehr, wie formenreich Ihr Schmetterlinge doch seid. Deine Augen, Deine Fühler: alles wunderschön, unglaublich zart, je länger ich Dich betrachte.

F *Verdufte, nein dufte, damit ich dich identifiziere. Ich rieche fast jedes Molekül. Schau mir in die Facetten. Darf ich Dir mal ins Gesicht fliegen?*

MA Lass mal, Federgeistchen. Wir verstehen uns auch so.

F *Übrigens, könnt Ihr nicht mal Eure Nachtlichter abschaffen? Friederike und Fridolin, meine Cousins, haben sich dort totgeflogen. Die sind jetzt echte Geister. Die erscheinen mir tags im Traum. Dir hoffentlich auch. Aber Ihr Menschen könnt Euch nicht mal im Dunkeln orientieren? Wie unvollkommen Ihr doch seid!*

MA Ja, wir brauchen Licht. Aber zu viel ist ein Problem. Doch abergläubisch bin ich nicht: Bei mir spukt es nicht, ich setze auf Vernunft. Für kreativen Schmetterlingsschutz geistreich handeln, statt Gespenster zu sehen! Machen wir es dunkler und wilder, ganz natürlich. Sei beschützt, Federgeist!

Bild folgende Doppelseite: Bläuling bei Col Raiser (Südtirol)

Auffliegen

Das Besondere an Schmetterlingen

Ein Wunderwerk von Falterzwerg

Was ist das Besondere an Schmetterlingen? So vieles! Aus ihrer vielfältigen und faszinierenden Biologie möchte ich nur einige Aspekte auswählen, die für Naturschutz und Gartengestaltungen wichtig zu wissen sind.

Tag und Nacht: Falter-Vielfalt systematisch

Schmetterlinge *(Lepidoptera)* sind eine Ordnung der Insekten und werden pragmatisch in Nachtfalter und Tagfalter unterteilt. Weltweit sind derzeit fast 200 000 Schmetterlingsarten bekannt, laufend gibt es Neuentdeckungen, besonders bei Kleinschmetterlingen in den Tropen. In Mitteleuropa leben etwa 5000 Arten (Deutschland 4000), darunter etwa 250 Tagfalterarten. Wie viele kennen Sie? Nach meinen Erfahrungen kennt der durchschnittliche Bürger fünf bis zehn Arten, meist nur Tagfalter. Die gute Nachricht: Der Kenntnisstand lässt sich leicht verbessern.

Wer denkt, Nachtfalter fliegen nachts, Tagfalter des Tags, der denkt zu kurz: Es gibt viele tagaktive Nachtfalter. Zum Beispiel die gut erkennbaren Widderchen *(Zygaeniden)*, auch Blutströpfchen genannt, aber auch manche Arten aus den Großfamilien der Spinner, Spanner und Schwärmer. Es gibt zwei einfach erkennbare Unterschiede: Tagfalter haben immer keulenförmige Fühlerenden. Nachtfalter und Kleinschmetterlinge nicht, sie weisen sehr verschiedenartige Fühlerformen auf. Und Tagfalter falten ihre Flügel senkrecht aufstehend, Nachtfalter eher wie Dachziegel übereinander.

Nachtfalter heißen im Englischen »moths«, zu Deutsch »Motten«, und dieses Wort hat nicht nur bei Kleiderschrankbesitzern ein schlechtes Image. In der Tat gibt es ein paar »Schädlinge«, nennen wir sie »Kleiderfresser«, »Erntevernichter«, »Vorratsschädlinge«, »Mensch ärgere dich doch«. Aber die überwältigende Mehrheit ist uns Menschen genehm. Zwar fressen Raupen an Pflanzen. Diese und ihr einst stolzer Gärtner sind dann beide wahrlich angefressen. Doch ganze Bestände werden selten vernichtet. Und was ist überhaupt ein »Schädling«? Ein Blick in den Spiegel: Oh je, wir Menschen zerstören ja selbst viel, bewusst – unbewusst?

Bild links oben: Ein Vertreter der Tagfalter – stets mit keulenförmigen Fühlerspitzen – hier eine Art aus der großen Gruppe der Scheckenfalter mit zahlreichen regionalen und auch alpinen Varietäten (Nationalpark Hohe Tauern)
unten: Ein Vertreter der Nachtfalter – niemals keulenförmige Fühlerspitzen – hier der Kleine Weinschwärmer *(Deilephila porcellus)* aus der Gruppe der Schwärmer (Staudernheim)

Ökogische Funktionen

Alle Schmetterlinge haben wichtige ökologische Funktionen: Viele sind gemeinsam mit anderen Insekten wie Wildbienen wichtige Bestäuber von Pflanzen. Die zweite große Funktion der Schmetterlinge ist weniger schön – aber nur für sie selbst: Sie sind bedeutende Nahrungsgrundlage für andere Tiere. Eine dritte Funktion ist, dass die Falter durch Bestäubung und die Raupen durch Fraß Vegetation mitsteuern und für standortgerechte Vielfalt sorgen. Und noch eine vierte Funktion möchte ich formulieren – für uns Menschen: Sie sind schön – oder zumindest schön faszinierend. Es gibt kaum eine Form, Lebensweise oder Farbe, die es bei ihnen nicht gibt. Schmetterlinge zu schützen, ist nicht nur eine ökologische Basisaufgabe, sondern eine wahre Freude, damit die Welt bunt, vielfältig und lebenswert für uns bleibt und wieder wird.

Dank Metamorphose ein Ganzes

Viele denken bei »Schmetterling« an den oft wunderschönen »erwachsenen« Falter, die Imago (Mehrzahl: Imagines). Dabei ist diese oft das kurzlebigste Stadium. Eier, Raupen und Puppen leben meist viel länger. Vor allem das Raupenstadium, das Stadium des Fressens und Wachsens der Tiere, prägt ihre Lebenszeit. Raupen sind formenreich, spannend, viele sehr schön. Ihre Lebensweise kann sehr verschieden sein: Viele Arten fressen einfach an den Blättern, doch es gibt auch Arten, die »graben« Gänge innerhalb der Pflanzen: Sie minieren innerhalb von Blättern und Stängeln, manche graben sich ein und knabbern an den Wurzeln: Blattwerks-Kumpel unter Tage.

Viele meinen, die Imago (Falter) sei stets schöner als die Raupe. Oft ist es aber umgekehrt: Aus schön gefärbten Raupen, zum Beispiel beim Braunen Mönch *(Cucullia verbasci),* der an Königskerzen frisst, schlüpft – na ja, seien wir auch da ehrlich – ein ausgefranster Mottenverschnitt. Die bekannte Kindergeschichte »Raupe Nimmersatt« hat immerhin schon viel für die Raupenakzeptanz getan: ohne Raupe kein Schmetterling – und umgekehrt: Leben ist ein Kreislauf.

Die intensivste Verwandlung geschieht aber in der Puppe. Schmetterlinge durchleben eine vollständige Metamorphose, im Unterschied zu manch anderen Insekten wie Libellen, bei denen das Puppenstadium fehlt und die Verwandlung direkt aus einer Larve erfolgt. Mehr zur Metamorphose lesen Sie ab Seite 163.

Im Schmetterlingsschutz ist es wichtig, nicht nur für Imagines Lebensraum anzubieten, sondern auch für die Raupen. Ebenso werden geeignete Eiablage- und Puppenplätze benötigt. Diese sind oft anders beschaffen als das Habitat der Falter.

Bilder rechts: Raupen – grandiose Formenvielfalt, hier ein kleiner Auszug in Beispielen:
oben links: Woll-Rindeneule *(Acronicta leporina),* oben rechts: Herbst-Rauhaareule *(Asteroscopus sphinx)*
Mitte links: Kleines Nachtpfauenauge *(Saturnia pavonia)*
Mitte rechts: Ginster-Streckfuß *(Calliteara fascelina)*
unten links: Pappel-Schwärmer *(Laothoe populi)*
unten rechts: Wolfsmilch-Ringelspinner *(Malacosoma castrensis)*

Die tagaktive Gruppe der Widderchen *(Zyganidae)* hat ein unverwechselbares Aussehen und ist doch in verschiedenen Arten und Details formenreich, links Grünwidderchen *(Adscita statices)*, rechts »Blutströpfchen« *(Zygaena filipendulae)*.

Schuppen, Farben, Formen

Die Farben der Falterflügel entstehen durch Lichtreflexionen an vielen kleinen Flügelschuppen. Poetisch werden die Schuppen gerne als Schmetterlingsstaub bezeichnet. Sie können nicht etwa wie die Federn von Vögeln nachwachsen. Sind die Schuppen einmal weg, verliert der Falter an Farbe. Daher wirken frisch geschlüpfte Falter leuchtender, ältere Exemplare »abgeflogen«.

Es ist allerdings Unsinn, dass man Falter nicht anfassen darf, weil sie sonst sterben würden. Wo es zu wissenschaftlichen Zwecken nötig ist, werden Falter gefangen, angefasst, bestimmt, vielleicht markiert und wieder freigelassen. Der natürliche Abnutzungseffekt wird hierdurch nur leicht beschleunigt. Natürlich sollte nicht gerade eine grobmotorisch veranlagte Hundertschaft von Trampelmenschen zugreifen. Maß halten, Achtsamkeit und behutsames Vorgehen sind dabei wichtig und auch grundlegend der Schlüssel für Schutz und Nachhaltigkeit überall. Berühren Sie sitzende Falter einmal, ganz vorsichtig und sanft. Wer berühren kann, wird leichter selbst berührt. So fängt Schmetterlingsschutz an.

Bild rechts: Braunfleckiger Perlmutterfalter *(Boloria selene)*
Zur Bestimmung von Schecken- und Perlmutterfaltern ist oft die Unterseite (Sitzhaltung) wichtig, die wunderschön formenreich ist. Zudem gibt es regionale Varietäten, hier im Villnößtal, Südtirol.

Schmetterlinge: von Sinnen!

Schmetterlinge haben hoch empfindliche Sinnesorgane: Die Fühler tragen Chemorezeptoren, und Falter können kilometerweit riechen, wo geeignete Pflanzen oder Partner sind. So werden auch neue Lebensräume gefunden, ihre Anlage lohnt. Über sagenhafte zehn Kilometer kann das Männchen des Großen Nachtpfauenauges *(Saturnia pyri)* ein unbegattetes Weibchen ausmachen.

Das Hören der Schmetterlinge geschieht über Membrane auf der Unterseite der Flügel. Wenn Schmetterlinge mit zusammengeklappten Flügeln stillsitzen, lauschen sie oftmals in die Umgebung hinein. Kommt da ein Partner – oder ein Fressfeind? Muss ich wegfliegen oder kann ich bleiben? In dieser Stellung sind sie oft getarnt. Wichtig für einen Schmetterlingsplatz sind neben Nektar- und Raupenpflanzen also auch Bereiche, in denen Falter ruhen können.

Ein Aufklappen der Flügel beim Sitzen geschieht oft, um Wärme aufzunehmen. Insekten sind wechselwarm und abhängig von der Umgebungstemperatur. Und natürlich werden die Flügel zum Flugstart aufgeklappt.

Beim Segelfalter *(Iphiclides podalirius)*, hier im »SchmetterlingsReich« Staudernheim, wechseln beim Flug gezielte Flügelschläge mit echten Segelphasen.

Der Flug der meisten Falter wird oft mit »flattern« oder »gaukeln« beschrieben. Die Falter pressen durch Flügelschlag Luft auf und ab, sodass sie vorankommen. Dazu ist viel Muskelkraft nötig. Auch deshalb brauchen sie Energie. Der Flug wirkt oft chaotisch. Diese Flugweise dient aber als Schutz, weil es für Vögel schwerer ist, einen solchen Falterflug schnabelgerecht zu berechnen. Der Falter selbst weiß aber anhand seiner Sinneswahrnehmungen meist genau, wohin er will, und sein Flug ist letztlich gerichtet. Eine andere Flugtechnik zeigt die Schmetterlingsgruppe der Schwärmer: Sie fliegen mit unzähligen Flügelschlägen und schneller, als ein Vogel rechnen kann, gezielt geradeaus. Beispiel dafür ist das Taubenschwänzchen *(Macroglossum stellatarum)*, das zudem wie ein Kolibri vor einer Blüte in der Luft stehen kann. Und manche Arten wie der Segelfalter können – wie hier der Name schon sagt – mit Winden zeitweise lange Strecken segeln.

Schmecken können Falter auch, und zwar – mit den Füßen. Ganz besonders ist auch der Rüssel. Er funktioniert wie eine zarte Pumpe, und mit ihm werden Nektar und Nährstoffe aufgesogen.

Bild rechts: Das Taubenschwänzchen *(Macroglossum stellatarum)* wird mit wärmerem Klima häufiger. Es fliegt schwärmerartig schnell, saugt dann aber wie ein Kolibri im Schwirrflug an Blüten Nektar, hier am ergiebigen Natternkopf *(Echium vulgare)*.

Bestäubung in Vielfalt

Zumeist an den Fühlern, manchmal auch an Rüssel und anderen Körperteilen bleibt beim Blütenbesuch Blütenstaub hängen. Fliegt der Falter zur nächsten Blüte derselben Art, bestäubt er sie, woraus Fruchtbildung und Vermehrung der Pflanzen erfolgen. Bei manchen Blumen ist Nektar nur mit langem Falterrüssel erreichbar, kein anderes Insekt kann dies leisten. So ergänzen sich alle Bestäuber.

Die Sprache der Schmetterlinge

Schmetterlinge sprechen nicht. Und doch haben sie eine Kommunikation: mit Gesten und Düften! Entschlüsseln wir sie – und verstehen manche Augenblicke: Wenn Falter des Ochsenauges *(Maniola jurtina)* einander näherkommen, wippen sie mit den Flügeln. Sie fächern sich Duftstoffe zu. Ein Männchen kann signalisieren: »Hey, ich habe super Gene.« Das Weibchen könnte andeuten: »Ich bin (nicht) paarungsbereit.« Auch kann damit ausgetauscht werden, ob der andere jung oder alt ist. In Experimenten hat die Schmetterlingsforscherin Andrea Grill beobachtet, dass das Weibchen immer den

Älteren wählt. Und wenn ausnahmsweise das Männchen wählt, nimmt es die Jüngere, auch wenn der Unterschied nur eine Stunde beträgt. Wenn ein Weibchen keine Wahl hat, weil man in Gefangenschaft außer ihm nur ein Männchen hält, geschieht ... gar nichts. Eine Auswahl ist unabdingbar. Gut, wenn in Gärten Platz für viele ist.

Größere Falter wie Segelfalter, Schwalbenschwanz, Schillerfalter oder Zitronenfalter, aber auch manch kleinere Arten wie Ochsenauge, Mauerfuchs oder Aurorafalter haben zeitweise ein Territorialverhalten. Sie patrouillieren immer dieselben Strecken, manche vertreiben Rivalen im Flug, wenn diese zu eng aufrücken.

Schwalbenschwänze und Segelfalter betreiben ein »hill-topping«: Sie fliegen bevorzugt erhöhte Stellen, Kuppen und Gipfel an. Dort trifft man sich, so ist auch Partnerfindung einfacher. Wenn einer von ihnen dann im Garten rastet oder Eier ablegt, haben Sie Ehrfurcht vor einem weit geflogenen Gipfelstürmer: High Society!

Neuerdings findet man im dynamischen Forschungsfeld der Biokommunikation heraus, dass wohl fast 50 Prozent aller Raupenarten mit Lauten kommunizieren, also gar nicht stumm sind. Wie die dabei führende Forschungsgruppe um Jayne Yack (Ottawa, Kanada) feststellt, geschieht das durch Klopfgeräusche bei Begegnungen zweier Raupen auf den Blättern. Yack spricht von regelrechten »Rap battles« bei Eulenspinner- und Sichelflügler-Raupen, nach denen einer von beiden vom Blatt kriechen muss, ohne dass gekämpft oder gebissen wird. Auch junge Raupen, die gemeinsam Kokons spinnen, verständigen sich über differenzierte Akustiksignale, damit das komplexe Gespinstgebilde überhaupt entstehen kann. Sicher ist, dass die meisten Geräusche Rekrutierungssignale sind, in etwa: »Hier ist eine gute Stelle, kommt her.« Oder: »Halt mal den Faden – jetzt weiter nach oben.«

Auch Pflanzen kommunizieren, wie schon länger bekannt ist: mit chemischen Stoffen und Signalen in den vernetzten Wurzel-Pilz-Systemen im Boden sowie durch Abgeben von Düften in die Umgebungsluft, die bedeuten können: »Alarm an alle, hier Raupenfraß: Bitterstoffe aktivieren!«

Die Sprache der Tiere und die Kommunikation der Pflanzen, auch der Falter und Raupen, sind immer noch wenig erforscht. Fest steht aber schon jetzt, dass wir als Menschen mit unserem Sprachvermögen nichts Besonderes sind, sollten wir das mal je geglaubt haben. Wir sind einfach ein Teil der Natur mit eigener Sprache unter vielen ausgefeilten eigenen Sprachen anderer Tiere und Pflanzen. Alles in Natur ist vernetzt und vieles kommuniziert miteinander. Und wir stehen stumm daneben? Attraktive Plätze für Schmetterlinge sollten Treffpunkte für Falter und Menschen sein: Werden wir »Schmetterlingsflüsterer«? Kommen wir dabei wenigstens ein wenig voran, können wir uns sicher auch noch besser verwandeln: vom (Zer-)Störer zum guten Mitgestalter. Verstehen wir uns mit Schmetterlingen!?

Leben besteht aus wunderschönen Augenblicken: hier ein Großer Feuerfalter *(Lycaena dispar)*, Weibchen, kurz vor dem Start in neue Welten. Diese europaweit geschützte Art streift weit umher.

Mensch Falter: kleine Falterphilosophie

Schmetterlinge sind Wesen des Augenblicks. Eigentlich wie wir Menschen – wenn wir Leben leben lernen. Sie leben kurz, wir eigentlich auch – viel zu kurz. Wir selbst wissen immerhin darüber, reden daher im Gegensatz zu Faltern gerne über den Sinn des Lebens und haben mit Glück ganz viele Sommer vor uns, in denen wir dennoch oft die Antwort nicht finden. Falter haben nur den einen, auch wenn ihre Eier und Raupen mehrjährig sein können. Ihre Lebensweisheit scheint: einfach leben!

Schmetterlinge trauern nicht, wenn der Nebenflatterer von einem Vogel gefressen wird. Sie schreien nicht, wenn sie im Spinnennetz hängen, auch wenn es für uns so aussehen mag. Sie schließen keine Freundschaften in unserem Sinne. Eine Gruppe von Faltern ist kein Vergnügungsausflug, sie ist Schicksalsgemeinschaft oder Paarungstreff, gebunden an einen Lebensraum. Falter sind ganz im Hier und Jetzt.

Und doch stimmt es nachdenklich: Wofür leben Sie, liebe Leserin, lieber Leser? Was macht Sie glücklich? Welche Augenblicke genießen Sie besonders? Die Antworten mögen unterschiedlich ausfallen, können sich je nach Lebensphase ändern. Wichtig aber, Leben genießen zu können, im Hier und Jetzt. Danke, Schmetterling!

Schöne Nachtfaltervielfalt – auch mit hohen Populationsschwankungen: links der oft häufige Zweibindige Nadelwald-Spanner *(Hylaea fasciaria)*, grüne Gebirgsvariante aus dem Bregenzerwald, rechts das schneeweiße Raupengespinst des seltenen europaweit geschützten Heckenwollafters *(Eriogaster catax)* bei Idar-Oberstein.

Natürliche Fluktuationen, Räuber und Parasiten

Auf und nieder, immer wieder

Natürliche Schwankungen sind von Zerstörung zu trennen!

Schmetterlingsvorkommen unterliegen großen natürlichen Schwankungen, die von menschengemachten Zerstörungen zu trennen sind, was oft nicht einfach ist. Je nach Witterung können in manchen Jahren mal weniger, mal viele Falter einer Art zur Entwicklung kommen. Von trockenen Jahren profitieren die meisten Arten. Doch auch im gegenwärtigen Klimawandel mit regional zunehmender Trockenheit im Sommer wird es immer wieder auch feuchte Perioden geben, die fallweise negativ auf Falter wirken. So musste ich zum Beispiel beim bedrohten Skabiosen-Scheckenfalter *(Euphydryas aurinia)* im Westerwald, in der Eifel und auch im Bliesgau schon Jahre verzeichnen, in denen ich dachte, Vorkommen seien erloschen. Aber im nächsten Jahr flogen Hunderte, weil ein paar Individuen überlebt hatten und sich paaren konnten. Wichtig daher, dass viele gute Habitate bereitstehen, auch wenn mal keine Falter zu sehen sind.

Schmetterlinge haben Räuber, die auch leben wollen. Vögel fressen vor allem Raupen, gelegentlich auch Falter in Ruhestellung oder im Flug, Fledermäuse übernehmen den Job, nachtaktive Falter zu jagen. Auch netzbauende Spinnen sind eine Gefahr für fliegende Imagines. Blütenbewohnende Krabbenspinnen warten auf kleine Falter, die sie bei Landung auf Blüten schnappen.

Dahinter verbergen sich Wechselwirkungen: Gibt es viele Falter, so gibt es viele Räuber. Ein paar Beutetiere überleben aber fast immer. Je weniger es werden, desto schwerer sind diese zu finden. Der Jäger jagt dann etwas anderes, hat weniger zu fressen, geht selbst im Bestand zurück. Dadurch können die Beutebestände wieder wachsen, dann allmählich wieder die Räuberbestände und so weiter. In alten Lehrbüchern sind dazu regelmäßige Bestands-Zyklen mit Phasenverschiebungen abgebildet. Doch diese sind idealisiert, denn Natur ist komplexer, chaotischer. Es wirken auch natürliche Lebensraumveränderungen, Wetter, Zufälle. Aber: In intakten Lebensräumen überleben meist genug. Beute wie Räuber passen sich an, sie entwickeln sich in Koexistenz weiter: Sie gehören zusammen.

Schmetterlinge haben im Laufe der Evolution viele Antworten auf Räuber entwickelt: Tarnen, Verstecken oder gar Vergiften – oder so tun als ob. Das Spektrum ist riesig und erklärt viele skurrile Formen und Farben der Raupen und der Falter: Das Tagpfauenauge erschreckt Räuber durch seine großen Augen auf den Flügeln. Die Raupen der Spinner sind mit zumeist nesselnden Haaren ausgestattet. Andere imitieren in ihrer Färbung giftige Tiere, auch wenn sie selbst genießbar sind. Und nicht wenige Arten sind wirklich giftig oder zumindest ungenießbar. Das macht in Räuberkreisen die Runde – oder es verwirrt sie. Und wie schon aufgezeigt, sind Schmetterlinge im Flug schwer zu fangen und bei zusammengeklappten Flügeln schwer sichtbar. Ihre Eier sind winzig. Auch die meisten Puppen sind aufgrund von Färbung, Verstecken und Ruhestellung nahezu unsichtbar. Man darf für Räuber schon auch Mitleid haben: Schwer ist der Beruf.

Parasiten regieren die (Falter-)Welt!

Den größten Einfluss aber haben winzige und faszinierend-raffinierte Gesellen: Mikroben, wie Bakterien oder Pilze, sowie Viren, dazu viele Parasiten wie Schlupfwespen, Fliegen, Fadenwürmer und Raubwespen. Sie zersetzen Eier, Raupen und Puppen. So manche Beobachtung der Metamorphose endete für Schulklassen mit entsetzten Gesichtern, als aus der Puppe anstelle eines bunten Tagpfauenauges kleine Fliegen flogen. Und ich glaube, die grinsten sogar.

Solch parasitische Räuber, Viren und Co. sind in der Natur für fast alle Lebewesen die wichtigsten Regulatoren und weniger die auffälligen (Groß-)Räuber, die wir sichtbar im Vordergrund sehen. Letztere erhöhen langfristig eher die Fitness und Evolution der Beute. Aber allen Räubern, ob spektakuläre Echsen, nimmersatte Vögel oder fieseste Parasiten, ist eines gemeinsam: Sie rotten ihre Beute als Art nie aus. Denn sie wären schön dumm, würden sie ihre Lebensgrundlagen vernichten: Es sind ja keine Menschen. Wer seinen Wirt beseitigt, hat nichts mehr zu essen und zu trinken. Grüße in die umliegenden Gasthäuser! Ein Vogel oder eine Schlupfwespe weiß aber nicht, ob das der Letzte seiner Art ist, bevor er oder sie rangeht. Und wenn es der Letzte wäre, liegt es ursächlich nicht an den natürlichen Räubern, sondern an zumeist menschengemachter Lebensraumverkleinerung.

Regionale Variabilität und Individualität

Falter als Persönlichkeiten

»Schmetterlinge sind auch nur Menschen!« So lache ich mit Kollegen, wenn wir über zwei Phänomene der Tiere diskutieren: regionale Eigenheiten und Individualität. Natürlich sind Menschenvergleiche unzulässig, und dennoch gibt es gewisse Analogien, wenn Falter wie Menschen in unterschiedlichen Regionen andere Gewohnheiten pflegen und sich darüber hinaus persönlich eigen verhalten.

Habitatansprüche können in verschiedenen Regionen unterschiedlich erfüllt sein: Der in nördlichen Gefilden als wärmeliebend angesehene Mauerfuchs *(Lassiomata maegera)* besiedelt im generell wärmeren Südeuropa andere Flächen, die nicht unbedingt sehr windgeschützt und südexponiert sein müssen. Die Ansprüche der Art an ein bestimmtes Mikroklima und bestimmte Futterpflanzen sind zwar überall gleich, die Lebensräume, die das erfüllen, aber regional verschieden. Bei anderen Arten kommt es sogar vor, dass in verschiedenen Regionen unterschiedliche Pflanzen bevorzugt werden. Aber es gibt auch Arten, die überall nur an einer einzigen Pflanzenart vorkommen können, weil nur in dieser ein benötigter Inhaltsstoff vorhanden ist.

Deshalb sollten wir zur Unterstützung der Schmetterlinge generell (1) ein variantenreiches Spektrum aus bekannten Futterpflanzen und zudem weiterer heimischer Pflanzenvielfalt anbieten und (2) mehr analysieren, welche Bedürfnisse sich aus biologischen Zwängen der Arten wirklich ergeben und wie diese in unterschiedlichen Räumen erfüllt werden können. Immer wieder gibt es Überraschungen wie »der Schmetterling frisst hier auch an dieser Pflanze«. Auch Neues entsteht: (3) Wenn sich zwischen Regionen Gewohnheiten trennen, kann eine Entwicklung neuer Varietäten und schließlich neuer Arten folgen. So ist es wichtig, dass Vorkommen in allen Regionen des Verbreitungsgebietes geschützt werden. Erst dadurch wird die ganze Variabilität der Arten berücksichtigt. Außerdem kann die Art insgesamt besser überleben, wenn in einer Region ein natürlicher Räuber- und Parasitendruck die Bestände mal ausdünnt oder nachteilige Wetterereignisse eintreten und dann aus Nachbargebieten Falter einwandern können. Jeder Platz für Falter kann bedeutend sein, auch der Ihre.

Bleibt die Individualität: Früher dachte man, Tiere einer Art verhielten sich gleich. Doch die neuere Forschung zur »life history« von Tieren zeigt Erstaunliches: Wir haben es oftmals mit unterschiedlichen Persönlichkeiten innerhalb von Populationen zu tun. So gibt es Kaisermantel-Männchen, die relativ ortstreu sind, andere fliegen weit umher. Letztere sind zwar seltener, aber die Weitwanderer, die »Abenteurer«, nicht selten auch Zufälle, die das Leben schreibt (»vom Winde verweht«), sind entscheidend für Neubesiedlungen. Deshalb lohnt es, um jedes Falterindividuum zu kämpfen, ihm Platz zu bieten. Es könnte das entscheidende Individuum sein, auch wenn die Natur mit gelegentlicher Massenvermehrung für Risikostreuung sorgt.

Bild links: Roter Ampfer-Glasflügler *(Pyropteron chrysidiformis)* – die Kleinen werden oft übersehen. Daher unterhalte ich mich mit einem Glasflügler-Kollegen ab Seite 52.

Gefahren, Chancen, Herausforderungen für Schmetterlinge

Was steckt hinter dem Sterben?

»Schmetterlingssterben!« »Leere Wiesen!« »Umweltkatastrophe!« So lauten Schlagzeilen. Diese machen ohnmächtig. Und Ohnmacht lähmt. Daher möchte ich ohne Übertreibungen, aber auch ohne Verharmlosungen Erfahrungen und Wissensstand zusammenführen. Daran schließt eine eigene Macht der Gestaltung an, die so manche Ohnmacht überwinden sollte.

Erlebnisse zwischen Erschrecken und Verharmlosung

»So viele bunte Falter!« Eine Gruppe, die ich 2017 auf einer Exkursion durch die Wiesen rund um meinen Wohn- und Museumsort Staudernheim im Naheland führe, ist begeistert. »Und da sage noch einer, Schmetterlinge verschwinden.« »Das sind Tagpfauenauge, Kleiner Fuchs, Ochsenauge und Kohlweißlinge«, erkläre ich, »anpassungsfähige Allerweltsfalter«.

Im Queichtal im Pfälzerwald war ich 2018 mit Naturkundlern unterwegs: Blühende Wiesen begeistern uns. »Vor zwanzig Jahren waren es hier noch viel mehr Falter, da wimmelte es von Bläulingen, Schachbrettern und anderen«, fällt einem auf. »Da fliegt ein seltener Dunkler Wiesenknopf-Ameisenbläuling, ein *Phengaris nausithous,* auch als *Maculinea* bekannt.« Unsere Köpfe drehen sich wie bei Erdmännchen in dieselbe Richtung. »Sie sind noch da, zum Glück. Aber wie wenige Exemplare nur noch!«

Autofahrt mit Freunden, Sommer 2019. »Früher mussten wir immer die Autoscheiben von Insekten reinigen, so viele prallten dagegen«, bemerkt einer. »Die Autos sind heute aerodynamischer geworden, da werden die Luftströmungen an Scheiben vorbeigelenkt«, sagt mein anderer Mitfahrer. Ich stimme beiden zu. »Allerdings würden wenigstens ein paar doch noch auf die Scheibe klatschen, wenn es viele gäbe«, bemerke ich. Ein Platsch, und wie zur Demonstration klebt ein weißer Falterflügel an der Windschutzscheibe. »Das nennt man Timing.« Aber keiner lacht. War es der Letzte oder ein Hinweis, dass doch noch einige leben? Und welche?

Typische Beispiele, mehrere Sichtweisen: was stimmt? Kurzfristige Aussagen, ob Falterpopulationen zunehmen oder abnehmen, sind nicht seriös. Aussagekräftig sind Langzeitstudien. Leider gibt es nur wenige. Aber diejenigen, die es gibt, bestätigen die Erfahrungen mit Fakten und Differenzierungen.

Der Trauermantel *(Nymphalis antiopa)* zählt zu den größten Tagfaltern Europas. Er hängt von Lichtbaumarten ab (siehe ab Seite 84). Eigen sind ihm wie vielen Falterarten hohe natürliche Populationsschwankungen, die oft schwer von echter Gefährdung zu trennen sind. Nur Langzeituntersuchungen helfen zu verstehen.

Langzeittrends – Alarm!

Forscher um Robert Trusch vom Naturkundemuseum Karlsruhe konnten belegen, dass an Schwarzwaldhängen heute zwar noch viele Arten vorkommen, aber mit immer weniger Individuen. Gleiches gilt für die viel zitierte Krefeld-Studie von 2017, die einen dramatischen Rückgang der Fluginsekten-Biomasse um fast 80 Prozent zwischen 1989 und 2014 nachgewiesen hat, darunter den von Großschmetterlingen um 56 Prozent, vor allem wenn untersuchte Flächen im Wirkbereich von landwirtschaftlichen Flächen lagen. Der »European Grassland Butterfly Indicator« zeigt für ganz Europa zwischen 1990 und 2013 einen Rückgang um 32 Prozent der Vorkommen am Beispiel von zehn Falterarten speziell des Grünlandes.

Hingegen verzeichnen die anpassungsfähigen Allerweltsfalter kaum einen Rückgang, manche wie der Distelfalter sogar zeitweise eine Zunahme. Gerade aber die für uns unauffälligen seltenen Arten haben oft nur noch winzige Restpopulationen, die sich gerade noch halten, aber langfristig kaum überlebensfähig scheinen, während die Beeinträchtigung ihrer Lebensräume durch unangepasste Landnutzungen anhält.

Schwalbenschwanz *(Papilio machaon)*. »Machaon« ist ein Heilkundiger der griechischen Sagenwelt. Heilung brauchen Schmetterlinge heute auch.

Gleichartiges hat der Ökologe Josef Reichholf in Teilen Bayerns in Langzeituntersuchungen nachgewiesen: Er bestätigt den starken Rückgang der Schmetterlings-Biomasse um 70 bis 80 Prozent innerhalb von zwanzig Jahren, vor allem im Offenland. Einige Arten starben in dieser Zeit zudem lokal aus. Auch vorhanden, aber weit weniger ausgeprägt ist dieses in Wäldern. Nur in großen naturnahen Wäldern ist kein Rückgang feststellbar.

Die längste repräsentative Beobachtung beinhaltet Artenlisten und Schmetterlingssammlungen von 1840 bis heute zu Magerrasen entlang der Donauschleifen bei Regensburg. In einer wegweisenden Veröffentlichung im Journal »Conservation Biology« (2016) zeigten die Schmetterlingsforscher Jan Christian Habel, Andreas Segerer, Werner Ulrich, Olena Torchyk, Wolfgang Weisser und Thomas Schmitt in Kooperation mit mehreren Forschungsinstituten ein dramatisches Verschwinden der Schmetterlinge: Zwischen 1840 und 1849 waren 117 Tagfalterarten und Widderchen nachgewiesen, zwischen 2010 und 2013 nur noch 71 Arten. Zwar konnten nur zweifelsfrei bestimmbare Arten geprüft werden und es war nicht möglich, ihre Populationsdichte rückwirkend festzustellen. Aber die Zusammensetzung der Arten hat sich massiv verändert, und das ist im betrachteten Zeitraum nicht durch die Klimawandlungen erklärbar.

Lebte früher eine vielfältige Schmetterlingsgemeinschaft, so herrschen heute wenige Habitat-Generalisten vor. Verschwunden sind Arten, die magerkeitsliebende Raupenfutterpflanzen und reichhaltige Lebensraumstrukturen benötigen.

Erschreckend ist, dass die Verschlechterung sogar in Schutzgebieten besteht. Hat Naturschutz versagt? Wahrscheinlicher ist, dass die Wirkung von Landnutzungen und ihre Lebensraumverschlechterungen viele Naturschutzanstrengungen überdeckt.

Die Landschaft wirkt zwar für Laien schön, doch die innere Qualität ist zerstört: Dichterer Bewuchs und nährstoffliebende Pflanzen haben zugenommen. Darin zeigt sich ein Düngeproblem und generell eine problematische Landbewirtschaftung. Die Kenntnisse zu Ursachen der Artenrückgänge sind eindeutig, sodass die beliebte Ausrede »Wir müssen mehr forschen« nicht gilt. Handeln an den richtigen Stellen ist gefragt. Allerdings müssen durchaus weitere Details untersucht werden. So ist Tagfalter-Monitoring wichtig, bei dem jeder mitmachen kann (siehe Seite 206).

Schmetterlinge sterben nicht allein – alles ist verbunden

Der dramatische Rückgang der Schmetterlinge ist ein Teil des Insektensterbens. Damit verbunden ist ein Vogelsterben, vor allem das der Insektenfresser im Agrarraum. Als Ökologe weigere ich mich eigentlich, Artengruppen wie Insekten oder Vögel aus dem Gefüge der Natur herauszuheben, aber das sind nun mal plakative Beispiele. Sie stehen für die menschengemachte Zerstörung von Lebensräumen, die von natürlicher Veränderung zu trennen ist. Jedoch soll der Fehler unterbleiben, bei Maßnahmen isoliert nur Schmetterlinge zu betrachten, auch wenn sie hier »besonders« sind. Es geht immer ums Ganze und unsere Hilfe für Schmetterlinge ist hier verwoben mit einem umfassenden dynamischen Naturschutz.

Fünffach in dieselbe Richtung – mit Ausnahmen

Insgesamt unterscheiden wir schon seit mindestens 50 Jahren fünf Trends: (1) Einen Rückgang der Artenzahl insgesamt, dabei (2) den Rückgang spezialisierter Arten zumeist magerer Lebensräume, aber auch vieler Arten, die große dynamische Lebensraumkomplexe wie natürliche Auen oder strukturreiche Halboffenland-Übergänge brauchen (3). Von solchen Arten gibt es immer weniger Vorkommensstellen, die immer weiter auseinander liegen (landschaftliche Ausdünnung). (4) Die Vorkommen selbst werden immer kleiner (Populationsrückgang). Und (5) die Menge der Tiere (Biomasse) über viele verschiedene Arten hinweg nimmt stark ab. Gegenläufig gibt es wenige Zunahmen anpassungsfähiger Arten und auch von vielen Insekten der sauberer werdenden Gewässer in Europa. Die Trends (1) bis (5) haben im Detail unterschiedliche Auswirkungen, aber ihnen gemeinsam ist, dass sie den Naturhaushalt massiv schwächen.

Ursachenkomplex Landwirtschaft

Mit Blick darauf, wo der größte Falterrückgang zu verzeichnen ist, kommt die Landwirtschaft in den Fokus. »Der Bauer war's!« Doch so einfach ist es nicht. Denn erstens gibt es nicht »den« Bauern, auch Landwirtschaft besteht aus Vielfalt, vor allem aber aus Industrie, und zweitens habe ich noch keinen Landwirt kennengelernt, der mit Absicht Schmetterlinge killt. Die mögen die bunten Gesellen zumeist auch und können Partner für Naturschutz sein. Das tiefere Problem ist, dass die Landwirtschaft seit Jahrzehnten abhängig ist von einem System aus Förderungen, Zwängen und Auflagen, die bestimmte intensive Landwirtschaftsformen zum Nachteil der Natur und der Schmetterlinge geradezu erzwingen.

»Schweinesystem«, »böse EU-Agrarförderung«, »Macht der Konzerne« und Ähnliches höre ich schon einige rufen. In der Tat, wäre es doch einfach, ein vermeintlich abstraktes System verantwortlich zu machen. Doch auch das ist falsch – und richtig zugleich. In einem falschen System, und das haben wir bezogen auf naturverträgliches Wirtschaften, hat der Einzelne zunächst wenig direkten, kurzfristig wirkenden Einfluss – und doch wirkt jeder Einzelne auf das System und kann es indirekt mittelfristig verändern: durch achtsamere Wirtschafts- und Lebensweisen, durch Konsumverhalten oder entsprechendes Engagement in Zivilgesellschaft wie Politik. Denn Landwirte nutzen Grünland so intensiv, weil sie sonst nicht genug erwirtschaften, weil die Lebensmittelpreise gering sind, weil wir es sind, die billig konsumieren, und Landwirte überleben wollen. Landwirte, Falter und naturliebende Menschen sitzen letztlich im selben Boot. Und doch haben Landwirte, haben alle Flächenbesitzer trotz »des Systems« immer auch eigene freiwillige Spielräume.

Es geht also darum, mit eigenem Verbraucherverhalten und politischem Druck Agrarförderung umzulenken, vielleicht hin zu einem Förderziel »Artenvielfalt« anstelle der Subvention für Produktion. Das dauert. Zugleich kann jede Gemeinde, jeder Landwirt, ja jeder Flächenbewirtschafter die eigenen Spielräume konkret nutzen – da setzen wir an.

Dazu kommt eine Reihe weiterer Einflüsse, die Falterlebensräume (zer-)stören, die nicht nur an Landwirtschaft liegen: Ein zunehmender Verbau von Landschaft und Lebensräumen durch Siedlungen, Gewerbe und Verkehr, unverträgliche Landnutzungen, dabei Ausräumung von halbwilden Strukturen auch durch Gemeinden, Entwässerungen aller Art sowie Intensivnutzungen auch im Forst sind bedeutend.

Zusammenfassend muss man feststellen, dass der Niedergang der Schmetterlinge ein Abbild des Niederganges der Landschaft ist, der viele Gründe hat und sowohl stofflich (Düngung, Schadstoffe) als auch strukturell und funktional Lebensräume angreift. An alle relevanten Punkte knüpfe ich im Alphabet für Schmetterlinge ab Seite 57 an. Ein Bereich geht vielen aber ganz nah: Gartenliebe!

Im Agrarraum, aber auch in vielen Gärten, sind Säume mit einheimischen Wildpflanzen, Hecken und bodenmagere blütenreiche Wiesen zu selten, viel zu schmal oder zu sehr beeinflusst von Pestiziden oder Dünger.

Gärten – von Abgründen und Aufbrüchen

In vielen Gärten beobachten wir einen Trend zur Naturferne: aufgeräumt, kurz geschoren, mit fremden Arten bepflanzt. Und keiner meint es böse. Sterile Schottergärten aus dem Baumarktprospekt sind als Abgründe unserer Zeit schon so negativ berühmt, dass bereits eine Sensibilisierung eingesetzt hat. Doch daraus folgen manchmal die nächsten Fehler: Gartenbesitzer pflanzen viel und viel zu oft die »falschen« Pflanzen, lassen keine Lücken und Eigenentwicklungen mehr zu, versäumen einfache Chancen gegen das Insektensterben. In allen Gärten und Parks, ja auf allen Flächen, kann man kleine, aber wirksame Beiträge für Schmetterlinge leisten. Das Machbare bei sich machen und sich im Zusammenhang für die ganze Landschaft engagieren, darum geht es.

Mitfliegen

(M)ein Leben als Schachbrettfalter: carpe diem!

Hier haben wir die Autobiografie des berühmtesten Schachbrettes des Wiesenweges 42/11 entdeckt. Sie wurde anhand der Flügelschläge nachfolgender Schachbretter verbreitet und hier übersetzt – im gehobenen Schachbrettfalter-Stil.

Geboren als Falter wurde ich am 20. Juni. Ich schlüpfte, als die langen Tage am längsten waren, kurz bevor sie fast unmerklich wieder kürzer wurden. Ich flog im Sonnenlicht, als die warmen Tage still zu stehen schienen. Und ich verschwand, als die Nächte kälter wurden. So möchte ich Euch sagen: nutze den Tag – carpe diem!

Eigentlich war das meine zweite Geburt. Denn als meine erste möchte ich das Schlüpfen aus dem Ei bezeichnen. Damit beginnt als Raupe mein Leben, von dem ich Euch Nachgeborenen Zeugnis ablege.

Am 7. September im Jahre 123 nach Genesis der Wiese kroch ich grünlich, mit schickem hellbraunen Köpfchen direkt am Boden nahe dem Ansatz von Grashalm Nummer 7 aus dem Ei. Wer denkt, ich sei als Raupe ein Einzelgänger, dem will ich mich nicht verleugnen. Ja! Nach und nach kam der holde kleine Hunger – dann der große: Mein Buffet bestand aus Zwenke, Trespe und Rispe, die besten Wiesenhochgräser, die auf Erden wachsen.

Es war ein großes Abenteuer, am Boden der Wiese herumzukrabbeln. Natürlich nachts, denn so sah mich keiner. Dunkle Halme bis zum mondbeschienenen Himmel, ein undurchdringlicher Dschungel der Schatten. Aber ich wollte erst mal nicht in den Himmel kommen, nur in eine Bodenmulde. Für den so garstigen Winter.

Teile nicht vor Sept. mähen → S. 116

Als der Frühling kam, erwachte ich, die so tapfere Raupe. Wieder krabbelte ich mühsam durch frisch wachsendes Gras. Jetzt spürte ich sie, die Midlife-Crisis, der Ruf nach Veränderung. Ich kroch den Halm empor, der mit mir wuchs. Dann mein größter Trick: Aus meinen Drüsen zauberte ich ein lockeres Gespinst und wurde zur weißlichen Puppe. Was ich darin tat? It's magic!

Altgras-bestände → S. 75

Verwandlung komplett, ganz nett. Alle klatschten Beifall, mit ihren Flügeln. Flügel? Ja, ich jetzt auch – und erhob mich dabei. Dem Himmel so nah.

Extensive Wiesen ➜ S. 114

Oh du Süße, oh du Nektar! Lila Blüten wurden meine Wonne, die Wunder-Bar. Aber sie waren gar nicht so leicht zu finden. Oft saßen wir gemeinsam auf den Blumen. Mein Höhepunkt. Und noch einer.

Lila Blumen ➜ S. 76

Auch nach der Paarung flog ich am liebsten auf meiner Schlüpfwiese. Oh teure Heimat. Aber ein schreckliches Entsetzen befiel mich: Meine Wiese wurde komplett gemäht. Einige von uns flogen mit mir zur nächsten kleinen Wiesenecke. Und dabei erwischte es die friedvolle Frieda. Sie wurde zu Matsch an einem Automobil. Ich selbst, heil angekommen, ließ die Eier, die in mir gereift waren, zwischen hohem Gras auf den edlen Boden fallen.

Spät und Steifen-Mahd ➜ S. 114

Metapopulation ➜ S. 127

Flächenzerschneidung ➜ S. 129

Ich weiß nicht, ob ich morgen noch fliege. Vielleicht verfliege ich mich gar schrecklich in ein Spinnennetz, denn die werden jetzt häufiger. Daher lasse ich als Zeugnis meines Lebens meinen Schlussakkord jetzt verklingen: I did it my way!

Individualität ➜ S. 69

Zweiter Zwischenfall: Interview mit einem Glasflügler

Wieder nutze ich die Biotranslation, um mich mit der seltsamen Fliege hier auf der Wolfsmilchpflanze zu unterhalten. Was macht die denn im Schmetterlingsbuch?

Michael Altmoos (MA) Hallo, das ist ein Buch für Falter. Kannst Du nicht woanders die Fliege machen?

Glasflügler (G) *Oh Mann, was für eine Anmache! Aber schön, dass Du mich überhaupt siehst. Denn ich bin selten, klein und durchsichtig, jedenfalls meine Flügel sind das. Gestatten: Zypressenwolfsmilch-Glasflügler. Benannt nach meiner Hauspflanze. Nur an der entwickle ich mich. Auch ich bin Schmetterling. Oder hast Du was gegen Kleine, die Flügelschuppen abgeschafft haben?*

MA Entschuldigung, natürlich habe ich ein Herz für Kleine, war ich auch mal. Auch ich würde mich manchmal gern durchsichtig machen, wenn mein Chef ruft. Ich komme mal näher: Oh, wie zerbrechlich Du wirkst. Und so wunderschön. Respekt!

G *Ja, wie Ihr Menschen: wunderbar und zerbrechlich zugleich, nicht wahr? Ihr fühlt Euch oft so groß, robust und mächtig, dabei seid Ihr letztlich auch zerbrechlich wie Glas, wie Glasflügler. Nur mal ein paar neue Viren, und huch: Mensch wird so klein, so durchschaubar, auch so zerbrechlich. Ha, ich durchblicke auch Dich.*

MA Ja, verschiedene Parasiten, Viren und Bakterien üben seit allen Zeiten den größten Bestandsdruck in Natur aus, auf Falter wie Menschen. Aber einige wurden auch zu unseren Partnern in Symbiose, zum Beispiel in unserem Darmsystem. Und Medizin macht große Fortschritte, wenn eine neue Corona der Schöpfung auftritt.

G *Unfair: Ihr wollt Euch heilen, aber uns vergesst Ihr. Ungesund ist vor allem, dass Ihr Lebensräume vernichtet. Daher kommen auch viele Eurer Krankheiten und davon hängen wir alle ab. Mir helfen schon einige Zypressenwolfsmilchpflanzen am mageren Saum. Wir leben als Raupen in den Stängeln und Wurzeln. Als Falter naschen wir an Blüten. Kurz ist das Falterdasein, vita brevis, aber schön ist es doch: einfach Leben!*

MA Du sagtest »Wir«? Gibt es mehr von Euch?

G *Ja, aber andere Glasflügler, andere Sitten: Der Hornissen-Glasflügler äfft mit seinem Outfit Hornissen nach und wird als Falter weniger gefressen. Cooler Typ! Als Raupe frisst der an Pappeln. Der rote Ampfer-Glasflügler frisst an Stängeln und Wurzeln von Ampfer. Uns allen gemeinsam ist, dass unsere Ansprüche mit naturnahen Säumen und Waldrändern erfüllt werden. Gärten und Landschaften zu ordentlich zu gestalten, macht uns kaputt.*

MA Könnt Ihr uns nicht auch schaden?

G *Himbeer-Glasflügler und Johannisbeer-Glasflügler fressen als Raupen auch an Euren Nutzpflanzen. Ich distanziere mich aufrichtig davon. Aber selbst die lassen immer noch genug übrig. Sind ja keine Menschen. Man munkelt aber, Ihr bekämpft uns chemisch. Das ist fies. Chemiewaffen gehören verboten, das bringe ich in die UN ein – United Nobodies! Und muss ich mich etwa entschuldigen, dass ich leben will?*

MA Und muss ich mich gleich für alle Menschen entschuldigen? Jeder ist anders. Aber ich verspreche Dir, dass ich unser vertrauliches Gespräch abdrucken lassen werde. Vielleicht werdet Ihr bekannter?

G *Danke. Und bitte uns nicht immer übersehen. Auch das Durchscheinende scheint wichtig! Klein und filigran sind oft die größten Wunder. Schau dich weiter um.*

MA Immer wenn ein Glas zerbricht, werde ich daran denken. Zum Wohl! (Klirr)

Bild folgende Doppelseite: Schönbär *(Callimorpha dominula)*

Landen

Praktischer Schmetterlingsschutz von A bis Z

Ein Alphabet für Schmetterlinge – die Idee!

Solange ich lebe,
möchte ich mit Faltern träumen,
manche blau wie der Himmel,
der sich in ihren kleinen Flügeln spiegelt,
immer tiefer hinein ins wahre Leben,
welches ich mit ihnen so sanft erspüre.

Michael Altmoos (beim Schreiben dieses Buches)

Der Naturforscher und Fotograf Kjell B. *Sandved* staunte im Jahr 1960 nicht schlecht: Das Muster auf dem Schmetterlingsflügel sah aus wie ein Buchstabe, ein anderes wie eine Zahl. Seine Idee war geboren: Fast 25 Jahre lang reiste er immer wieder zu Schmetterlingen in aller Welt und machte Detailaufnahmen von Falterflügeln. Heraus kam sein berühmtes »Alphabet der Schmetterlinge«: Fotos von Flügeldetails, in deren Mustern wir Buchstaben und Zahlen deuten. Das farbenfrohe Alphabet ist der wohl bekannteste Schmetterlingsartikel der Welt. Es regt an zum Staunen über kleine große Wunder der Natur. Auch ich genieße es: Das Poster hängt über meinem Schreibtisch, während ich diese Zeilen schreibe.

Dann hatte ich meine Idee: Kann man ein »Alphabet *für* Schmetterlinge« entwickeln? Die relevanten Geschichten und Themen, die Bedrohungen, aber auch die daraus folgenden Anforderungen der Falter, prägnant nach Buchstaben gliedern? So entstand das folgende Alphabet für praktischen Schmetterlingsschutz.

Bilder links: C-Falter *(Polygonia c-album)*, oben mit aufgeklappten Flügeln
Bei zugeklappten Flügeln (unten) erkennt man ein weißes C.
Das darf hier symbolisch für ein Alphabet für Schmetterlinge verstanden werden.
Denn mit den Maßnahmen »A bis Z« (folgende Seiten) lassen sich Schmetterlinge fördern.

Der C-Falter profitiert relativ leicht von naturnahen Gärten mit Brennnesseln, einheimischen Gehölzen und blühender Vielfalt einheimischer Blumen.

Ausmagern

Nährstoffarmut ist der neue Trumpf

Überdüngung als Problem

»Bist Du das, der so riecht«? Meine Frau zieht die Nase kraus. Süß finde ich sie. Sie mich gerade nicht. Ich komme von einem Rundgang über die nahe Auenwiese. Der örtliche Landwirt hat Gülle ausgebracht. Ich konnte es nicht lassen, dennoch nach Faltern Ausschau zu halten. Im gedüngten fetten Gras waren nur noch wenige zu finden. Ein markanter Güllegeruch kommt von meinen Socken. »Du stinkst«, präzisiert meine Frau. Unter strengem Duft und ebenso strengem Blick schreite ich zur Dusche. Ich kann Gülle abwaschen, in der Natur aber wird Stickstoff in Boden, in Pflanzen und Luft weitergegeben. Das hat Folgen.

»Alles so schön gelb hier.« Die Teilnehmerin einer Naturführung durch »mein« Naheland fotografiert die Wiese vor uns. Es ist fast nur Löwenzahn und wir haben schon Ende Mai. Ich seufze: »Zu viel Gelb jetzt ist kein gutes Zeichen.« Den gelb blühenden Löwenzahn nutzen zwar viele Falter und Wildbienen. Aber er ist auf stickstoffreichen Standorten konkurrenzenzstärker als andere seltenere Pflanzen. Fehlen diese, fehlen noch viel mehr Insekten. Allerdings darf man sich nicht täuschen lassen. Auch bei wenig gedüngten Wiesen kann anfangs Löwenzahn dominieren, später kommen jedoch die anderen Blumen hinzu. Nach der gelben Phase folgen je nach Wiesentyp und seinen charak-

teristischen Blumen eine weiße, eine rosaviolette, schließlich eine bunte Phase – ganz natürlich. Geübte Augen erkennen außerdem früh, ob der Löwenzahn üppig oder dünner wächst. Nur bei Letzterem haben wir schmetterlingsreiche Wiesen, in denen die zunächst dominierenden Löwenzahnblüten im Jahreslauf zurücktreten und Platz für andere Blumen lassen. Löwenzahn ist also ein Zeiger, doch es kommt auf mehr an.

»Diese Wiese sieht bunt aus.« Ich schaue durch die Halme zum Boden. Das Pflanzenwachstum war durch Düngung so stark, dass schnell gewucherte und nun herabhängende Halme kaum mehr Licht und Wärme auf den Boden lassen. Das ist bedeutsam, weil sich Insekteneier und Larven am Boden zwischen Gräsern entwickeln und meist Wärme brauchen. Trotz Klimaerwärmung ist es am Grund dieser Wiese zu kalt, weil infolge der Düngung zu viel Pflanzenmasse die Erwärmung des Bodens behindert. Insektenpopulationen verschwinden schleichend, obwohl die Wiese jetzt noch bunt wirkt.

Gerade bodenmagere Standorte mit ihren vielen Pflanzenarten schwinden, auf die ein Gutteil der Falter angewiesen ist. Es bleiben nur wenige anpassungsfähige, aber auffällige Falterarten übrig, wie die bunten Tagpfauenaugen und Kohlweißlinge.

Warum aber so viel Stickstoff? Düngung mit Stickstoff und Phosphor schafft Bodenfruchtbarkeit. Stickstoffverbindungen waren bis in die 1950er-Jahre Mangelware. Doch seitdem ist es möglich, für viele Betriebe sogar nötig, den Mangel zu beseitigen: Denn Mineraldünger ist scheinbar unbegrenzt verfügbar. Auch Tierbestände sind hoch, und ihr Mist, ihre Gülle müssen irgendwohin. Dass derart intensiv produziert wird, um wirtschaftlich zu sein, hat viele Gründe, und hängt auch an uns Konsumenten.

Tipp 1: Verantwortungsvolle Landwirte und Flächenbesitzer können zumindest in Teilräumen, auf deren Ertrag sie nicht existenziell angewiesen sind, auf Düngung verzichten oder sie reduzieren. Das gilt erst recht für Gärtnerinnen und Gärtner: keine Düngung außerhalb der Nutzbeete. Damit spart man auch viel Geld.

Bei Stickstoff muss unterschieden werden: Elementarer Stickstoff ist natürlicher Hauptbestandteil der Luft. Organisch gebundener Stickstoff ist in allen Eiweißen enthalten. Erst mineralisch als Nitrat, Ammoniak und Ammonium und als Stickoxid wird er zum Problem, weil viel zu viele Nährstoffe in die Umwelt gelangen. Das Abbauprodukt Nitrit ist sogar extrem giftig für uns und immer mehr im Grundwasser zu finden. Und das Umwandlungsprodukt Lachgas ist trotz seiner Kurzlebigkeit mit das klimaschädlichste Treibhausgas überhaupt.

Die gasförmigen Stickoxide können über die Luft und Niederschläge auch entfernte Naturflächen aufdüngen. In den 1980er-Jahren wurden Einträge von durchschnittlich 20 bis 30 Kilogramm pro Hektar und Jahr in Deutschland gemessen. Das entsprach ungefähr einer üblichen landwirtschaftlichen Volldüngung von 100 Kilogramm Stickstoff pro Hektar alle fünf Jahre, ob man das auf der Fläche wollte oder nicht. Inzwischen sind die Einträge dank verbesserter Luftreinhaltung und effizienterer Ausbringung gesunken, aber immer noch bedeutsam. Die Spannbreite des unbeabsichtigten Eintrages variiert je nach Lokalität und Lage. Das deutsche Umweltbundesamt bietet interaktiv für jeden Ort die Info der jährlichen Eintragssumme an (»Hintergrundbelastungsdaten Stickstoff«, Link siehe Seite 206).

Bild links: Gute Schmetterlingsplätze und Faltergärten, die nicht nur Allerweltsarten dienen, sind eine Gegenwelt zur oft überdüngten Landschaft. Bieten wir kleinräumig vielfältige Bereiche mit magerem Boden an! Hier Aspekt im »SchmetterlingsReich« Staudernheim.

Neben industrieller Landwirtschaft kommen Stickstoffeinträge indirekt aus Verbrennung von fossilen Brennstoffen, Holz und Torf hinzu. Das Wort von der (Er-)Stickstoffisierung hat längst die Runde gemacht.

Boden ausmagern

Ein Einzelner kann nicht das Problem der flächendeckenden Überdüngung lösen. Hierzu sind politische Rahmenbedingungen, Agrarförderungen und Abgasausstöße umzustellen. Aber jeder Einzelne kann Entscheidungsträger und Politiker ansprechen, auch seinen Konsum überdenken. Und wo immer man Verantwortung für eigene Flächen hat, ist Verzicht auf Düngung und Ausmagern das große »A« für Schmetterlingsschutz. Das verhindert zwar nicht den latenten Eintrag aus der Luft, aber auf ungedüngtem Boden und erst recht auf magerem Substrat ohne Bindungsvermögen ist die Negativwirkung geringer bis fast fehlend. Dann können empfindsamere Blumen, Wildbienen und Falter vorkommen.

Trotzdem sind Düngeverbote nicht überall sinnvoll. So können manche artenreiche Mähwiesen frischer Standorte, die europaweit als FFH-Lebensraumtyp geschützt sind, je nach Region von einer kleinen Anreicherung mit Phosphor und Kalium profitieren, wenn auch ohne zu viel Stickstoff.

Wichtig ist, dass zum Ausmagern nährstoffarme Erde, Kies und Sand aus derselben Region kommen, also standortgerecht sind. Vom Weittransport rate ich aus Umweltgründen ab und auch, um Verschleppungen von fremdem Pflanzenmaterial zu vermeiden. Wenn kein Kies oder Sand verträglich aus der Region zu bekommen ist oder man das nicht will, kann man einfach die vorhandene nährstoffreiche obere Bodenschicht samt Aufwuchs und Humus abtragen (wahlweise wenige Zentimeter bis zu 30 Zentimeter, gerne dabei experimentieren und stellenweise die Tiefe variieren). Der zum Vorschein kommende freie Boden ist das neue »Oben« und meist nährstoffarm. Klar, dass dort auf Düngung verzichtet wird.

Ist der Boden mager, werden im Laufe der Zeit durch Wind oder Tiere passende Wildkräutersamen eingetragen. Es entsteht eine lückigere magere Vegetation, die langsam wachsen oder immer wieder zurückgesetzt werden kann (siehe ab Seite 89).

Magere Standorte sind zentral für Schmetterlinge und sie ergänzen landschaftlich die häufigen nährstoffreichen (eutrophen) Bereiche und Nutzbeete, in denen – umgekehrt dazu – Humus und Nährstoffanreicherung gewünscht sind.

Tipp 2: Für kleine Flächen, also die meisten Gärten, ist es sinnvoll, den vorhandenen Boden auszumagern. Dazu den bisherigen nährstoffreichen Oberboden abtragen. Der Boden kann offen liegen bleiben, man kann aber noch ein nährstoffarmes Substratgemisch einbringen. Weil Abraum irgendwohin muss, was oft ein Problem ist, empfehle ich, ein Kies-Sand-Gemisch (wahlweise nur Kies oder nur Sand) einfach in den Boden – ohne Abtrag – einzumischen (bis zu 70 Zentimeter Tiefe). Ehrgeizige Schmetterlingsfreunde geben pro Kubikmeter Boden einen Kubikmeter Magersubstrat hinzu, es darf auch gerne mehr sein, und jede noch so kleine Ausmagerung ist ein guter Schritt.

Tipp 3: Wer nicht viel auf einmal ausmagern will, kann nährstoffarmes Substrat verteilt auf kleine Stellen aufbringen. So wird ein gutes Mosaik gefördert.

Brennnessel-Ecke und Brombeergebüsch

Eutropher Falterzauber

Auch vor dem »Düngezeitalter« gab es von Natur aus nährstoffreiche (eutrophe) Standorte: an schattigen Säumen, entlang der Flüsse, an Stellen, wo Stickstoffeintrag durch regelmäßige Tieraufenthalte konzentriert war (Lägerfluren). Allerdings waren stickstoffarme Standorte früher in den meisten Landschaften in der Überzahl. Heute ist es – wie unter »A« aufgezeigt – umgekehrt, und ein Ausmagern vordringlich. Dennoch darf ein Schmetterlingsplatz nährstoffreiche Teilflächen haben. Darauf wachsen auch zwei Pflanzenarten, die eine ganze Reihe von Schmetterlingen anziehen, obgleich sie oft nicht Gärtners Lieblinge sind: »B« wie »Brennnesseln« und »Brombeeren«.

Die Brennnessel *(Urtica dioica)* ist ein Klassiker im Schmetterlingsgarten. Die Raupen der beliebten bunten Tagfalter Admiral, Tagpfauenauge, Kleiner Fuchs und Landkärtchen sind streng daran gebunden: Das ist die Gruppe der »Nesselfalter«. Zudem nutzen die Brennnessel gerne Raupen vieler weiterer Arten, die noch andere Pflanzen besiedeln können: Hier finden sich so spannende Namen wie C-Falter, Gammaeule, Messingeule, Schwarzes Ordensband, Achateule, Purpurglanzeule, Gothica-Kätzcheneule, Flohkrauteule, Hausmutter, Gelbe Bandeule, Gelber Fleckleibbär, Weiße Tigermotte, Rotrandbär sowie die polyphagen bekannteren tagaktiven Nachtfalter Brauner Bär, Russischer Bär und Schönbär.

Brennnesseln sind also Vielkönner unter den Raupenpflanzen. Aber sie dienen nur als Raupennahrung. Nektar muss an anderen Pflanzen aufgenommen werden.

»Nesselfalter« können auch Problemzeiger für Überdüngung sein und sind entsprechend häufig. Warum also diese Falter doch fördern? Die Erfahrung zeigt, dass aus »häufig« schnell ein »gefährdet« werden kann. Zwar werden die Brennnesselfalter wohl kaum je an einem Mangel an Brennnesseln leiden. Aber auch sie können von Giftverdriftung aus dem Agrarraum (siehe Seite 65) betroffen sein. Daher ist es zur Risikostreuung wichtig, Brennnesselbestände auch in naturnahen Bereichen und Gärten abseits intensiver Nutzflächen zu haben. Und weil Nesselfalter wie Tagpfauenaugen häufig sind, sind auch Parasiten an ihnen häufig. So ist es für die Schmetterlinge zudem wichtig, sich bei natürlicherweise regional unterschiedlichem Parasitendruck mal in diesen, mal in jenen Brennesselbeständen zu vermehren. Zum Beispiel immer mal wieder bei Ihnen.

> Tipp 4: Sehen Sie ohnehin vorhandene Schmuddelecken als Knuddelecken für Falter: Aus Verlegenheit wird Chance mit Zulassen von Brennnessel und Brombeere!

Tipp 5: Mein Faustwert: Der ideale Schmetterlingsgarten sollte 90 Prozent nährstoffarme Böden (siehe ab Seite 58) und (nur) 10 Prozent eutrophe Stellen aufweisen, um Faltervielfalt zu ermöglichen. Finden Sie aber Ihre eigene Variation!

Brennnessel ist nicht gleich Brennnessel: Die »Nesselfalter« haben unterschiedliche Standortansprüche (siehe rechts unten). Die Landkärtchen bevorzugen beispielsweise im Gegensatz zu den »Freunden der Sonne«, Kleinem Fuchs und Tagpfauenauge, Brennnesseln in (halb-)schattiger Lage. Und diese bitte im Winter stehen und »vergammeln« lassen, die Puppen überwintern darin!

Der Admiral, mein rot-schwarzer Liebling, geht gerne in kleine Brennnesselbestände an Randstrukturen.

Das Landkärtchen ist ein Faszinosum: Das Muster der Flügel erinnert an Landkarten, ich träume mich gern hinein. Die Frühjahrsgeneration ist orange-braun, die im Spätsommer schlüpfende Generation schwarz-weiß. Weil Landkärtchen oft nicht weit fliegen, ist ein Platz mit Brennnesseln als Raupenfutter und mit Nektarpflanzen (Doldenblütler, viele einheimische Wildblumen) nebeneinander vorteilhaft.

Wer Platz im Garten hat, sollte sich auch mit der Brombeere *(Rubus fructicosus aggr.)* beschäftigen, ähnlich mit der Himbeere. Aus gutem Grund: Auf Brombeeren und Himbeeren sind zahlreiche Falter als Raupenpflanzen angewiesen, sogar noch mehr als auf Brennnesseln. Und ergänzend zur Brennnessel sind Brombeerblüten beliebt wegen ihres Nektars. Nebenbei ermöglichen Sie mit wilden Brombeeren genetische Vielfalt, denn in Europa spalten sich gerade viele Unterarten auf – ganz natürliche Evolution.

Gerade in Siedlungen werden solche »unordentlichen« Ecken aber zu oft aufgeräumt. So ist es sinnvoll, in fast jedem Garten Brennnesseln und Brombeeren zuzulassen.

Tipp 6: Aufgrund der unterschiedlichen Brennnesselfalter ist es ratsam, in größeren Gärten Brennnesseln an unterschiedlichen Standorten wie sonnig trocken, halbschattig und schattig luftfeucht anzubieten.

Tipp 7: Weil »Nesselfalter« zur Eiablage windgeschützte Bestände bevorzugen, sind Brennnesseln an Hecken, unteren Böschungen oder an Mauern ideal.

Intelligente eutrophe Ecken

Vielleicht ist Ihnen das unheimlich: Brombeeren – die fiesen Dornen? Doch denken Sie an die wohlschmeckenden gesunden Früchte, die Sie ernten können. Und Brennnesseln? Die brennen bei versehentlicher Berührung. Doch dagegen gibt es ein »Zaubermittel«. Oft wächst am Weg- oder Gartenrand (wenn nicht alles aufgeräumt ist!) der Spitzwegerich *(Plantago lanceolata)*. Reiben und pressen Sie dessen Blätter und tragen Sie den Saft auf die brennende Stelle auf. Das hilft und zugleich haben Sie mit dem Spitzwegerich eine weitere Pflanze gewürdigt, auf die viele Nachtfalter angewiesen sind.

Die Brennnessel ist nützlich für uns: Es gibt Menschen, die nackt in Brennnesseln springen, weil das trotz Jucken und kurzzeitiger Hautreizung so gesund für den Kreislauf ist. Man kann aber auch sittsam bekleidet,

»Nesselfalter-Gilde«: Die Raupen dieser vier Tagfalterarten leben nur an Brennnesseln.

oben links: Kleiner Fuchs *(Aglais urticae)*
oben rechts: Tagpfauenauge *(Inachis io)*
Mitte links: Admiral *(Vanessa atalanta)*
Mitte rechts: Landkärtchen *(Araschnia levana)*, dunkle Sommergeneration
unten: Landkärtchen, orangene Frühjahrsgeneration

Nesselfalter-Einnischungen

Schmetterlingsart (»Nesselfalter«)	Standortanspruch an:		
	Boden und Licht	Luftfeuchte	Brennnesselbestand
Tagpfauenauge	sonnig, maximal halbschattig	mittel bis hoch	große Bestände, Eier darin gerne an frisch gewachsenen Pflanzen
Kleiner Fuchs	sonnig	gering	mittelgroße bis große Bestände
Landkärtchen	halbschattig bis vollschattig	hoch	große Bestände
Admiral	sonnig bis halbschattig	gerne hoch, gering geht auch	kleine Bestände, Randbestände

gerne mit aus Brennesselfasern hergestellten schönen Textilien, gesunde Tees, Salate und Gemüsegerichte kreieren, auch Sud zur Vergrämung von Blattläusen herstellen. Dabei entdecken Sie altes Wissen zum Vielkönner Brennnessel und Schmetterlinge kommen: Das juckt jeden.

Tipp 8: Sie können Zäune ersetzen, wenn Sie Brombeeren als Randstruktur wählen: Zweibeinige Eindringlinge meiden dieses Stachelgebüsch, während Kleintiere wie Igel durchschlüpfen und Verstecke finden können sowie Schmetterlinge darin gut leben. Eine ideale Win-win-Situation!

Tipp 9: Brennnesseln und Brombeeren braucht man nicht anzupflanzen. Sie kommen von alleine – oder sind schon da. Ergänzen sollte man sie mit Stauden als nahe Nektarspender (siehe ab Seite 76). Ich empfehle Wasserdost und Disteln (speziell zu diesen siehe Seite 107).

Nicht zuletzt lehren uns Brennnessel und Brombeere, auch mal Unordnung zuzulassen und nicht überall Kontrolle auszuüben, woraus sich Natur erst vollständig entwickeln kann. Das ist als Prinzip »Wildnis« (siehe Seite 131) fast noch wichtiger als eine von Millionen weiterer Brennnessel-Ecken im Land.

Chemie

Und die möglichst nicht

Chemie ist überall

Mit der massenhaften Verwendung synthetischer Pflanzenschutzmittel (Pestizide, hier kurz »Chemie«) ist seit vielen Jahrzehnten der Schwund der Insekten verbunden, vor allem im Agrarraum, aber auch in vielen Gärten. Allerdings ist »Chemie« als Einflussfaktor nicht immer klar trennbar von der gleichzeitigen Überdüngung und einem Ausräumen von Lebensräumen in Landschaften.

Der Einfluss von »Chemie« ist vielfältig: Herbizide töten zwar Tiere nicht direkt, aber deren pflanzliche Nahrungsgrundlagen. Das berüchtigte Glyphosat tötet alle Blütenpflanzen, nicht aber Moose. Dazu kommen Insektizide, die auf bestimmte (Schad-) Insekten wirken. Doch sie treffen oft auch andere Arten. Stoffe werden durch Wind verdriftet, obgleich es Auflagen gibt, sie nur bei windarmen Bedingungen auf die Zielpflanzen auszubringen. Bedeutend ist, dass eine große Menge synthetischer Stoffe in die Umwelt eingetragen wird – und das erfolgreich im Sinne des Anwenders: Äcker sind heute zumeist »chemisch versiegelt«: Kaum Platz für Wildkräuter und Falter, und wenn, dann überleben nur wenige resistente Arten.

Ich will nicht jeden chemischen »Pflanzenschutz« verteufeln, der bei Monokulturen oft unumgänglich ist. So gibt es Stoffe, die schnell abgebaut werden. Jedes Pestizid muss ein umfangreiches Prüfverfahren durchlaufen. Doch Vermischungen unterschiedlicher Substanzen sowie Abbau- und Umbauprodukte (Metabolite) in der Natur sind wenig erforscht, wirken aber anders als die Reinform eines zugelassenen Mittels.

Gut gemachte Mischkulturen und Permakulturen sind weniger anfällig und vor allem für Gärten ein zukunftstauglicher Weg. Sie sind jedoch nicht wirtschaftlich für diejenige Großproduktion, nach der unsere Gesellschaft derzeit (noch) verlangt.

Mit Einsatz der Stoffgruppe der Neonikotinoide (kurz: Neoniks) im »Pflanzenschutz« ist seit Ende der 1990er-Jahre eine weitere Dynamik im Insektensterben verbunden. Sie greifen »versehentlich« das Nervensystem von Bienen an und eventuell das von Faltern, die sich dann schlechter orientieren und verschwinden. Nur ein Teil der Neoniks wurde bisher verboten.

Zwar wirken heutige Pflanzenschutzmittel spezifischer als früher und haben weniger Breitbandwirkung, aber doch gibt es letztlich einen belegten Zusammenhang zwischen Insektenrückgang und massiver Chemisierung.

Tipp 10: Kein »chemischer Pflanzenschutz« in Gärten, Parks und auf Naturschutzflächen! Zu biologischen Mitteln in Nutzgärten gibt es viele gute Ratgeber.

Bei großflächiger konventioneller Landbewirtschaftung ist es nicht so einfach, aber auch dort helfen Reduktion von Chemie und Verzicht wenigstens auf Teilflächen. Der Ökolandbau kommt weitgehend ohne Pestizide aus, ein ganz großer Vorteil. Und wenn Brachen und Wiesen wieder mit Hecken umgrenzt werden, verringern diese einen Stoffeintrag auf innenliegende Bereiche.

Bild links: Wilde Brombeeren *(Rubus fructicosus aggr.)* sind wichtige Schmetterlingspflanzen. Mindestens 68 Falterarten nutzen sie als Raupe und die Blüten sind Nektarspender. Ähnlich in all dem ist auch die einheimische Himbeere *(Rubus idaeus aggr.)*.

Dunkel

Lichtverschmutzung vermeiden

Sterne statt Lampen

»Dunkel« hat oft einen schlechten Ruf. Aber natürliche Dunkelheit kann auch geschützte Geborgenheit und tiefes Erleben bedeuten. Vor allem aber ist Dunkelheit einer der wichtigsten natürlichen Lebensbereiche auf unserem Planeten und der Hell-Dunkel-Rhythmus wichtiger Taktgeber in der Natur und für Schmetterlinge.

Nachtfalter, die sich oft am Licht des Mondes orientieren, werden von künstlicher Beleuchtung angezogen – und irritiert. In der Schmetterlingsforschung macht man sich den Anlockeffekt als »Lichtfang« zunutze, indem man zeitweise mit einer Lichtquelle Nachtfalter eines Gebietes anlockt und bestimmt.

Schädigend ist ein Lichtfang anderer Art: Der geschieht durch die vielen künstlichen Beleuchtungen. Die Nachtfalter verenden an Lampen, verlieren lebenswichtige Energie oder werden von Räubern wie Fledermäusen dort leicht gefressen. Dies passiert leider massenhaft.

Man spricht von »Lichtverschmutzung«, die weltweit zunimmt und als bedeutendes Problem für viele Pflanzen, Tiere, ganze Lebensräume und uns Menschen erkannt ist. Dabei geht es nicht nur darum, dass Menschen keinen Sternenhimmel mehr erleben können, sondern dass viele Pflanzen und Tiere existenzielle Bestandseinbrüche erleiden.

Forschungsergebnisse zeigen, dass allein in Deutschland in einem Sommer rund 60 Milliarden Insekten, darunter viele Falter, am Licht sterben. Beleuchtete Standorte haben gegenüber vergleichbaren unbeleuchteten eine um etwa 25 Prozent verringerte Artenvielfalt (Studie von MacGregor, 2017). Untersuchungen im Forschungsverbund »Verlust der Nacht« des Leibniz-Institutes für Gewässerökologie bei Berlin (2016) zeigten, dass durch die üblichen Abstände von Straßenlaternen schwer überwindbare Lichtbänder als Barrieren entstehen, wodurch der verbliebene Lebensraum für Falter isoliert wird. Forscher der Universität Bern haben 2017 nachgewiesen, dass die Bestäubungsleistung auf beleuchteten Flächen gegenüber dunklen Flächen um 62 Prozent zurückgeht, denn einige Pflanzen werden nachts bestäubt. 13 Prozent weniger Früchte pro Jahr waren die Folge und die Bestäubung kann durch tagaktive Insekten nicht ausgeglichen werden. Der Lebensraum verarmt. Nachtfalter produzieren in beleuchteter Umgebung zudem weniger Pheromone, wodurch ihre Vermehrungsrate zurückgeht.

Demgegenüber stehen Beobachtungen, dass »Lichtverschmutzung« zwar eine zusätzliche Beeinträchtigung für Nachtfalterbestände ist, aber nicht deren Schwund maßgeblich erklärt. Denn viele Tiere fliegen und verenden wohl erst an den Lichtquellen nach erfolgreicher Paarung und Eiablage. Auch Josef Reichholf relativiert zumindest für Städte den Einfluss von Licht. Er stellte in Teilen von München keinen Bestandseinbruch der Nachtfalter fest, vor allem bei geringer Grundhelligkeit. Ist der vielfältig strukturierte Lebensraum Stadt gegenüber dem überdüngten, vergifteten, ausgeräumten Umland so viel attraktiver für Falter, dass dieser Wert an Stadtnatur die Negativwirkung städtischen Lichts überstrahlt?

Die Gewöhnliche Nachtkerze *(Oenothera biennis)* blüht hauptsächlich nachts und lockt mit Blüten und Duft Nachtfalter an.

Oder wäre der Nachtfalterbestand in Städten ohne Licht noch viel größer?

Sicher ist vor diesem Hintergrund, dass »Lichtverschmutzung« negativ auf Schmetterlinge wirkt. Wie stark aber, darüber darf weiter geforscht und diskutiert werden. Mit der Leitlinie eines Vorsorgeprinzips ist »Lichtverschmutzung« in jedem Fall zu reduzieren, nicht nur für Schmetterlinge und andere Tiere, sondern auch für das Erlebnis eines wundervollen Nachthimmels.

Auf der Suche nach Prinzipien stellen sowohl Josef Reichholf wie alle mir bekannten Studien übereinstimmend fest, dass helle Lichtquellen in relativ dunklen Gebieten die Tiere immer stark anziehen. Je stärker der Lichtkontrast ist, desto ausgeprägter ist die Wirkung. Große dunkle Gebiete werden besonders beeinträchtigt, wenn sie neu beleuchtet werden. Letzte Dunkelrefugien sind demnach hoch sensibel und wertvoll. Dort richtet eine neue Lichtquelle viel mehr Schaden an als eine, die sich in ein schon beleuchtetes Gebiet einfügt.

Das moderne LED-Licht ist Fluch und Segen zugleich: Weil es energieeffizienter in der Nutzung ist, verleitet es dazu, mit weniger Stromverbrauch und geringeren Kosten noch mehr und noch heller zu beleuchten als früher. Oft wird in Hinblick auf Klimaschutz nur die Energieeffizienz berücksichtigt, während umfassender Natur- und Umweltschutz, den intakte, dunkle Lebensräume ermöglichen, weniger beachtet wird. Ein solchermaßen einseitiges »technokratisches« Verständnis müsste mit Blick auf die ganze Natur verwandelt werden: »Licht aus, Strahl runter!« (siehe Tipp 13, folgende Seite).

Moderne Leuchtmittel bieten aber auch Chancen: Licht nur dann, wenn man es braucht, gezielt ausgerichtet, zeitlich begrenzt, dimmbar und im am wenigsten schädigenden Farbspektrum! Mit kluger Beleuchtung schafft man den Spagat zwischen notwendiger Ausleuchtung dort, wo nötig, und dem Schutz großer dunkler Bereiche, wo immer möglich. Diese Chance sollten Sie aufgreifen: in Ihrer Gemeinde, in Ihrem Garten.

Lichtverschmutzung mit Verstand minimieren

Übereinstimmend ist erkannt: Dunkel lassen oder wieder dunkler machen ist wichtig für Naturplätze.

Tipp 11: Verzichten Sie auf längere Beleuchtung im Garten, auch nicht mit Solarfackeln und sonstigem Schnickschnack. Im Dunkeln sitzen, unter Sternen, ist das wahre Erlebnis, der neue Luxus für Sie und Schutz für Falter.

Wenn es nicht zu lange und nicht zu oft ist, können Sie aber auch mal gezielt Licht anstellen, um Nachtfalter schön zu beobachten, ohne ihnen zu schaden. Denn ich finde es wichtig, die Faszination unserer Flatterfreunde erleben zu können.

Wo Dunkelheit nicht möglich ist, weil Stolperfallen, Sicherheitsbedenken oder besondere Lichtansprüche bestehen, empfehle ich Folgendes:

Tipp 12: Auf keinen Fall Natur, Bäume oder Wasserflächen anleuchten! Das entwertet den Lebensraum massiv und schadet den darin lebenden Tieren.

Tipp 13: Falterfreundliche Lichttechnik:
a) Bewegungsmelder oder Abschaltautomatik verwenden, sodass Licht nur aufleuchtet, wenn es benötigt wird.
b) Geringe Intensität wählen. Nur so hell, wie unbedingt nötig. Dabei starke Hell-Dunkel-Kontraste vermeiden.
c) Licht mit geringem UV-Anteil einsetzen: bevorzugt »Warmweiß« unter 3000 Kelvin! Damit werden viele Falter geschont, und die Sicht für uns ist immer noch gut.
d) Lichtstrahl gezielt ausrichten, also meist nur auf den Boden, Markierungen, Gehwege, Straßen. Abstrahlung zu den Seiten reduzieren. Lichtpunkthöhe niedrig wählen.
e) Keine Fassaden flächig beleuchten, weil das weithin aufhellt. Wenn Licht Mauern illuminieren soll, dann nur kleinräumig, das wirkt auch schöner.
f) Lampen mit geschlossenem Gehäuse verwenden, damit keine Insekten ins Innere der Lampe gelangen.

Tipp 14: Speziell für Raum-, Stadt- oder Gemeindeplanungen wird empfohlen, Abstände von (viel) mehr als 50 Metern zwischen Laternen zu wählen. Damit entstehen Dunkellücken und eine gewisse Durchlässigkeit für Falter. Starke Lichtkontraste sollten vermieden werden.

Lassen wir mehr natürliche Dunkelheit zu, nachdem jahrzehntelang galt: je heller, desto moderner. Frühere Fehler wollen korrigiert werden: Natürliche Dunkelheit ist das neue Ziel mit Lebensqualität.

Bild rechts: Eine angemessene Formen- und Farbenvielfalt unterschiedlicher Pflanzen und Raumstrukturen fördert Faltervielfalt und unsere menschlichen Sinne zugleich. Dabei ist die Eigenart des Platzes zu entwickeln.

Eigenart

Jeder Platz ist anders

Das Einzigartige erkennen!

Alles ist einzigartig! Das ist Naturprinzip: Jeder Stein, jeder Baum, jede Blume, jeder Falter, auch innerhalb derselben Art, jedes Individuum hat etwas, das es einzigartig macht, auch jeder Mensch. Schauen Sie sich um: Sie finden in Natur niemals exakt das Gleiche. Ein Blick in die Gene bestätigt das. Dieses Prinzip der Einzigartigkeit ist Grundlage der Evolution. Es ist Spielwiese für Tests, Besonderheiten, Überraschungen. Daher sind Natur und Falter im Vergleich zu einer Industrienorm so schön spannend, unberechenbar dynamisch – und für alle Gleichmacher, Ordnungskontrolleure und Diktatoren Fluch und Schrecken zugleich. Auch deshalb erfreue ich mich an der unzähmbaren Freiheit der Natur, ja an jedem Schmetterling.

Das am besten Angepasste vermehrt sich erfolgreich: »Survival of the fittest« heißt das Prinzip der Evolution. Das aber ist nicht gleichbedeutend mit Kraft und Stärke. Erfolg wird oft durch sanfte Kooperation, Symbiose, durch Ausprobieren und Neuerungen erreicht, deren Nutzen man zuvor nicht (er-)kannte. Man müsste das Erfolgsrezept wohl vermehrt »survival of the friendliest« nennen, ohne Natur dabei fälschlich zu verniedlichen. Es gibt Konkurrenz und Kooperation nebeneinander. Wobei Kooperationen viel häufiger und erfolgreicher sind, als es noch in manchen Kampfköpfen festsitzt. Einzigartigkeiten, die friedlich kooperieren, haben beste Zukunftschancen.

Ja, auch Sie, liebe Leserin, lieber Leser, sind wie jeder Falter etwas Besonderes: eigene Lebensgeschichte, Träume, Ecken

und Kanten. Daher finde ich es seltsam, wenn wir Gärten oft gleichartig gestalten: ein Rasen, Baum drauf, verteilt am Rand ein paar Beete oder Ziergehölze. Fertig der Standardgarten. Wer hat uns das nur eingebläut? Ich meine, in vielen Gärten eine vermeintlich pflegeleichte Projektion des nächstgelegenen Gartenmarktes und Imitation eines geschmacklosen Massengeschmacks zu erkennen. Schließlich will man nicht auffallen. Eigenartig?

Dabei geht es auch anders, wenn man sich traut. Ja, man darf eigen sein. So wie Natur, deren Teil Schmetterlinge und wir Menschen sind.

Jede Landschaft, bestehend aus Erhebungen und Ebenen, verschiedenen Lebensräumen, Menschen, Pflanzen, Tieren und Faltern, ist eigen. Man spricht sogar von »Eigenart und Schönheit von Natur und Landschaft« als Rahmenziel in § 1 des deutschen Bundesnaturschutzgesetzes. Lasst uns »eigenartig« sein, natürlich!

Ihr einzigartiger Platz

Suchen Sie die besondere Eigenart, die eigenen Chancen des Platzes. Randbedingung: Dieses Alphabet berücksichtigen, denn darin sind die Elemente für gute Schmetterlingslebensräume enthalten. Sie können einzelne Aspekte, die Buchstaben des Alphabets, unterschiedlich betonen und kombinieren. Heraus kommt Ihr eigenes Zauberwort für Ihren Schmetterlingsplatz: Im Idealfall komplett Abcdefghijklmnopqrstuvwxyz. Überall anders. Einzigartig eigenartig.

Aber wir sind Kinder unserer Zeit, geprägt von Vergleichen, eingeordnet in Schemata. Wir schauen zum Nachbarn – und der schaut auf uns. Wir suchen Vorbilder, Sicherheit und Halt.

Ja, Halt: So möchte ich eigene Leitfragen formulieren: mit Tipp 15 und Tipp 16.

Ob Sie auf bestimmte wenige Arten an Pflanzen und Faltern fokussieren oder auf Vielfalt, ist letztlich gleichwertig. Bei kleineren Gärten müssen Sie sich entscheiden, bei großen Flächen kann man vieles zugleich anbieten. Erfahrungsgemäß ist ein Garten mit Konzept und den genau dazu passenden Pflanzenarten ansprechender als eine angestrengte Vielfalt. Gartengestalter sprechen auch gerne vom »genius loci«, dem Geist des Ortes. Die genannten Fragen helfen, ihn zu entwickeln. Dazu gehört, mit dem Fragen nie aufzuhören. Ganz wie Natur, die sich stetig verändert.

Tipp 15: Eigenart betonen: Was ist das Typische an der umgebenden Landschaft? Welche besonderen Qualitäten gibt es darin? Diese und die mit ihnen verbundenen Pflanzen könnten Sie im Garten aufgreifen und verstärken.

Tipp 16: Eigenart-Hilfestellungen:
a) Eigenart durch Kontrast? Eine dichte Blütenoase kann in einer ausgeräumten Agrarlandschaft entwickelt werden – oder umgekehrt ein schütterer Stein-Falter-Garten gegenüber einer üppig wuchernden Umgebung.
b) Eigenart durch Neukombination falterwichtiger Pflanzen? Es gibt Nektarpflanzen, die überall immer wieder verwendet werden: Oregano, Thymian, Hornklee, Wilde Möhre und Stauden wie Wasserdost, Blutweiderich und Karde, dann noch die berühmte Brennnessel-Ecke. Kombinieren Sie dazu seltenere einheimische Pflanzen, die nicht jeder hat. Dazu dient die Pflanzentabelle ab Seite 188.

Bild rechts: Wer einheimische Pflanzen und ortstypische Strukturen fördert, entdeckt aufregende und wunderbare Kombinationen an Formen und Farben. Hier der Grüne Zipfelfalter *(Callophrys rubi)*

Farben und Formen

Alles so schön bunt hier

Farben, Formen, Falter!

Tagfalter können Formen und Farben sehen – aber anders als wir. Das liegt am besonderen Aufbau des Schmetterlingsauges. Die Tagfalter haben meist sechs verschiedene Typen von Lichtsinneszellen (Rezeptoren) für Farben: für Rot, Grün, Blau, Violett, UV-Licht und einen Breitbandrezeptor zur räumlichen Orientierung. Die Rezeptoren für Grün und Blau sind in zwei Untertypen unterteilt. Dem UV-Anteil kommt die höchste Bedeutung zu, während unser Rot als eigene Farbe von vielen Arten nicht wahrgenommen wird. Der Rot-Rezeptor dient wohl dazu, andere Farbtöne fein differenziert wahrzunehmen. Der asiatische Kolibrifalter *(Graphium sarpedon)* bringt es sogar auf 15 Rezeptortypen und auf noch mehr Feinunterscheidungen. Schmetterlingsaugen gehören zu den komplexesten Sehapparaten im Tierreich. Wer sich vergleicht, wird unglücklich: Wir Menschen haben nur drei verschiedene Rezeptoren (Zapfentypen): für Grün, Blau und Rot.

So gut die Farbunterscheidung, so begrenzt die Fernsicht: Die Einzelaugen (Facetten, Ommatidien) erzeugen Bildpunkte, die vom kleinen Faltergehirn zu einem mosaikartigen Gesamtbild zusammengefügt werden. Der Sichtradius liegt meist bei weniger als fünf Metern. Die Fernorientierung geschieht über »Riechen« (Wahrnehmung chemischer Stoffe), teils auch »Hören«. Auch wenn Tagfalter viele Farben unterscheiden

können, liegt ihr Sehschwerpunkt im UV-Bereich und in Reflexionen von UV-Licht. Dadurch erscheinen attraktive Blüten in etwa wie illuminierte Landebahnen.

Violette Blüten wie die der Flockenblume und Witwenblume sind bei besonders vielen Tagfaltern beliebt. Doch man darf nie einseitig denken: Landkärtchen, manche Zipfelfalter und Kaisermäntel lieben auch weiße Doldenblüten (wie Kälberkropf). Nachtfalter werden von weißen und gelben Blüten angezogen, besonders von ihren Düften. Die gelbe Nachtkerze zieht Nachtfalter wie magisch an.

Nicht nur die Farben sind relevant, sondern auch Blütenformen und Nektarzugänglichkeit: Schmetterlinge können mit ihren langen Rüsseln Blüten besuchen, in denen der Nektar gleichsam tiefergelegt ist. Es gibt Blumen, die speziell an bestimmte Falter angepasst sind – und von keinem anderen Tier bestäubt werden. Der blütenökologische Fachbegriff dazu heißt »Lepidopterophilie«, also eine Kombination von Blütenmerkmalen, die optimiert für Schmetterlinge ist. Andere Blüten setzen auf Besuch und Bestäubung durch viele verschiedene Insektenarten. Die grandiose Vielfalt an Formen und Farben der Blüten ist das (Zwischen-)Ergebnis von Evolution mit Anpassungen der Pflanzen an Bestäuber und umgekehrt. Ein guter Schmetterlingsplatz bietet verschiedene Blütenformen an, auch für weitere Insekten. Auf eher flachen Korb- und Doldenblüten können auch Käfer besser landen, während Schmetterlinge überall ausbalancieren können.

Farben und Formen für einen Schmetterlingsplatz

Das Wissen über Blütenformen und Farben lässt mich ein Attraktivitätsdreieck skizzieren, das möglichst erfüllt sein sollte:

(1) Eine generelle Vielfalt an Farben und Formen an einem Platz berücksichtigt sowohl Spezialisten als auch Generalisten.

(2) Blüten mit großen Plattformen wie jene der Doldenblütler (Umbelliferen, wie Wilde Möhre, Wiesenkerbel, Kälberkropf) und vieler Korbblütler (Kompositen, wie Löwenzahn, Wiesenbocksbart, Flockenblume) bieten attraktive Landemöglichkeiten für weitere Insekten.

(3) Violette und orange-gelbe Farbtöne sind besonders beliebt, der Anteil dieser Farbspektren sollte nicht zu klein sein.

> Tipp 17: Tischlein-deck-dich für Falter – und auch unser Auge isst mit: Nutzen Sie die Pflanzenliste ab Seite 188 und kombinieren Sie Blütenfarben und Blütenformen. Und verbinden Sie diese Auswahl mit Entwicklung der Eigenart eines Platzes (siehe ab Seite 69).

Zudem locken »schwere« süße Düfte Falter an. Unsere eigene Duftwahrnehmung darf aber kein Hauptkriterium sein, denn für uns wenig duftende Blumen können für Falter »dufte« sein. Nach meiner Beobachtung überlappen sich Menschengeschmäcker und Faltervorlieben bei Farben, Gerüchen und Düften aber erstaunlich oft. Die Farben und Formen verändern sich natürlich von Tag zu Tag. Jeder Tag ist anders, teils auch mit anderen Faltern. Das zu erleben, macht Spaß. Wer sich mit Farben und Formen bewusst beschäftigt, erlebt Natur und Leben erfüllter.

Bild rechts: Hochgrasreich, blütenreich, breit, »wild« – solche Wegränder sind wichtige Falterhabitate, die zugleich einem Biotopverbund helfen. Werden sie schmal sowie zu früh, zu oft – und ganz schlimm – alle auf einmal gemäht, verschwinden oft ganze Falterpopulationen.

Gräser

Grasfalter wollen leben!

»G« steht hier für »Gräser«. »G« könnte auch für »Grünland« stehen, das sind Rasen, Wiesen und Weiden als größere Lebensräume – mit Gräsern. Gräser möchte ich aber herausstellen. Sie spielen eine große Rolle für viele Falter, fristen aber in Gärten ein Nischendasein oder werden zugunsten der Blüten zu oft kurz gehalten.

Auch Gräser sind Blütenpflanzen. Allerdings sind ihre Blüten klein, unscheinbar – doch wirkungsvoll. Ihre Bestäubung erfolgt mit dem Wind. Die leichten Samen fliegen weit. Mit Moosen und Flechten sind sie Erstbesiedler, wachsen in Ritzen und Schlitzen. Ebenso verschmitzt überwinden sie Mauern, bilden Rasen, prägen Wiesen und Weiden, durchsetzen Wälder, begleiten Übergänge. »Gott liebt das Gras« ist ein treffender Satz. »Gras« meint hier Lebenskraft, Mut, Widerstand, Pioniergeist. Der Sänger Gerhard Schöne singt in »Gott liebt das Gras« (2003), einem meiner Lieblingslieder und wahrlich ein Evergreen, adaptiert an »God bless the grass« von Malvina Reynolds (1964): »Gott liebt das Gras, es reißt Mauern ein. Kann zart sein und schmiegsam, sein Samen so klein. Du wirst ihn kaum sehen, bis er sich erhebt. Die Mauer wird fallen, das Gras aber lebt. Gott liebt das Gras.«

Viele Falter nutzen Gräser als Strukturen für ihre Puppen, als Rastplätze und Verstecke. Die Tagfalterfamilie der Augenfalter, eine Untergruppe der Edelfalter, ist ganz auf Gräser als Raupenpflanzen angewiesen. Betrachten wir vier Beispiele solcher »Grasfalter«, die auch in Gärten zu erleben sind – wenn hohes Gras stehen bleiben darf.

Mit dem schönen Schachbrett *(Melanargia galathea)* sind wir bereits mitgeflogen (siehe Seite 50). Seine Raupen brauchen Hochgräser wie Honiggras *(Holcus)*, Knäuelgras *(Dactylus)*, Glatthafer *(Arrhenaterum)*, Trespe *(Bromus)* oder Schwingel *(Festuca)*. Leider werden diese oft zu früh abgemäht. Zwar sind Schachbretter insgesamt noch häufig, in trockenen Jahren regional sogar mit Massenvorkommen, aber insgesamt beobachte ich einen Rückgang in Gemeinden, im Agrarraum, auch in Gärten. Ursache ist, dass hochgrasreiche Ränder zu früh abgemäht werden.

Das Große Ochsenauge *(Maniola jurtina,* links, 2. v. o.), etwas seltener und wärmeliebender das Rotbraune Ochsenauge *(Pyronia tithonus,* links, 1. v. o.), legt seine Eier auf gemähte Wiesen. Ochsenaugen sind daher auch in lichten Wäldern und Säumen zu finden. Als Imagines brauchen Schachbrett und Ochsenauge aber auch viel Nektar. Beliebt sind die violetten Witwenblumen, Flockenblumen, Disteln und Oregano, die in nicht zu eutrophen Wiesen, an Wegrändern und in Gärten mit ihren Futtergräsern vorkommen.

Der Mauerfuchs *(Lassiomata megera,* links, 3. v. o.) als relativ wärmeliebende Art mag sonnige Stellen, die oft nur lückig mit Gräsern bewachsen und steinig sind. Dieses Bedürfnis ist häufig an Südseiten von Mauern erfüllt, daher der Name »Mauerfuchs«.

Der Schornsteinfeger (Brauner Waldvogel, *Aphantopus hyperanthus,* links, 4. v. o.) ist ein weiterer häufiger Grasfalter mit ähnlicher Lebensweise. Dieser kleine Feger tendiert zu Gräsern im Halbschatten.

Die Beispiele zeigen, dass »Grasfalter« trotz mancher Ähnlichkeiten in ihrer Entwicklung und Lebensweise doch unterschiedliche Detailansprüche haben. Mit diesem Wissen können wir Gräser an verschiedenen Standorten anbieten.

Bilder links: vier Grasfalter (Namen im Text)
Bild rechts: Hochgrasbestand in Staudernheim

Mit Gräsern klug arbeiten

Wer eine Wiese oder Weide als Schmetterlingsplatz entwickelt, wird genügend Gräser darin haben. In Gärten hingegen ist es wichtig, Gräser und Nektarpflanzen zu vernetzen. Das geht auch gut in Randstrukturen.

Tipp 18: Einen Teil der Hochgrasbestände über den Winter stehen lassen und dann nicht vor April mähen. Dort überwintern Raupen!

Falter-Optimierer können zudem darauf achten, dass es Gräser an unterschiedlichen Standorten gibt: an sonnigen und trockenen, aber auch feuchten und schattigen. Gerade bei sonnigen Orten sind offene Bodenstellen und Ausmagern (siehe ab Seite 58) für Mauerfuchs und Freunde sinnvoll.

Tipp 19: Einheimische Wildgräser zulassen: Auszusäen braucht man sie nicht, denn durch die Luft verbreiten sich ihre Samen – sie brauchen aber einen Ankunftsplatz, wo sie wachsen dürfen, also jemand, der sie willkommen heißt: Das sind nun Sie.

Tipp 20: Um für Falter wertvolle Grasvariationen zu erhalten, dürfen Gräser nur ein- bis zweimal im Jahr gemäht werden, Teilbereiche nicht vor Anfang September, damit das Schachbrett leben kann, und manche Stellen nur alle zwei Jahre einmal. Variieren Sie die Mahd streifen- oder mosaikartig, nie alles gleichartig oder auf einmal, siehe Tipp 69 auf Seite 114.

Hochstauden

Das »bunte Hohe« in Natur

Es gibt auffällige bunte Momente in der Natur. An Säumen und Waldrändern stehen manchmal hochwüchsige Blütenpflanzen eng zusammen. Im Spätsommer finden sich reichlich Kaisermäntel, Zitronenfalter, Spanische Flaggen, Tagpfauenaugen, Admirale und Distelfalter ein.

Als »(Hoch-)Stauden« werden Blütenpflanzen verstanden, die immer wieder aus demselben Wurzelstock ausschlagen und somit ausdauernd mehrere Jahre an derselben Stelle wachsen – im Unterschied zu einjährigen Blumen und anderen Kräutern. Einige Stauden bilden zunächst eine Rosette flach am Boden (wie Königskerze, Wilde Karde), die über den Winter bleibt, wachsen erst im zweiten Jahr in die Höhe und blühen dann. Im Winter sind die abgestorbenen Stängel und Samenstände Quartier für Insekten. Im Frühjahr treiben sie aus ihren Wurzelstöcken neu aus oder neue Rosetten keimen woanders aus den Samen.

Einheimische Stauden sind für Falter besonders wegen ihrer nektarreichen Blüten hoch attraktiv, seltener als Lebensraum für Raupen und Puppen. Und doch geht es auch hier ums Ganze. Beispiele für gute Beziehungen:

Der Wasserdost *(Eupatorium cannabinum)* ist eine lila Nektar-Attraktion im Sommer und zieht aus weitem Umkreis Falter an. Kommt in der Region die schöne Spanische Flagge (Russischer Bär, *Callimorpha quadripunctaria)* vor, so wird sie sich sicher am Wasserdost einfinden.

Der Blutweiderich *(Lythrum salicaria)* blüht intensiv purpurlila. Das Kleine Nachtpfauenauge *(Saturnia pavonia),* der Mittlere Weinschwärmer *(Deilephila elpenor),* der anpassungsfähige und schöne Faulbaumbläuling *(Celastrina argiolus)* nutzen ihn neben anderen Pflanzen gerne als Raupenfutterpflanze und Puppenplatz.

Die Wilde Karde *(Dipsacus fullonum)* hat einen riesigen Blütenstand, attraktiv für uns und für Falter. Die Samen sind Leckereien für Vögel wie Meisen und Stieglitze, die diese leicht erreichen und vielleicht dann weniger die Falter und Raupen picken.

Der Beinwell *(Symphytum officinale)* ist eine hervorragende Weide für Hummeln und Wildbienen, weniger für Falter. Aber immerhin der Schönbär *(Callimorpha domula)* frisst als Raupe neben Brennnesseln, Huflattich, Pestwurz und Brombeeren am Beinwell. Die Raupe überwintert gut unter den großen zerfallenden Blättern in der Bodenstreu. Fressen die Raupen an Beinwell, nehmen sie Pyrrolizidinalkaloide auf und sind dann als Falterpopulation durch »schlechten Geschmack« vor Vögeln besser geschützt.

Tipp 21: Entwickeln Sie auf Teilflächen Hochstaudenbereiche (siehe Pflanzenliste ab Seite 188). Nach dem Vorbild natürlicher Vorkommen können Hochstaudenbereiche als Übergangslebensraum dienen, rund um ein Nutzpflanzenbeet oder als sanfte bunte Grenze des Grundstückes. Oder ein Staudenbeet kann attraktives Zentrum des Gartens sein.

Die Spanische Flagge alias Russischer Bär *(Callimorpha [Euplagia] quadripunctaria)* wird durch nektarreiche Hochstauden wie hier den Wasserdost angezogen.

Blütenreicher Blickfang

Die Anlockwirkung einheimischer Hochstauden ist enorm: Besonders im Spätsommer, wenn viele Wiesen gemäht sind, sind sie bunte Attraktion im Schmetterlingsplatz.

Tipp 22: Flexibles Spiel mit Verlagerung: Stauden wie Wasserdost und Wilde Karde neigen zur Massenvermehrung. Sind sie einmal da, können sie an vielen Stellen von selbst wachsen. So können Sie Staudenschwerpunkte jährlich verlagern, indem Sie diese mal hier, mal dort zulassen oder entfernen. Ihr Platz bleibt ähnlich der Natur attraktiv in Bewegung, wobei im Sinne einer »Habitat-Kontinuität« einige Stellen auch langfristig stets von Stauden besetzt sein dürfen.

Die Wirkung und dominante Schönheit von Hochstauden kann derart begeistern, dass weitere Anforderungen an gute Schmetterlingsplätze leicht vergessen werden. So können viele Hochstauden mit eutrophen Verhältnissen zurechtkommen, weniger gut können das aber viele von Faltern benötigte Kräuter. Wichtig daher folgende Tipps:

Tipp 23: Von Zeit zu Zeit kann es erforderlich sein, auf Teilflächen Stauden zu entfernen, bevor sie andere Bereiche überwachsen. Bunte Hochstauden sind der farbenfrohe Hochsommer-Höhepunkt eines Schmetterlingsplatzes, sollten ihn aber nicht ganz einnehmen, denn es gibt noch mehr Buchstaben im Alphabet.

Tipp 24: Pflanzen Sie nur wenige Stauden-Initiale. Ansonsten lassen Sie Hochstauden von selbst kommen oder sich von selbst verdichten. Staudensamen werden durch den Wind verbreitet, sodass Sie einfach warten können und nur gezielt entfernen, was hier nicht passt.

Einheimische Hochstauden sind im Sommer die großen Attraktionspunkte für Falter – und Farbenfreude für uns.

Tipp 25: Stauden-Struktur-Vielfalt: Weil manche Insekten in Staudenstängeln überwintern, sollte ein Teil über den Winter stehen bleiben und nicht vor April geschnitten werden. Eine Variation ist, einen Teil der im Frühsommer blühenden Stauden vor(!) ihrer Samenbildung zurückzuschneiden, dann blühen diese im selben Jahr nach und erhöhen Struktur- und Blütenvielfalt. Gut ist, wenn alle Variationen vertreten sind.

Tipp 26: Zerfallendes Pflanzenmaterial, gerade von Stauden, gehört zu einem guten Schmetterlingsplatz. Laub oder bodennahe »Ruinen« der Hochstauden bitte nicht entfernen. Denn darin und darunter überwintern zum Beispiel Puppen des Faulbaumbläulings und Raupen des Schönbärs.

Igitt

Gammelnder Kot, vergorenes Obst und weitere Leckereien

Falter ohne Blüten

Es gibt so wunderbare Augenblicke im Leben: Ein Wesen mit traumhaft blau glänzenden Flügeln, wie aus einer anderen Welt, erhebt sich als fliegender Edelstein aus dem Schatten des dunklen Waldbodens in die im Sonnenlicht grün schimmernde Welt der Baumkronen, mit denen es sanft verschmilzt. Ich liebe den Großen Schillerfalter *(Apatura iris)* und den Kleinen Schillerfalter *(Apatura ilia)*, die mir solche Glücksmomente schenken.

Und es gibt den zweiten Teil der Szene, den ich weniger gern erzähle: Begeistert folgte ich einmal diesem Falter, ohne auf den Boden zu achten. Ein stinknormaler Fehler, und das buchstäblich: Exakt da, wo zuvor der Schöne saß, trat ich in einen sensationell großen Kothaufen. Dieser Gott von einem Schmetterling fummelte doch tatsächlich an schmieriger Sch ..., also an Exkrementen herum: ekelhaft entsetzlich stinkend. »I« wie »Igitt«! Doch sehen wir der Realität ins Auge.

Es gibt Falter, die keinen Nektar brauchen. Dazu gehören die Schillerfalter sowie Großer und Kleiner Eisvogel. Als Raupe und Puppe brauchen sie bestimmte Laubhölzer (siehe Seite 85). Als Imago nutzen sie Nährstoffe nur aus Kot und Exkrementen aller Art, aus Fallobst und manchmal – wir müssen tapfer sein – auch aus Aas. Zudem nehmen sie Feuchtigkeit und Salze von matschigem Boden auf.

Fallobst, gerne angematscht oder gar vergoren, ist eine Leckerei, die wir selbst nicht lecker finden. Aber Admiral, Distelfalter, Kleiner und Großer Fuchs saugen daran wichtige Nahrung. All das gehört zu einem guten Falterplatz dazu. Damit wechselt »I« wie »Igitt« zu »I« wie »Intelligenz«: Es gilt, natürlichen Abfall in einen guten Schmetterlingsplatz einzubinden.

Intelligente Abfallwirtschaft für hungrige Falter

Keiner wird anregen, dass Sie an Ihrem Schmetterlingsplatz eine Open-Air-Toilette einrichten, um schillernde Falter anzulocken. Auch Kothaufen aus den Hinterlassenschaften des geschätzten Bello aus der Nachbarschaft anzukarren, ist nicht nötig. Aber doch zeigen die Falterbeispiele, dass es in der Natur nichts gibt, was nicht doch wichtig ist, wo es denn anfällt. Natur kennt keinen Abfall, nur Wiederverwertung, Kreislaufwirtschaft – Recycling. Man könnte daraus lernen.

> Tipp 27: Exkremente von Wildtieren sollten nicht entfernt werden, wenn sie nicht direkt auf dem Weg oder in Reichweite von Kinderhänden auf Spielstellen liegen. Stets wichtig ist, sie nicht mit bloßen Händen anzufassen.

Tipp 28: Falter-Bar und Tankstelle für die Süßen: Besonders ab Hochsommer können Sie eine Schale mit vermatschtem Obst, Zuckerwasser, Sirup und Honig anbieten oder altes Obst auf den Boden legen.

Tipp 29: Wenn Sie Obstbäume haben, lassen Sie wenigstens einen Teil des Obstes unter dem Baum liegen. Das mag für Sie nur eine Kleinigkeit sein, für manche Falter ist es ein Festmahl, das in ausgeräumten Landschaften hilfreich ist.

Allerdings locken Sie mit einer Falter-Bar auch andere Insekten wie Fliegen und Wespen an. Wenn Sie hochempfindlich gegen Wespenstiche sind oder eine Wespengiftallergie haben, sollten Sie das lassen, obgleich Wespen an solchen Tankstellen so beschäftigt sind, dass sie keinen Sinn für uns haben.

Tipp 30: Matsch! Kleine Stellen Boden freilegen, vertiefen und besonders bei Trockenheit immer mal wieder wässern, zermatschen und dadurch »unordentliche Matsch-Feucht-Ecken« zulassen, ganz wie in der Natur. Gerade Bläulinge lassen sich dort leicht anlocken und nehmen Feuchte und Nährstoffe auf.

Jammern

Parasiten, Verwüster, Falterfresser!

Manche Katastrophen sind gar keine!

Im Kapitel »Fluktuationen« (ab Seite 40) habe ich erläutert, dass es ganz natürlich ist, wenn Schmetterlinge gefressen oder parasitiert werden. Das Verstehen um die Einbindung von Schmetterlingen in Räuber-Beute-Zusammenhänge verhilft zum ökologischen Rundblick. Je besser Ihr Falterplatz ist, je mehr Qualitätsmerkmale durch das Alphabet für Schmetterlinge erfüllt sind, desto sicherer ist ein langfristiges Falter-Überleben, auch wenn es mal natürliche Bestandseinbrüche gibt.

Ausgerechnet Grasbestände, die wichtig für »Grasfalter« sind (siehe Seite 74), können zu Todesfallen für dieselben werden, weil Spinnen dort ihre Netze gut spannen können. Aber auch Spinnen wollen leben. Immerhin sind netzbauende Spinnen erst im Spätsommer in größerer Anzahl aktiv, sodass sie überwiegend diejenigen Falter fangen, die ihre Eier schon abgeworfen haben.

Auch Schmetterlinge können »stressen«: Gartengestalter geben sich Mühe, Pflanzen zu hegen – und stehen dann vor Ruinen. Wer Schmetterlingen helfen will, muss akzeptieren, dass Raupen Pflanzen fressen. Das ist Teil des Spiels Natur. In diesem Teil gewinnen Schmetterlinge. Pflanzen treiben neu aus – die kennen das Spiel.

Tipp 31: Psycho-Stärke: natürliches Sterben der Falter in Vogelschnäbeln und Spinnennetzen lernen, auszuhalten. Nicht manipulieren. Dann sind Sie ein Held.

Das große Ganze sehen

Wer für Schmetterlinge einen guten Platz anlegt, sollte dies auch natürlichen »Schmetterlingsfressern« ermöglichen: als Eldorado für elegante Echsen, kalte Platte für kunterbunte Kleinvögel oder Buffet für bezaubernde Blattkäfer. Fällt Ihnen noch mehr ein? Ein guter Lebensraum bietet Raum, Deckung und Versteck für viele.

Eines aber sollte man nicht tun: einseitig Räuber fördern. Wer eine Überpopulation von Meisen durch zu viele Nistkästen begünstigt, spielt Foul – zumindest gegenüber den Faltern. Auch Insektennisthilfen, die falterräubernde Bienenarten fördern können, sind nicht immer gut und schon gar kein Ersatz für einen naturnahen Garten. Man kann zwar ohne Schaden wenige Nisthilfen anbringen, sodass man sie mit Freude beobachten kann. Wichtiger ist, mehr Natur zuzulassen, damit alles leben, fressen, vergehen und neu entstehen kann.

Wir dürfen Schmetterlinge nie aus den Vernetzungen herausheben. »Besonders: Schmetterlinge« heißt also, Naturschutz-Räume zu entwickeln, in denen Falter gut leben, aber auch natürlich sterben dürfen.

Tipp 32: Wenn Sie Eier, Raupen oder Puppen einer Falterart ausgemacht haben, die Sie unbedingt entwickelt sehen möchten, können Sie ein engmaschiges, luftiges Gewebe (in dem sich keine Vögel verfangen!) um diesen Bereich spannen, bis die Falter schlüpfen. Das verhindert kaum Parasitenbefall, aber Abräumen durch hungrige Schnäbel.

Bild links: Typische Bläulingsansammlung auf Tierexkrement und Matsch am Boden. So schön sieht natürliche Abfallnutzung alias Nährstoffaufnahme aus.

Panta
rhei

Kräuter

Niedrig, lückig und bunt darf es sein

Für jeden Falter ist ein Kraut gewachsen

Kräuter sind eher kleinwüchsige Blütenpflanzen, unsere »Blumen«. Wie »Stauden« ist der Begriff botanisch nicht eindeutig fassbar, eher umgangssprachlich verbreitet. Oft meint man damit diejenigen Pflanzen, die für Küche (Küchenkräuter, Gewürzkräuter) oder Heilkunde (Heilkräuter) Bedeutung haben – doch das haben auch manche Stauden. Seien wir einmal mehr nicht dogmatisch, entdecken wir Kräuter für Falter: niedrig wachsende »Blumen«, die im Winter nur als Samen, Wurzeln oder Zwiebeln überdauern.

Viele Duftkräuter und Würzkräuter sind gute Nektarpflanzen, manche auch Raupenpflanzen. So legt der Schwalbenschwanz an Dillgewächsen und Fenchel seine Eier ab sowie an der Möhre. Die Wilde Möhre *(Daucus carota)* ist deren Wildform. Oregano (Wilder Majoran, Dost, *Origanum vulgare)* und die Gattung Thymian *(Thymus)* mit ihren heimischen Arten sind Falterklassiker. Ja, es gibt kaum ein Kraut, das nicht guten Nektar bereithält. In Gärten werden Kräuter seit alters kultiviert, in freier Landschaft sind sie farbige Bestandteile von Wiesen, Säumen, Ufern und lichten Wäldern.

Kräuter-Vielfalt statt Kräuter-Uniformen

Beste Erfahrungen habe ich mit einer Kräuterfläche mit Oregano und Thymian als Polsterbildner gemacht (kann man nie zu viel haben), dazu einheimische Nelken, wilde Veilchen *(Viola tricolor),* Natternkopf (super Nektar-Tankstelle für Hummeln und Wildbienen), Wilde Möhre und Färberkamille (weil sie schön ist). Dazu wachsen Disteln als gute Pointen. Jährlich wechselnd lasse ich weitere Kräuter mit Gräsern zu. Nur wenige habe ich gepflanzt oder aus dem Samentütchen eingebracht, das meiste durfte von selbst ankommen.

Wichtig für blütenreiche Kräuterbereiche ist magerer Boden (siehe ab Seite 58). Auch die Kombination von Kräutern in Steingärten ist gut (siehe Seite 119).

> Tipp 33: Einen Wildkräuterbereich sollten Sie an jedem Schmetterlingsplatz anlegen oder sich entwickeln lassen. Möglich ist das sogar auf dem Balkon im Kleinformat.

Bilder links: Wirksames »Zaubern« mit Kräutern und Stauden, hier im »SchmetterlingsReich« Staudernheim

oben: So können magerer Rohboden und Wildkräuterbereiche schön wild in bunte Staudenbereiche übergehen.

unten: Wildes Stiefmütterchen *(Viola tricolor)*, rechts daneben der zugehörige größere Wildkräuterbereich, Schlaraffenland für viele Falter

Laubholz

GeWaldig gut – Wald und Gehölze für Schmetterlinge

Alter Baum ist Falters Traum

Frage mit Hintergedanken: Welche ist die wichtigste Futterpflanze der europäischen Schmetterlinge? Sie denken an schöne Blumen? Nein, es sind einheimische Bäume und Gehölze. Die Eichen (Stieleiche und Traubeneiche, *Quercus robur, Q. petraea)* beherbergen die meisten Schmetterlingsarten mit ihren Raupen, dicht gefolgt von Gehölzen lichter Pionierwälder: Birke *(Betula pendula),* Schlehe *(Prunus spinosa),* Espe (Zitterpappel, *Populus tremula)* und Salweide *(Salix caprea).*

Alte Bäume sind dabei besonders wertvoll, weil sie eine Kontinuität für Falter bieten und zugleich für die vielen an Altholz und Totholz gebundenen Insekten und Pilze unersetzlich sind. Bei Pionierbäumen ist aber auch Jungwuchs wichtig für Schmetterlinge.

Bäume und andere Gehölze dienen vor allem als Raupennahrung. Nektar wird – wenn nötig – an Kräutern und Stauden aufgenommen. Da ist es wieder: Alles gehört zusammen. Baum und Blume, Schatten und Licht, Junges und Altes.

Tipp 34: Weichen stellen für Eichenstellen – für Waldbesitzer und Gemeinden: Einheimische Eichen sind wichtig an Wald-Offenland-Übergängen und Waldrändern. Als falterreichste Baumart sollten Eichen dort gut vertreten sein und alt werden dürfen.

Naturnahe »dunkle« Wälder als Falterlebensraum

Natürlicherweise wären heutige europäische Wälder zumeist von Buchen dominiert, durchsetzt von kleineren Schlucht- und Hangwäldern, in denen sich andere Baumarten einmischen. Der feuchte Schatten naturnaher Buchenwälder hat scheinbar gar nichts mit einem lichten, bunten Falterparadies gemein. Aber dort leben die Ureinwohner unter den Faltern, kleine Nachtfalterarten. In den Bergen prägen Weißtanne, Lärche und Fichte den Bestand. Entlang der Baumgrenze oder an Steilhängen sind Wälder lichter. Und es gibt Auwälder entlang von Fließgewässern, ein Gemisch aus dunklem »Dschungel« und sehr lichten Stellen. Alles Falterparadiese, dunkel und licht!

Baumkronen voller Leben

Sie stehen im dunklen Wald? Dann schauen wir mal nach oben. Selbst der dunkelste Wald hat Licht zuhauf: Die Kronenschicht jedes Waldes ist ein riesiger Lebensraum. Dort mischen sich viel Licht und Schatten, ein vielfältiges Mikroklima mit Blatt-Futter für Raupen, Wärme von oben, schattigem Schutz knapp darunter.

Die Kronenschichten von Wäldern sind hoch bedeutende Habitate – und immer noch zu wenig bekannt. Zwar weisen immer mehr Baumkronenpfade Menschen auf diesen so faszinierenden Lebensraum hin. Und doch vergessen wir unten im Dunkeln oft, dass da oben viele Tiere und Falter regelrecht tanzen.

Schmetterlingsparadies »Wald statt Forst«: Dunkle Naturwälder und lichte Bereiche – Baumkronen(!), teils Lichtungen, lichtere Waldtypen – kommen in Natur oft zusammen vor, hier im Wildnisbereich »Nahe der Natur«, Staudernheim.

Zum Beispiel legt der Blaue Eichen-Zipfelfalter *(Neozephyrus quercus)* seine Eier an die Knospen von Eichen. Wenn die Falter schlüpfen, fressen sie die jungen Blätter. Nach dem Schlüpfen fliegen die Falter fast ausschließlich um die Baumkronen, paaren sich dort und legen Eier. So hielt man den Eichen-Zipfelfalter lange Zeit für gefährdet. Man sah nur diejenigen Tiere, die seltener tief flogen und bei großer Hitze auf den Boden kamen. Doch diese schöne Tagfalterart ist noch häufig. Sie, liebe Leserin, lieber Leser, können am Waldrand stehende tiefwachsende Eichenäste ab August daraufhin absuchen, ob Sie an ihren Knospen kleine weiße Punkte finden, Eier des Zipfelfalters. Wenn Sie genau hinsehen, finden Sie besonders im Winter oft welche, denn dann ist das Laub ab und das Ei überwintert. Mit dem Laubaustrieb schlüpft dann die Raupe.

Pionierbäume und ihre Edelfalter

Die Schillerfalter (siehe auch Seite 79) entwickeln sich an Licht- und Pionierbaumarten: der Kleine Schillerfalter vor allem an Zitterpapel, der Große meist an Salweide. Als Falter leben auch sie überwiegend im Kronenbereich und kommen nur zur Nährstoffaufnahme auf den Boden. Der Große Eisvogel *(Limenitis populi)* – das Weibchen ist der größte mitteleuropäische Tagfalter – entwickelt sich an Espen und Schwarzpappeln. Für ihn sind Jungstadien dieser Pionierbäume wichtig, speziell an kühleren, feuchten Stellen an Bachtälern und Schattenhängen. Der Trauermantel *(Nymphalis antiopa)* nutzt vor allem Birken, auch mal Salweiden und Ulmen, vor allem in lichten, eher kontinental geprägten Wäldern Mittel-Osteuropas und in den Bergen, die Raupenbäume stehen dabei feucht-kühl und mit etwas Abstand

Gilde der Edelfalter im Wald und am Waldrand mit Pioniergehölzen, von links nach rechts: Großer Schillerfalter *(Apatura iris)* und Kleiner Schillerfalter *(Apatura ilia)* ...

zur übrigen Baumumgebung. Er nutzt auch naturnahe Obstgärten.

In der Forstwirtschaft, auch in Gärten und Parks, werden die so wichtigen Pionierbaumarten oft »vergessen« oder ihr Werden wird unterbunden. Man pflanzt andere Zielbäume, die mehr Nutzholz versprechen. Doch für diese »großen Schönen« unter den Tagfaltern gilt es, die genannten Baumarten und Bedürfnisse mehr zu berücksichtigten.

Tipp 35: Natürliche Pionierbäume fördern! In größeren Gärten, Parks und vor allem im Wald sollten Birken, Salweiden, Espen (Zitterpappeln) und weitere einheimische Wildpappelarten vermehrt zugelassen oder angepflanzt werden, sofern sie standortgerecht sind. Diese lassen sich im wirtschaftlichen Waldbau gut integrieren, indem man sie entlang der Wege oder am Waldrand einbindet. In kleinen Gärten kann das zwar nicht alles stattfinden, aber gerade die früh blühende Salweide ist als Raupengehölz auch strauchartig möglich und wichtig.

Wälder bestehen aus Mosaik-Zyklen

In jedem natürlichen Wald gibt es auch am Boden lichte Lücken und Verjüngungsphasen, die in Zerfallsphasen eingebunden sind. Man hat – von oben betrachtet – den einprägsamen Begriff des »Mosaik-Zyklus« für einen Naturwald gefunden, auch wenn die Mosaiksteinchen der Waldphasen nie regelmäßig, sondern eher chaotisch verteilt sind. Sie wechseln dynamisch und sind meist maximal eine Baumlänge klein. An solche Lichtphasen sind manche Tagfalter gebunden, dort wachsen Gräser und Blütenpflanzen. Zum Beispiel das Waldbrettspiel *(Pararge aegeria)* hat dort seinen ursprünglichen Lebensraum. Man vermutet, dass einige Tagfalter heutiger Waldränder, auch manche der heutigen Wiesen, ursprünglich aus lichten Mosaikteilen der Urwälder stammen, während viele heutige Forste unnatürlich gleichförmig sind.

Altern Bäume nebeneinander relativ gleichzeitig, entstehen Hallen-Waldphasen: Dort hat der Nagelfleck *(Aglia tau)*, ein tagaktiver Nachtfalter, seinen Primärlebensraum. Während des Buchenaustriebes flattert der braune Falter mit den blauen Flecken wie

... Kleiner Eisvogel *(Limenitis camilla)* und Blauschwarzer Eisvogel *(Limenitis reducta)*.
Zur Gilde gehören je nach Region noch Trauermantel (siehe Bild Seite 45) und Großer Eisvogel (siehe Bild Seite 171).

ein schöner, schneller Traum zwischen den »Säulen« mittelalter Buchenstämme. »Hallenwälder« schafft auch die Forstwirtschaft vermehrt, auch lichtere Stellen und Schläge. So sind heute Nagelfleck und Waldbrettspiel häufig. Einerseits schön, andererseits ein Zeichen von Nutzungsüberprägung auf Kosten anderer »Urwaldarten« und seltenerer Alt- und Totholzinsekten.

Licht und Schatten im Wald

Wie viel Licht und Schatten darf es sein? Wie sähe Wald natürlicherweise in Mitteleuropa aus, hätten wir ihn nicht überprägt? Es gibt zwei Sichtweisen: Eine besagt, dass der Einfluss großer weidender Säugetiere, die einst häufig in Europa waren, lichte Waldbereiche bis halboffene parkartige Waldlandschaften dynamisch erhalten hätte, größer, als sie in Mosaik-Zyklen im Kleinen entstehen. Das wäre die primäre größere Heimat einiger heutiger Wiesentagfalter. Mehr Wiesen und Weiden haben sich später durch Kulturtechniken und Rodungen daraus entwickelt, und in diese kamen weitere Offenland-Falter aus dem Süden oder Osten hinzu.

Diese Sichtweise und ihre Variationen werden unter dem Begriff »Megaherbivoren-Theorie« zusammengefasst, also der Gedanke, dass Groß-(Mega-)Wildtiere die Landschaft einst (vor-)prägten. Und auch heute schaffen Wildtiere wie Hirsche und Rehe lichte Phasen: Verbiss – auch bei überhöhter Wilddichte – wäre demnach meist kein Waldschaden, sondern wichtiger Teil der Natur mit Vorteil für einige Falter.

Die zweite Sichtweise besagt, dass Dunkelwaldphasen natürlicherweise fast alles dominieren würden, unterbrochen nur durch kleine Lichtungen in Mosaik-Zyklen um gefallene Einzelbäume herum, die sich schnell wieder schlössen. Als Referenz werden die letzten dichten Urwälder Europas in den Karpaten herangezogen. Halboffene Landschaften seien dagegen nur dort zu finden, wo das Klima trockener ist, und nur dort hätten natürliche Weidegänger die Kraft, dichteren Wald zu verhindern.

Wer hat recht? Ich meine: beide! Und es passt zusammen. Erstens ist der Zeitpunkt der Betrachtung wichtig. Nach der letzten Eiszeit, die vor etwa 10 000 Jahren zu Ende ging, entwickelte sich eine offene, dann halboffene Landschaft mit immer mehr Bäumen, die gemäß Pollenanalysen und Knochenfunden vieler Großweidegänger als eine Art dynamische »wilde halboffene Parklandschaft« vorstellbar ist. Ob der jagende frühe Mensch, die natürliche Klimaänderung oder beides dann die Großweidegänger reduzierte, ist umstritten. Erst später trat mit der Klimaänderung die Buche ihren Siegeszug in Europa an und schuf vor allem in den letzten 5000 Jahren immer mehr dunkle Wälder. Vermutet wird aber auch, dass sich die verbissempfindliche Buche erst so stark gegenüber anderen Baumarten ausbreiten konnte, als die großen Weidegänger reduziert waren.

Halboffenland und parkartige Wälder haben sich dort länger erhalten, wo entlang von Auen infolge Hochwasser Dynamik herrschte, wo durch Wind, je nach Region auch durch natürliches Feuer, Lücken entstanden sind. Zudem verändern Biber den Wasserabfluss, sie gestalten durch Überstauung »Biberwiesen«: eine weitere Urheimat einiger heutiger Wiesenarten.

Halboffene Waldlandschaften und dunkle Wälder dürfte es lange Zeit nebeneinander gegeben haben. Und immer mehr wurde der Mensch aufgrund seiner Vermehrung, seiner Technik, seines Landbaus und Hungers nach Holz und Kohle selbst prägend. Er schloss seine Nutzungsweise an natürliche Halboffenländer an, zerstörte aber auch Urwald. Er schuf neue offene Lebensräume, mit Haustierweiden und später auch Mähwiesen. In die neuen Offenländer wanderten wiederum neue Arten aus den Steppen Asiens oder aus dem Süden ein, sie sind heute Teil der mitteleuropäischen Flora und Fauna.

Für die Schmetterlingsvielfalt ist dieses Verständnis wichtig. Denn es darf ein Miteinander von Offenland und Wald, darin von lichten Wäldern und naturnahen größtenteils dunklen Buchenwäldern, sein.

Gehölze und Bäume für Schmetterlinge

Mit diesem Wissen wird klar, dass ein Schmetterlingsplatz, wenn er groß genug ist, einheimische Gehölze und Bäume enthalten sollte. Ob diese einzeln, parkartig licht, dicht, wild oder mosaikartig verteilt sind, liegt in den Möglichkeiten des Ortes. Waldbesitzer und Förster sollten auf einheimische, standortgerechte Baumbestände achten, Wildobst und Pionierbäume nicht vergessen und Teilbestände alt werden lassen.

Tipp 36: Mut zum einheimischen Gehölz: im Garten Ziergehölze, Zuchtformen und Koniferen nach und nach durch einheimische Sträucher und Bäume ersetzen oder ergänzen! Die Pflanzenliste ab Seite 188 hilft, für den Standort das Passende zu finden.

Tipp 37: Gehölz- und Baumplanung: Lassen Sie eine Fläche lange unberührt, wächst mit viel Zeit meist das richtige Gehölz. Alternativ können Sie anpflanzen (Bezug: regionale Baumschulen, Naturgartenhandel). Unterschätzen Sie nicht den Platzbedarf: Ein Baum sollte nur dort gepflanzt werden, wo er alt werden kann und irgendwann auch selbst sterben und zerfallen darf.

Tipp 38: Pflanzen Sie einheimische (hochstämmige) Obstbäume oder lassen Sie Wildobst zu, auch dessen Fraß, von dem sich die Gehölze von selbst erholen. Denn viele Raupen entwickeln sich daran. Und das Fallobst hat hohen Wert für Falter (siehe Seite 79).

Bild rechts: Vorbild der Natur für Schmetterlingsparadiese: Magerrasen und Wiesen, Säume, Büsche und Waldteile eng vermischt und sich dynamisch ändernd, hier an den felsreichen Hängen des Mittelrheins bei Oberwesel

Mosaik

Dynamischer Wechsel im Kleinen

Mosaike auch im Kleinen erkennen!

Unter »L« habe ich den Mosaik-Zyklus für Wald genannt (siehe Seite 86). Mosaikstrukturen gibt es auch in anderen Lebensräumen. In Wiesen und auf Weiden geschieht das kleinflächig zum Beispiel durch Wühltätigkeiten von Kaninchen und Maulwürfen. Dass sich Gärtner über Maulwurfshügel ärgern, respektiere ich, möchte als Ökologe aber diese »Störungen« als wertvollen Teil der Wiese auch für Falter bewerben. Die Grasnarbe wird dadurch geöffnet, bietet neue Keimbedingungen. Das sind Mosaiksteinchen, mit denen sich eine Wiese erneuert und langfristig blüten- und falterreicher wird. Auch der Boden wird lockerer, wodurch sich manche Raupen zur Überwinterung besser eingraben können. Zudem wird er besser durchlüftet, und Pflanzen werden durch Maulwürfe kaum beschädigt. Wichtig ist zudem das unregelmäßigere Mikrorelief der Wiese: Raupen am Boden können sich besser verstecken. Nach Wochen erodieren die Hügelchen oder man kann deren Erde in ein Beet schaufeln, gerne für Falterpflanzen: beste Erde, günstig wie nie.

Der Buchstabe »M« für »Mosaik« steht einerseits für eine grundsätzliche ökologische Sichtweise auf Lebensräume, auch eine Zusammenführung anderer Buchstaben des Alphabets. Andererseits füge ich unter »M« etwas Eigenes ins Alphabet für Schmetterlinge ein – eine Methode, um dynamische Standortvielfalt zu gestalten: meine zentrale Empfehlung für Schmetterlingsgärten, mit der sich für Falter ganz viel optimieren lässt.

Ich beziehe mich dabei besonders auf die frühen Offenlandstadien, auf Rohboden-Pionierphasen, rotierend verbunden mit Kräuterbereichen, Wiesenansätzen bis hin zu Staudenbereichen. Das ermöglicht, auf relativ begrenztem Raum viele Falterbedürfnisse gleichzeitig zu befriedigen, und ist den Vorbildern der Natur nachempfunden, dabei aber positiv verdichtet.

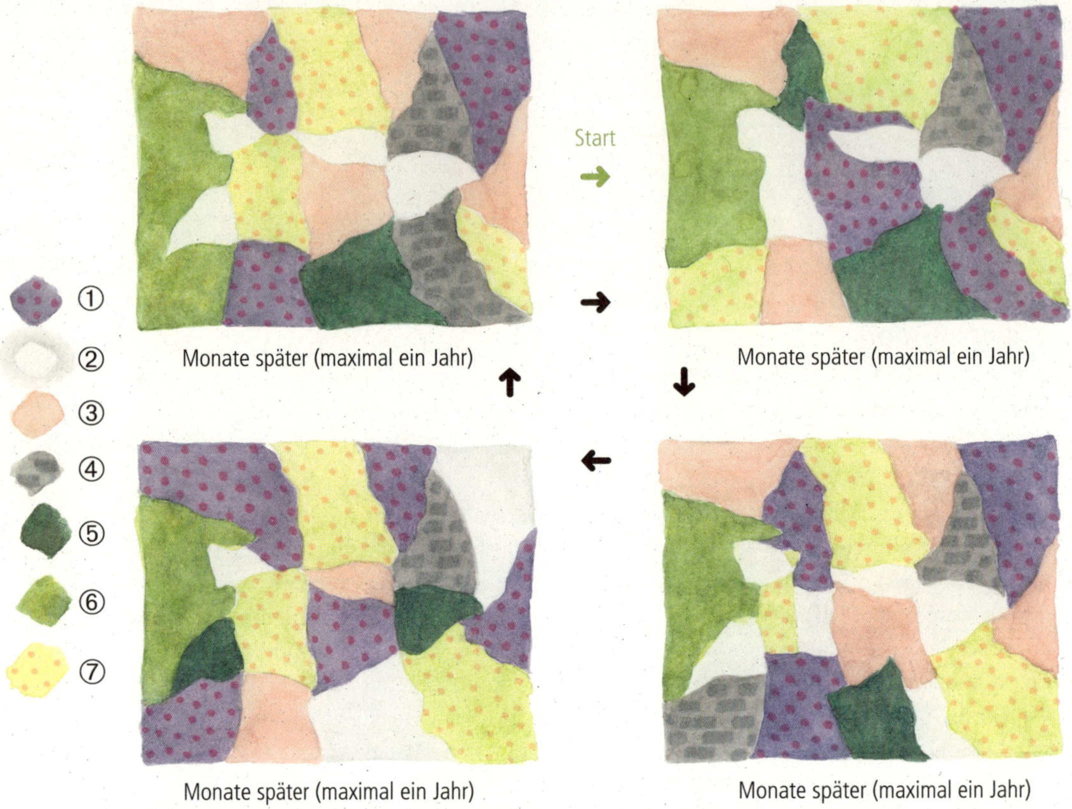

Prinzip eines dynamischen Mosaiks für einen Schmetterlingsgarten: vier Variationen. Weitere Variationen sind möglich! Legende: (1) hochstaudendominiert, (2) vegetationsarme Rohböden (zurücksetzen), (3) freie Sukzession (aber ohne Gehölze), (4) steingartenartig, (5) (hoch-)grasdominiert, (6) wiesenartig gemischt, (7) krautdominiert

Eines haben alle Mosaike der Natur gemeinsam: Sie sind unregelmäßig – oft im Gegensatz zu Menschenwerken der Mosaikkunst. Sie, liebe Leserin, lieber Leser, sind aber frei, zu variieren. Jeder Schmetterlingsgärtner ist auch ein Mosaik-Künstler!

Tipp 39: Trick Mosaik! – siehe auch Abbildung oben: Managen Sie auf einem Teil Ihrer Fläche ein halbwildes rotierendes Kleinmosaik mit magerem Rohboden, lückigen und dichteren Kraut- und Staudenbeständen. Bei »normaler« Hausgartengröße (< 800 m²) empfehle ich unterschiedliche Kleinflächen mit Größen von je 1 × 1 bis 10 × 10 m, bei größeren Gärten oder Parks entsprechend weiträumiger (siehe Abbildung Seite 146).

Mach mal Mosaik!

Als Mindestausstattung für Mosaike in Gärten empfehle ich: (1) magere, vegetationsfreie oder schüttere Bereiche (kleinste offene Bodenstellen, verbunden mit Ausmagern, siehe ab Seite 58). Daneben (2) völlig frei wachsende Sukzessions-Bereiche, die auf interessante Schmetterlingspflanzen hin gepflegt werden (für Falter nicht interessante Pflanzen jäten) und nach Jahren wieder vegetationsarm zurückgesetzt werden (durch Rupfen und Umgraben), um stets Neuanfänge zu ermöglichen. Dann (3) jeweils nicht zu intensiv gepflegte Kräuter (siehe Seite 83) oder Kraut-Steingartenbereiche (siehe Seite 119), einige Bereiche für (4) Hochstauden (ab Seite 76) sowie (5) grasdominierte Bereiche (ab Seite 73), die aus Sukzession oder auch mal aus Ansaat oder Initialpflanzung entwickelt werden. Die meisten Bereiche wechseln mit den Jahren. Einige Stellen bleiben für mehrere Jahre ohne Pflege, andere werden alle ein bis zwei Jahre sanft durchjätet oder kleinflächig zurückgesetzt. Weitere Bausteine können aus weiteren Buchstaben meines Alphabets ergänzt werden: Jeder hat sein eigenes Mosaik, auch seine Eigenart (siehe ab Seite 69).

Durch ein solches überwiegend nährstoffarmes Offenland-Mosaik erhöhen Sie die Wahrscheinlichkeit, dass zugleich Falter der Offenländer, aber auch der Säume und Waldränder gerne zu Ihnen kommen: Denn Sie kombinieren und vernetzen das, was diese lieben und was sonst selten geworden ist. Zugleich imitieren Sie eine gewisse Art junger Naturdynamik im Kleinformat.

Tipp 40: Mosaik organisch: Wer ein Mosaik nicht auf einmal anlegen möchte, kann auch langsam eines entwickeln. Ein guter Anfang und eine für Falter schon wirksame Tat wäre, auf einem bestehenden einheitlichen Rasen nur ein paar Quadratmeter nährstoffarmes Substrat (Sand-Kies) einzubringen (siehe Tipps auf Seite 60) sowie manche Teilflächen bei der Mahd auszusparen, mal höher, mal tiefer zu mähen oder vielleicht auch Stellen umzugraben, um dann in den Rotationsmodus überzugehen. Der Einheitsrasen wird langsam zum Vielfaltsmosaik.

Mosaik in Umsetzung,
Beispiel »SchmetterlingsReich« Staudernheim: Rohboden, krautige Anpflanzungen, Staudenbereiche (hier noch niedriger Frühjahrsaspekt) und immer wieder freie Entwicklungsflächen (tu nichts!) ergänzen sich und wechseln mit den Jahren kleinräumig.

Neobiota

Einheimische Pflanzen bevorzugt, aber mit Gelassenheit

Die Akte Neobiota

Blicken wir in die Gärten unserer Zeit: manche knallig bunt – Blüten aus aller Welt. Bunter als die Natur hier erlaubt? Parallel dazu oft das Gegenteil: eintönig und steril wirkende dauergrüne Ziergehölze und Koniferen aus aller Welt. Was beiden Trends gemeinsam ist: Die verwendeten Pflanzen sind oft »fremd« – »N« wie »neu«.

Pflanzenarten und Tierarten, die in einem Gebiet nicht einheimisch sind, bezeichnen wir als »Neobiota« – »Neu-Lebewesen«: Es gibt gebietsfremde Pflanzen, Neophyten, und gebietsfremde Tierarten, Neozoen. Aber auch Übergänge: Archäobiota sind Arten, die vor dem Jahr 1500 gebietsfremd nach Mitteleuropa kamen, heute können sie als heimisch angesehen werden. Infolge unseres globalisierten Verkehrs scheint die Verschleppung von Arten zugenommen zu haben. Dabei unterscheidet man »invasive« Arten, die sich stark ausbreiten und einheimische Arten im Einzelfall verdrängen können, von den vielen anderen Neobiota, die sich unauffällig ohne Probleme einfügen.

Die meisten einheimischen Schmetterlinge sind an einheimische Pflanzenarten angepasst. Mit fremden Arten können sie nichts anfangen. Zwar bieten manche exotische Pflanzen etwas Nektar, aber viele Zuchtformen mit gefüllten Blüten gar nicht. Am schwersten wiegt, dass Raupen selten Lebensraum an Exoten finden. Nur wenige Falter passen sich schnell an: Die Raupen des Faulbaumbläulings *(Celastrina argiolus)* sind auch an manchen exotischen Gehölzen zu finden. Diese schnell fliegenden schönen Blauen gaukeln durch Gärten aller Art.

Besonders auf Inseln oder in anderen natürlicherweise isolierten Lebensräumen ist es ein großes Problem, wenn Arten neu eingebracht werden und dann die einheimischen verdrängen. Manche nennen »invasive Neobiota« als eine Hauptursache globalen Artensterbens. Ich halte das wie auch andere Wissenschaftler in seiner Pauschalität für übertrieben. Es gilt, nach Ort und Randbedingung zu unterscheiden.

So profitieren viele Neophyten von Überdüngung, ja einige werden erst dadurch zum Problem: Manche Neuankömmlinge sind deshalb so erfolgreich, weil Lebensräume schon massiv anderweitig beeinträchtigt waren. So werden zum Beispiel die Amerikanische Traubenkirsche und das Indische Springkraut oft durch forstliche Großmaschinen verbreitet und Standortbedingungen auf Kosten einheimischer Arten für sie verbessert. Der Schutz und die Entwicklung intakter Standorte und schonende Nutzungsweisen sind viel wichtiger, als Neobiota oft unsinnig als Symptom zu bekämpfen.

Dass bestimmte Neophyten das Stickstoffproblem verschärfen, ist eine weitere Facette. Die Lupine, die hierzulande so schön blau an vielen Straßenrändern blüht, stammt aus Nordamerika und gehört zur Familie der Schmetterlingsblütler. Wie alle Pflanzen aus dieser Familie, auch die einheimischen, ist sie in der Lage, Stickstoff zu binden und damit die Wuchsstelle weiter zu eutrophieren, heimische kleinere Arten teils zu verdrängen. Die heimischen Schmetterlingsblütler wie unsere Kleearten sind dagegen kleiner, aber für Falter bedeutend.

Dickkopffalter an Wiesensalbei: Die schönsten und zugleich wichtigsten Szenen gibt es mit einheimischen Wildpflanzen.

Doch was ist schon fremd? Ganz natürlich bewegen sich während jedes Wortes, das Sie hier lesen, weltweit in der Atmosphäre unzählige Milliarden Sporen, Mikroben, auch kleine Samen. Je nach Luftströmung können diese fast überall auf der Welt hingelangen und die jeweilige Natur verändern. Das hat es seit Anbeginn der Zeit gegeben. Was durch Menschenaktivität verstärkt scheint, geschah früher durch immense Mengen an weit wandernden Tierherden und durch unvorstellbar viele Zugvögel, in deren Fell und Gefieder Samen und auch Insekteneier teils interkontinental verschleppt wurden, bevor Menschen sie und ihre Lebensräume stark begrenzt haben. Wir sollten den Blick weiten: Natur ist grenzfrei und offen.

Auch alte Kultur war nicht ganz so begrenzt, wie manche sich das heute vorstellen: Durch Wanderschäferei (Transhumanz) mit unzähligen Triftwegen durch europäische Regionen und andere dieser Welt, wurden einige Jahrhunderte lang in Hufen und Fellen von Schafen und Ziegen unzählige Insekteneier, auch Faltereier, Larven und Samen über hunderte Kilometer verschleppt. Seit einigen Jahren versuchen Naturschutzprojekte, das wiederzubeleben. Doch es ist mühsam: wirtschaftlich nicht mehr lohnend, zu viel Bürokratie in Ämtern, zu viel Verbau und Hindernisse in Landschaften.

Rundblick: »fremde« Falter

Auch Falter können »fremd« sein. Ein schönes Beispiel ist der nordamerikanische Monarchfalter, der durch Stürme, vielleicht auch durch menschliche Nachhilfe, nach Madeira, auf die Kanarischen Inseln und die Azoren kam. Dort lebt er heute frei in kleinen Populationen, auch weil seine ebenfalls dort nicht heimische Raupenpflanze, die Seidenpflanze (Gattung *Asclepias*), angepflanzt wurde. Er hat sich eingefunden, sein Wanderverhalten aufgegeben, verdrängt niemanden und erfreut sich großer Beliebtheit.

Fremdes schön harmlos: der amerikanische Monarchfalter *(Danaus plexippus)* weit abseits seines amerikanischen Verbreitungsgebietes, hier in Jardim do Mar auf Madeira

Aber fremde Falter können auch Problem sein. Der asiatische Buchsbaumzünsler *(Cydalima perspectalis)* wurde wohl mit Containern nach Europa eingeschleppt. Seine Raupen machen sich über den Buchsbaum her. Das macht manche buchsteufelswild. Die verträglichste Bekämpfungsmaßnahme ist es, Raupen abzusammeln, doch diese sieht man erst, wenn sie den Buchs schon angefressen haben. Immerhin haben sich mancherorts Kohlmeisen auf die neu verfügbare Beute eingestellt, auch wenn die Raupen schwach giftig und für die Meisen wohl weniger lecker sind als anderes. Ökologen wissen aber, dass nach jeder Massenvermehrung ein Einbruch folgt und Gegenspieler auftreten.

Vernünftiger Umgang mit fremden Arten

Neobiota zu entfernen, ist oft aufwendig, denn man arbeitet quasi mit einer Pipette im Ozean der Veränderung. Stattdessen setze ich auf Lebensraumschutz und Naturdynamik. Nur an überschaubaren Stellen oder bei konkreten Problemen an sensiblen Plätzen muss man handeln: weg mit dem hautverätzenden Riesenbärenklau von Spielplätzen, weg mit Lupinen von einem mageren Saum.

Entsprechend hat die Europäische Union für ihre Mitgliedsstaaten 2016 die heute gültige »EU-Neobiota-Richtlinie« beschlossen. Es ist definitiv verboten, gebietsfremde Arten auszubringen (Ausnahmen für Land- und Forstwirtschaft sowie Gartenbau). Es gibt die Pflicht zur Risikobewertung: Bereits im Umlauf befindliche Neobiota müssen beobachtet und unter Umständen, die strenger gefasst sind, als ich sie selbst für nötig erachte, Bekämpfungsmaßnahmen eingeleitet werden. Es gibt eine differenzierte Handlungskaskade aus Vorbeugung, Beobachtung und Toleranz, aber keinen Aktionismus gegen alles Neue überall. In der Schweiz gibt es ähnlich die »Schwarze Liste«.

Schmetterlingen hilft es, wenn wir dieses Ganze im Blick behalten und das tun, was wir selbst können. Und so empfehle ich den Grundsatz: absichtlich oder fahrlässig Neobiota einbringen oder anpflanzen? Nein! Dazu die Tipps nachfolgend. Bereits vorhandenes Fremdes und solches, das von alleine kommt, tolerieren? Aber ja – mit wenigen Ausnahmen, je nach Standort, Problem, Art.

Hilfreiche Kriterien zur Problemerkennung sind, ob das »Fremde« bereits in der letzten Herkunftsregion »fremd« und gar invasiv war und ob es durch den Menschen sehr schnell über große natürliche Barrieren verschleppt wurde. Vieles, was uns heute fremd erscheint, erfüllt diese Problem-Kriterien nicht. Das deutsche Bundesamt für Naturschutz informiert zu verdächtigen Arten (siehe Seite 206). Ohne Fremdes zu verteufeln, fokussieren wir vernünftigerweise auf bereits hier einheimische Arten.

Regionseigenes Saatgut

Halten Sie gerade eine »Samenbombe« in der Hand, eine Tüte Schmetterlingswiese als samenreiches Versprechen? Sie wollen das Gute? Guerilla Gardening? Das finde ich sympathisch – eigentlich. Doch dahinter verbirgt sich ein Problem. Denn viele Samenmischungen sind aus einer anderen Region oder von unbestimmter Herkunft. Das wirkt sich negativ auf die genetische Diversität der standortheimischen Pflanzen aus. Da ortstreue Insekten an die lokale Flora angepasst sind, zum Beispiel an die Blühzeitpunkte am Standort, ist die Ausbringung von Saatgut von weither keine gute Idee und eine unnötige Verfremdung.

Bei Begrünungsmaßnahmen in Gärten, entlang von Straßen oder in Parks, werden leider riesige Samenmengen ausgebracht, die nicht dorthin gehören. Seit 2020 ist immerhin die Ausbringung von Pflanzen und Samen außerhalb ihres Vorkommensgebiets in »freier Natur« und damit auch in naturnah gestaltete öffentliche Flächen nach § 40 des deutschen Bundesnaturschutzgesetzes verboten. Nicht zur »freien Natur« zählen der besiedelte Bereich, Hausgärten sowie Parks. Dort bleibt auch Fremdausbringung erlaubt, ebenso in Land- und Forstwirtschaft, die allerdings die größten Verfremdungen und Neuausbringungen vornehmen, während sich der Naturschutz eher um »Kleinkram« kümmern muss. Aber auch im Kleinen ist ökologische Umsicht wichtig.

Mit heimischer Natur gestalten!

Aus Wissen, Gesetzen und differenziertem Denken schlage ich die folgende Prioritätenkaskade (Tipps 41 bis 44) für eine wirksame Praxis vor, um bei Neuanlagen keine unnötige Verfremdung zu fördern:

Tipp 41: Eigenbegrünung (»Nichtstun«) sollte Priorität haben, weil standortgerechte Arten als Samen meist schon da sind und jede unnötige Verfremdung unterbleibt (siehe auch Tipp 52, Seite 104). Die Fläche wird dann in extensive (Mosaik-)Nutzung überführt (siehe »Rasen«, ab Seite 112). Diese Überführung im Weiteren gilt dann auch für die folgenden Tipps 42 bis 45, die allgemein nur dann sinnvoll sind, wenn die Landschaft weiträumig monoton oder sehr verfremdet ist.

Buddleja – der »berüchtigte« Schmetterlingsflieder: Abgründe und Aufbrüche mit ihm im Text

Tipp 42: Durch eine Mahdgut-Übertragung, in speziellerer Ausführung »Heudrusch-«, »Heumulch«- oder »Wiesendrusch«-Verfahren genannt, können gute Wiesen relativ einfach gefördert werden. Das allgemeine Prinzip, Mahdgut einer artenreichen Fläche ähnlicher Standorteigenschaften der Umgebung (»Spenderfläche«, Mahd kurz nach Samenreife der erwünschten Arten) auf die »Zielfläche« oder auf Teile davon aufzubringen, ist frei anwendbar. Vorteilhaft ist, dass manche Insektenstadien nebenbei mitübertragen werden. Als »kleine Variante« können Samenstände (nicht so viele, um die Herkunftsfläche zu schonen) von erwünschten Wiesenpflanzen gesammelt und auf die Zielfläche ausgestreut werden. Mit den Jahren wächst die standortgerechte Vielfalt der Zielfläche. Erfahrungen zeigen, dass Mahdgut möglichst noch am Tag der Mahd übertragen werden sollte und eine Schichtdicke von 3 bis 5 Zentimetern auf der Zielfläche optimal wäre. Zumindest einige offene Bodenstellen auf der Zielfläche, wenn es nicht ohnehin Acker oder Rohboden ist, fördern die Keimbedingungen – sonst kann man offenen Boden schaffen, indem man solche »Fenster« in bestehendes Grünland hineinfräßt oder aufgräbt. Doch auch alle Variationen des Prinzips haben Erfolge, man darf experimentieren und der Natur dabei Zeit geben! Ein Fachinformationssystem Mahdgutübertragung aus Nordrhein-Westfalen bietet Methoden und Beispiele frei für alle (siehe Link Seite 205).

Tipp 43: Wenn – nachrangig – neues Saatgut oder Anpflanzung Mittel der Wahl ist, dann nur aus regionsangepasstem, zertifiziertem Handel verwenden (siehe Seite 95). Leider ist dies oft schwer zu bekommen oder relativ teuer, daher bevorzugt Tipps 41 und 42.

Tipp 44: Wer fremdartige Ziergehölze oder bestimmte exotische Pflanzen im Garten oder Park mag, sollte sie wenigstens mit einheimischen kombinieren.

Tipp 45: Es gilt darauf zu achten, dass sich vorhandene Exoten nicht invasiv verhalten, wozu man sich informieren und beobachten sollte (siehe Link Seite 206). Dann kann man invasive Übeltäter entfernen, lieb gewonnene »harmlose« Fremde aber belassen.

»Auweia Buddleja« oder »Wo der fremde Flieder blüht«: ein Kriminalfall?

»Was für ein Schmetterlingsparadies!« Der freundliche Gartenbesitzer spricht mich an. Auf seinem Strauch mit den schönen lila Blütenständen sind zwanzig Falter gleichzeitig zu sehen, Admirale und Tagpfauenaugen. »Ja, mit der Pflanzung von Schmetterlingsflieder tut man Gutes«, meint er. Und da er mich als den Naturmenschen kennt, fragt er direkt: »Wie heißt der Strauch doch gleich auf Schlau?« »Buddleja«, nicke ich ihm freundlich zu und denke: »eher Auweia als Buddleja.« Dieser aus China stammende »Schmetterlingsstrauch« ist in mehreren Arten und Varietäten (meist *Buddleja variabilis, B. davidii)* beliebt in Gärten. Von dort verwildert er aber, vor allem in wärmeren Gebieten. Er verdrängt dann die heimische Flora – und die ist es, die seltenere Falter und Raupen dringender benötigen.

»Der Schmetterlingsflieder ist ein ›Biergarten‹ für zumeist häufige Falter«, erkläre ich, »er gibt viel Nektar und nährt sie kurzzeitig: Man trifft sich dort in Falterkreisen«. Wir lachen zusammen und ich freue mich über sein Interesse an Faltern. Buddleja saugt viele Falter der Umgebung an, sodass ihre eigentlichen Habitate leerer wirken. »Aber wer kann allein vom Biergarten leben?« Zudem sind nach Beobachtungen Falter dort oft unvorsichtiger: Mit ausgebreiteten Flügeln sitzen sie aufgereiht da, ein Buffet für Vögel. Besoffen gefressen zu werden – das kann kein guter Traum sein.

Schmetterlingsflieder hat aus meiner Sicht aber eine schöne »Türöffnerfunktion« für Menschen, die naturfremd leben und Falter kennenlernen. Das freut mich. Zugleich muss ich an die Baumärkte und Gartencenter denken, die Buddleja als »gute Tat« verkaufen. Das ärgert mich. Die Funktion von Buddleja, auffällige Falter anzulocken, können einheimische Pflanzen viel besser erfüllen.

In der Schweiz steht Buddleja auf der »Schwarzen Liste« naturgefährdender Pflanzen. Schweizer Haus- und Flächenbesitzer sind angehalten, Buddleja auf eigene Kosten zu entfernen. Macht man es nicht, drohen Geldstrafen und sogar Gefängnis bis zu drei Jahren. Buddleja zu entfernen, ist eine fiese Arbeit, denn leicht ist sie nicht loszukriegen. In der EU (Deutschland, Österreich, Luxemburg, Südtirol) steht sie bislang nicht auf der »Unionsliste« invasiver Neophyten. Je nördlicher, desto weniger Verdrängungseffekte werden beobachtet, doch das kann eine Frage der Zeit sein.

Dazu jetzt etwas Geheimes unter uns. Kommen Sie nah heran. So ein Buch ist auch etwas Persönliches. Hören Sie mich durch die Seiten flüstern? Ja, Sie können Ihren geliebten Schmetterlingsflieder behalten oder doch einen pflanzen, wenn er Ihnen Freude macht. Wie Sie das in der Schweiz aber mit dem Gesetz regeln, ist Ihre Sache. Es gibt Beobachtungen, dass Raupen anpassungsfähiger Falter auch an Buddleja leben können: Distelfalter, Totenkopfschwärmer, Faulbaumbläuling und wenige andere. Nur meinen Sie nicht, damit ökologisch Gutes zu tun. Naturnähere Flächen sind nicht zu ersetzen. Ich will Sie nicht aus Ihrer Flieder-Beziehung locken, na ja, doch: Entdecken Sie lieber unsere einheimischen Schönen und arbeiten Sie mit diesen.

Tipp 46: Pflanzen Sie Schmetterlingsflieder (Buddleja) nicht neu. Sie können sie und andere beliebte Fremdgehölze durch einheimische Arten ersetzen (siehe Tabelle auf Seite 99).

Heimisch ohne Dogma – Gartenpflanzen für Falter

Vor diesem Hintergrund empfehle ich eigentlich nur wild lebende einheimische Arten und arbeite auch nur mit diesen. Weil ich aber Dogmen gerne vermeide und den Wunsch vieler Menschen nach manch geliebten Exoten und Zuchtpflanzen respektiere, rege ich an, Exoten im eigenen Garten wenigstens um heimische Wildpflanzen zu ergänzen. Außerdem gibt es einige klassische Zucht- oder Gartenpflanzen, die – nachrangig den Wildpflanzen – für Falter ebenfalls gut sind. Eine Bedingung ist aber, nur Sorten mit ungefüllten und nicht sterilen Blüten zu verwenden, die Nektar bieten:

An Bienenfreund *(Phacelia),* Blaukissen *(Aubrieta),* Studentenblume *(Tagetes),* Ringelblume *(Calendula)* und Kapuzinerkresse *(Trupaeolum)* saugen gerne Falter und es kann sich sogar manche Raupe gütlich tun. Gute Schmetterlings- und Gartenpflanzen sind auch Fenchel, Dill und Liebstöckel, Gewürzsalbei, Melisse, Heilziest, Katzenminze, Sonnenhut, Herbstaster, Fuchsie, Ysop, Echtes Eisenkraut, Heliotrop, Sonnenhut, Zinnie, Gänsekresse. Als Gartengehölz ist das Geißblatt (auch Zuchtformen) falterfreundlich. Phlox dient vor allem dem Nachtfalter-Genuss. Lavendel mit seinen verschiedenen (Unter-)Arten ist eine beliebte Nektarpflanze bei vielen Weißlingen und so manchem »Grasfalter«. Als Raupenpflanze taugt er aber nicht. Bei Oregano und Thymian empfehle ich die einheimischen Wildformen, doch gibt es auch viele Zuchtformen, die fast gleichwertig sind. Von Kugeldistel rate ich ab. Die ist wie Buddleja – nur in Rund: nektarreich und schön, verwildert aber und überprägt heimische Habitate.

Gewöhnlicher Flieder-Traum?

Der Gewöhnliche Flieder *(Syringa vulgaris),* der in schönem Weiß und Rosa zu haben ist, duftet wunderbar und gehört nicht nur für mich zum Frühling in Gärten dazu. Für Schmetterlinge und die meisten heimischen Insekten ist er aber nutzlos! Der einzige Schmetterling, der ihn braucht, ist die Fliedermotte *(Gracillaria syringella)* – und die macht ihn als »Schädling« kaputt. So binde ich zwei schöne Fliederbüsche, die wir uns als Familie gönnen, in heimische wilde Gehölze ein (siehe Tipp 44, Seite 96). Erst dort können einheimische Falter leben und dazu mehr Vögel, die die Fliedermotte vertilgen. So genießen und nutzen wir den Garten alle zusammen – heimisch ohne Dogma.

Blühstreifen-Show oder: Blühstreifen – schau?

In der Landschaft werden gerne »Blühstreifen« für Insekten gefördert, die durchaus ein bis drei Jahre ein gewisses Nektarangebot sein können, vor allem aber für uns Menschen schön aussehen. Schon bald werden sie aber blütenärmer, weil die anfangs auffälligen einjährigen Lichtkeimer zurücktreten. Insofern sind sie nur eine kurze »Show« mit begrenztem Nutzen, und sie werden nach ersten Blüheffekten oft wieder umgebrochen. Dann sind sie sogar üble Falle für Tiere. Deren Pflanzen entstammen oft nicht standortgerechtem Saatgut mit den Problemen einer Verfremdung. Viel schlauer ist es, mehr breite Streifen ohne Einsaat sich frei entwickeln zu lassen und in eine variable Beweidung oder Mahd zu überführen (siehe ab Seite 112) – oder solche Flächen einzubinden in ein wahrlich lang gezogenes »O« ... (siehe ab Seite 101).

Ersatz für Neophyten und fremdländische Gartenpflanzen in Gärten und Parks durch optisch (halbwegs) ähnliche einheimische Arten mit wichtiger Funktion für Schmetterlinge

Fremdländische Problempflanze	Einheimischer Ersatz für Falter
Buddleja (Schmetterlingsflieder) Problem siehe Text, Seite 97	• Liguster als Gehölz, noch besser: einheimische Disteln (schöne Optik: *Carduus nutans, Cirsium glaucum, Cirsium acaule*), einheimische Hochstaudensäume • auf frischem oder feuchtem Boden: Wasserdost • für warme Standorte: aus Samenmischungen bunte Säume oder Wildpflanzenbeete entwickeln • in Wiesenstreifen gut integrierbar: Witwenblume, Flockenblume • Lavendel (zwar auch nicht einheimisch, aber nicht invasiv)
Phacelia (Bienenfreund) Problem: Zwar große Nektarproduktion, kann aber Insekten von einheimischen Pflanzen ablenken, und große Phacelia-flächen sind oft neue »Monokulturen« anstelle heimischer Vielfalt.	Disteln, Flockenblume, Witwenblume
Blaukissen (Aubrieta)	Thymian (einheimische Arten)
Kugeldistel Problem der invasiven Ausbreitung	einheimische Disteln
Götterbaum Problem der invasiven Ausbreitung	Vogelbeere, einheimische Pionierbäume (Weiden, Pappeln, Birken), auch Eichen
»normaler« Sommerflieder Problem: Falterleben ist an ihm kaum möglich.	Sanddorn (in Sandgebieten, zum Beispiel Norddeutschland), sonst einheimisches Geißblatt (*Lonicera*), Holunder
Japanisches Geißblatt Problem: Kann einheimische Arten leicht überwuchern.	einheimisches Geißblatt: *Lonicera xylosteum* oder *L. periclymenum* (wichtige Raupenpflanzen, zum Beispiel für den Kleinen Eisvogel, aber giftig für Menschen)
Mahonie Problem: Kann sich je nach Ort invasiv ausbreiten.	Stechpalme
Kirschlorbeer Problem: zu häufig in Gärten, keine Raupenfutterpflanze	Stechpalme, Hainbuche, Hasel
Kanadische Goldrute Problem der invasiven Ausbreitung	Königskerzen, Resede, Gewöhnliche Goldrute
Jungfernrebe Problem: Kann einheimische Arten leicht überwuchern.	einheimisches Geißblatt (*Lonicera*), Efeu
Lupine Problem: Stickstoffanreicherung und Verdrängung magerer einheimischer Arten. Entwertet Wiesenheu durch Bitterstoffe.	Rittersporn, Salbei, Blutweiderich

Ökotone

Grenzfreie Übergänge in natura

»Wie ein guter Dichter liebt die Natur keine schroffen Übergänge.« Das schrieb Heinrich Heine 1824 in seiner »Harzreise«. Damit hat er eine Leitlinie für Schriftsteller benannt, aber auch ein wichtiges Prinzip der Natur zusammengefasst. Rufen wir ein anerkennendes »O«, mit Übergang zum »E« wie »Eigenart(ig)«: »OE« – »Ö«! Ökoton!

»Ökoton« ist nicht etwa ein biologisch abbaubarer Ton in der Musik, kein hohes C eines Tenors in Jute-Latzhose, sondern ein wohlklingender Fachbegriff in der Ökologie für »Übergang«, für »Saum« zwischen Habitaten. Aus vielen Ökotonen besteht diese Welt. »Ökoton« – das ist wie Musik in Natur, gerne auch in Gärten.

Haben Sie schon einmal versucht, die Grenze zwischen Wald und Wiese oder zwischen Wasser und Land genau zu kartieren? Das Beispiel eines Landvermessers in Irland, der die irische Küste kartographieren sollte, ist als Gleichnis berühmt. Der Ire wurde irre, je exakter und kleinteiliger er sein wollte. Auch ich grübelte, als ich in einer meiner ersten Biotopkartierungen Wald von Wiese trennen sollte. Ganz einfach, denkt man: Nutzungsgrenzen und Grundstücksgrenzen verwenden!? Aber ist das ökologisch sinnvoll? Denn ein Baumbestand wird erst mit einem ausgeprägten Waldinnenklima ein Wald. Der Übergang dahin ist gleitend, stellenweise chaotisch. Genau in dieser Übergangszone spielt aber die Musik, liegt das Ökoton: Tiere des Offenlandes gehen da hinein, Pflanzenfresser wetteifern mit dem Wachstum der Bäume, schaffen lichte Stellen im Wechsel mit Waldschatten. Wind kann dort besonders angreifen, Bäume fallen eher, Büsche kommen auf. Ein weiteres Beispiel für Ökotone sind natürliche Flussauen: Ein Wechsel im Wasserstand schafft offene Sand- oder Kiesflächen, Pionierrasen, veränderliche Waldbilder in einem wilden hochkomplexen Habitatmosaik.

Gerade solche Ökotone können Bedürfnisse vieler Falter erfüllen: Dort wachsen die für manche Falterarten so wichtigen Pionierbäume wie Salweiden, Espen und Birken. Es gibt dynamische Gebüsche und Ruderalstellen, Wildobst, dazu Kräuter, Gräser und Staudensäume. Diese gehen eng verzahnt ineinander über. Wo sich ein Schmetterling als Raupe an Laubholz entwickelt, da ist dann auch die nächste Blüte nicht weit. Entsprechend bin ich entsetzt, wie kleinteilig heute oft geplant wird und Biotope kartiert und abgegrenzt werden. Das zerteilt die Landschaft. Und das scheint mir eher Teil des Problems als Lösung in der Naturansprache bei Eingriffen und folglich Zerstörungen zu sein, wenn Lebensräume nicht in dynamischen Übergängen und zusammenhängenden Komplexen zusammengefasst werden.

Aber Achtung: Ökotone könne auch Zeichen einer Zerstörung sein. Wenn inmitten eines alten Buchenwaldes eine Lichtung, zu breite Wege oder eine Wildäsungsfläche künstlich geschaffen wurden, ist der Buchenwald dort nicht intakt. Das von natürlichen Ökotonen zu trennen, ist nicht immer leicht. Wo natürlicherweise artenarme Moore plötzlich aus bunten Saumpflanzen bestehen, sieht das zwar schön aus, und dort tummeln sich viele Schmetterlinge, es zeigt aber eine unnatürliche Störung an. Die seltenen

Bild links: Natürliche, breite Übergänge (Ökotone) zwischen unterschiedlichen Lebensräumen sind selbst wichtige Komplex-Lebensräume, hier im »SchmetterlingsReich«, Staudernheim.

Moorspezialisten, zum Beispiel Hochmoorgelbling und Hochmoor-Perlmutterfalter, fallen zugunsten von Allerweltsarten aus, die Vielfalt buchstäblich nur vorgaukeln. Es geht nie darum, überall hohe Arten- und Faltervielfalt zu haben. Viel mehr gilt es, das Typische eines Standortes zu fördern, und das kann artenarm sein.

Wir Menschen haben Ökotone in Landschaften »ent-tont«. Wir haben aufgeräumt, die Landschaft zu streng geordnet. Die verbliebenen Ökotone sind unnatürlich schmal. Bestenfalls gibt es noch »gestufte Waldränder«, die forstlich künstlich als Windschutz gepflegt werden. Aber die Breite fehlt, auch das so wichtige dynamische Chaos mit Licht-Schatten-Wechselspielen. Das Verschwinden breiter Ökotone ist wohl eine der unscheinbareren, aber hoch wirksamen Ursachen im Lebensraumverlust für Schmetterlinge.

Ökotone zulassen, gestalten, vergrößern!

Positive Wirkungen für Schmetterlinge werden auch erreicht, wenn im Agrarraum breitere Wegränder (Säume, Raine) als Mini-Ökotone sein dürfen. Der Nutzungsausfall an Fläche ist klein, der positive Wert enorm. Das hilft auch »V« wie »Verbund« (siehe ab Seite 127).

Tipp 47: Ökotone für Waldbesitzer und Naturschutzprojekte: Ergänzend zum gestuften Windschutz-Waldrand sollten an anderen Stellen breite, lückigere Übergänge zwischen Wald und Offenland sowie dort Dynamik durch Wind und Tiere ermöglicht werden. Letzteres kann – wo das möglich ist – durch extensive Wald(-Rand)-Weide in Kombination mit Offenland verwirklicht werden.

Tipp 48: Mehr Ökotone: an Grundstücksgrenzen, zwischen Nutzungen und an Wegrändern wilde und wenig genutzte Streifen so breit wie möglich zulassen oder neu entwickeln! Bei Mahd (wechselnde) Teilbereiche stehen lassen.

Tipp 49: Ökotone an Sonnenseiten und Schattenseiten gestalten. Denn unter den Schmetterlingen gibt es sowohl die wärmeliebenden, wie Zipfelfalterarten, als auch die Feuchte und Schatten präferierenden, wie Schillerfalter und Eisvögel.

Tipp 50: In größeren Gärten und Parks sollten breitere, unregelmäßig genutzte Streifen entlang der (Wald-)Ränder oder entlang von Gebüschen und Hecken zugelassen werden. Vielfalt entsteht, wenn man hierbei variiert: unterschiedlich früh und spät mähen, dabei nie mehr als zweimal im Jahr, manche Bereiche in Beweidung einbeziehen, andere über Jahre wild sein lassen und aus der Nutzung herausnehmen, bevor sie vielleicht wieder – stets nur abschnittsweise – zurückgesetzt werden.

Tipp 51: Durch Säume können Grenzen weicher werden, das gilt auch für kleine Gärten – hören Sie schon den Ökoton? Zum Beispiel Wildblumen- oder Staudenstreifen zwischen Nutzbeet und Spielrasen oder zwischen anderen Bereichen. Auch mal Sträucher entwickeln. Gerade rund um Gehölze immer einen wenig gemähten Rand als Übergang belassen. Und ein guter Gartenteich hat einen breiten Saum aus Kräutern, Hochstauden und kleinen Büschen.

Pflanzen

Pflanzen und Schmetterlinge

Welche Pflanze ist gut für Schmetterlinge? Das ist eine häufige Frage. Meine Antwort: alle, aber verschieden. Oder gern: jede einheimische, egal, welche. Doch der Reihe nach: Für jede einheimische Pflanze gibt es wenigstens eine Falterart, die auf ihr leben kann. Schmetterlinge erkennen ihre Pflanzenarten. Im Lauf der Evolution haben sich Anpassungen entwickelt: Es gibt Falter, die an verschiedenen Pflanzenarten fressen, sie sind polyphag. Sind es wenige Pflanzen, heißt es »oligophag«. Raupen hoch spezialisierter Falter können nur an einer einzigen Pflanzenart leben: Sie sind monophag.

Dabei muss man Eipflanze, Raupenpflanze und Nektarpflanze unterscheiden: Das ist oft nicht dieselbe Pflanzenart. Bei manchen Schmetterlingen wechseln spätere Raupenstadien auf andere Pflanzen. Die behaarten Raupen des Braunen Bären können weite Strecken laufen. Sie sind »Wanderraupen«. Das Puppenstadium hat andere Ansprüche, gebunden oft nicht eng an eine Pflanzenart, sondern an bestimmte Strukturen: stabile Stängel zum Aufhängen, geeignete Bodenstellen, liegendes Laub. Der fliegende Falter kann auf wenige Nektarpflanzen spezialisiert sein oder, was häufiger ist, an verschiedenen saugen. Als Faustregel für viele Falterarten gilt: Die Raupe ist spezialisierter, als es der Nektar suchende Schmetterling ist. Wer Falter fördern will, muss ein breites Spektrum an einheimischen Pflanzen bereitstellen.

Ein schönes Beispiel ist der Schwalbenschwanz *(Papilio machaon)*. Er kann an sehr vielen Pflanzenarten Nektar saugen, is(s)t aber sehr gerne am Rotklee. Während Rotklee ganz häufig in Wiesen und an Wegrändern ist, sogar in gedüngten, wenn diese wenigstens etwas wachsen dürfen, und auch bei vielen weiteren Faltern als Nektarspender beliebt ist, hat der Schwalbenschwanz für Eiablage und Raupenfutter eine geringere Anzahl Pflanzenarten, also nicht nur »die eine«: Er nutzt gerne die Wilde Möhre *(Daucus carota)*, kann sich aber auch an anderen Dillgewächsen vermehren. Die Wilde Möhre zeigt eher magere Standorte an, wo auch andere nicht ganz so häufige Falterpflanzen wachsen können.

Pflanzen-Spiel-Möglichkeiten

Wie komme ich an die richtigen einheimischen Wildpflanzen? Kaufen? Wir sind doch nicht blöd! Sie können ein Schmetterlingsparadies durch Nichtstun entwickeln, es ist oft sogar der beste Weg. Sie wollen aber etwas tun? Auch das ist nicht blöd. Denn dann gestalten Sie gezielt etwas, was sonst kurzfristig fehlt. So können sich Spontanaufwuchs, Ansaaten und Initialpflanzungen im Garten ergänzen.

Für dieses Buch habe ich 100 Falterpflanzen ausgewählt, mit denen Sie einen Großteil der einheimischen Schmetterlinge erhalten können. Dieses Buch will aber kein Pflanzen-Bestimmungsbuch sein, zum Erkennen der Arten müssen Sie zur App oder zu einem anderen Buch greifen. Aber mit den 100 Pflanzen können Sie gut und gezielt gestalten. Auf der folgenden Seite finden Sie dafür mit den Tipps 52 bis 54 meine Spielanleitung.

Tipp 52: Priorität: Spontanaufwuchs zulassen und fördern (siehe auch Tipp 41, Seite 95)! Oberboden entfernen oder ausmagern (siehe ab Seite 58), sodass sich von selbst eine standortangepasste Vegetation einstellt: durch Samen, die im Boden aufkeimen oder durch Anflug kommen. Dann die Entwicklung beobachten, unliebsame Pflanzen entfernen, Pflanzen, die die Tabelle ab Seite 188 nennt, belassen. Wenn Sie keine Pflanzen bestimmen wollen: Fast jeder Spontanaufwuchs ist für einige Falter gut, also einfach zulassen und sich daran erfreuen, ohne die Pflanzen kennen zu müssen.

Tipp 53: Als nachrangige Option und auf anderen Teilflächen: Mahdgut übertragen (siehe Tipp 42, Seite 96), Anpflanzen oder Aussäen einer Mischung oder gezielt von Arten aus der Tabelle ab Seite 188. Spontangekommenes lässt sich damit gezielt ergänzen, Erfolg kann sich schneller einstellen.

Tipp 54: Pflanzungen in Reih und Glied sind unnötig. Versuchen Sie lieber die schöne anarchische Kunst, unregelmäßig zu pflanzen oder zu säen. Das ist Selbsthilfe, lässiger mit Ordnung umzugehen, und ein Schlüssel zum Faltererfolg.

Die richtigen Futterpflanzen sind zwar Voraussetzung für Falterleben. Aber sie müssen in einen naturnahen Lebensraum oder strukturreichen Garten eingebunden sein. Daher ist »P« für »Pflanzen« nur Teil des Alphabets, auch wenn manche meinen, wer das Richtige pflanzt, ist fertig. »P« alleine ist nur »P« wie »Puh«! Eingebunden aber im Alphabet mit weiteren Taten, ist es unersetzlich: wie »P« für »Paradies«.

Wichtig ist, nicht zu viel und nicht zu dicht zu pflanzen oder zu säen, um sowohl Lücken als auch natürliche Entwicklung (Selbstbegrünung) zuzulassen.

100 Schmetterlingspflanzen

Aus den in Mitteleuropa derzeit vorkommenden fast 12 000 Pflanzenarten habe ich 100 wichtige ausgewählt (siehe Tabelle ab Seite 188). Einerseits sind das Pflanzen, auf denen viele verschiedene Falterarten gleichzeitig leben können, andererseits aber auch Pflanzen, die von seltenen Spezialisten benötigt werden. Mit diesen 100 bin ich vielfältiger als viele andere Ratgeber. Dennoch ist das eine verkürzte Wahl. Wichtig ist immer, dass man weitere einheimische Arten zulässt. Folgende Überlegungen haben mich bei der Auswahl begleitet:

➤ **Mitnahmewirkungen:** Gemäß eines »Zielartenansatzes« im Naturschutz habe ich vor allem Pflanzenarten gewählt, die angesichts ihrer Standortansprüche die Wuchswahrscheinlichkeit auch für weitere Falterpflanzen erhöhen. Damit verbunden ist der Wunsch, dass Sie keine »Monokulturen« anhand meiner Pflanzenempfehlungen schaffen, sondern Begleiter zulassen. So wird derjenige, der Schafgarbe, Flockenblume und Oregano in seiner Wiese hat, auch weiteren Falterpflanzen, die magere bis mesophile Verhältnisse brauchen, Ankunft und Leben ermöglichen. Wer mit Wasserdost einen frischen Saum gestaltet, wird auch andere eutrophe Hochstauden ermöglichen. Und wer mit Weißdorn und Liguster ein wärmeliebendes Gebüsch zaubert, wird gegen den Anflug anderer einheimischer Gehölz- und Saumarten nichts haben.

➤ **Auswahlbreite:** Insgesamt ist eine Auswahlbreite für verschiedene Standorte, Farben, Blühphasen (früh, mittel, spät) und Formen vorhanden, sodass Sie »F« (Farbenvielfalt, Formenvielfalt) und »E« (Eigenart) für sich gut entwickeln können.

➤ **Reihenfolge:** Diejenige Pflanzenart, an der die meisten Raupenarten nachgewiesen wurden, steht an erster Stelle, dann absteigend. Damit stelle ich den Wert als Raupenpflanze vor die Funktion als Nektarpflanze.

Aber Vorlieben und Anpassungen der Falter können sich ändern, auch Wissen verändert sich. Daher dürfen Artenzahl und Sortierung nicht als exakte Messwerte missinterpretiert werden. Außerdem kann eine Pflanze, die für nur wenige Falter relevant ist, gerade für seltene Spezialisten überlebenswichtig sein.

Als Grundlage diente mir die Online-Datenbank »Schmetterlingspflanzen« vom deutschen Bundesamt für Naturschutz (BfN) (siehe Seite 206). Weil deren Zahlen in Expertenkreisen als ungenau und veraltet gelten, es aber keine bessere Übersicht gibt, habe ich die Zahlen nach weiterem Wissen erhöht. Sie sind als Mindestzahlen zu verstehen.

Geordnet sind die Pflanzen nach:
A – Kräuter & Stauden
B – Gehölze & Bäume
C – Besonderheiten.

Pflanzen, die extrem viele Falterarten anziehen, sind mit »TOP« hervorgehoben. Manche TOP-Raupenpflanzen wie die Brennnessel haben aber keine oder kaum Nektarfunktion, und umgekehrt sind manche TOP-Nektarpflanzen eher artenarme Raupenpflanzen. Es kommt also auf kluge Pflanzen-Kombinationen an.

In den Tabellenspalten habe ich vermerkt:

➤ Blühzeitpunkte: Sie sind nur in »Früh« (Frühling), »Mittel« (Spätfrühling bis Sommer) und »Spät« (Spätsommer bis Herbst) unterteilt, weil Genaueres von der Lokalität abhängt. Die wichtigen Extreme (sehr früh: Salweide, Huflattich!) und winterrelevante Blüten (Efeu, Waldrebe) sind hervorgehoben.

➤ Bei Blütenfarben habe ich mich auf die Hauptfarben beschränkt. Selbstverständlich gibt es Hunderte und mehr Farbübergänge und Blühfarb-Variationen, auch innerhalb derselben Pflanzenart.

➤ Für Pflanzen, deren Blütenduft für Menschen intensiv wahrnehmbar ist, ist dies vermerkt, obgleich natürlich alle ihren eigenen Duft verströmen.

➤ Manche Pflanzenarten, zumeist ihre Pollen, sind für einige Menschen allergen und in der Tabelle gekennzeichnet. Auch sie sind wichtiger Teil der Natur.

➤ Pflanzen, deren Blüten sich nachts öffnen, sind mit »Nacht« hervorgehoben: ein Höhepunkt für Nachtfalterparadiese.

Daraus ergeben sich die folgenden zwei Tipps zur Auswahl aus der Pflanzenliste ab Seite 188.

Tipp 55: Lassen Sie immer wieder diejenigen Pflanzen bei sich wachsen, die in der Tabelle ab Seite 188 aufgeführt sind, aber mit ihnen auch spontan ankommenden anderen Wildwuchs. Sie können die empfohlenen Pflanzen frei für Ihren Standort und nach Ihren Farb- und Formenpräferenzen auswählen und kombinieren.

Tipp 56: Um die Falter-Eigenart Ihres Platzes zu stärken und Spezialisten zu ermöglichen, empfehle ich ausdrücklich, nicht nur die Vielfalts-Hits von ganz oben zu nehmen, sondern auch Pflanzen, die weiter unten stehen.

Besonderheit Heide

Heidepflanzen wie Besenheide, Glockenheide, Heidelbeere oder Ginster stehen als Raupenpflanzen weit oben. Das verweist auf den besonderen Lebensraum der Heiden und einmal mehr auf die Wichtigkeit nährstoffarmer Böden, auch der Sande.

Tipp 57: Heidepflanzen bitte nur nach Umgebungsübersicht wählen: Heide, Ginster oder Heidelbeere im eigenen Garten sind für viele Raupenarten gut. Sind aber gar keine Heidestandorte weiträumig in der Region vorhanden, so wirken die Pflanzen fremd. Heidepflanzen dienen fast nur Raupen, weniger als Nektarspender (wohl aber für Wildbienen), sodass ein weiteres Pflanzenangebot zu entwickeln wäre.

Besonderheit Ampfer

Die oft naserümpfend zur Kenntnis genommenen Ampferarten *(Rumex)* kommen als Raupenfutterpflanzen groß heraus. Die schöne Feuerfalter-Gruppe und Ampfer-Grünwidderchen sind auf sie angewiesen. Letztere minieren in Stängeln – Ampfer als Bergwerk für Falter! Als Nektarpflanzen sind sie für Falter aber unbedeutend. Dass Grünwidderchen seltener geworden sind, liegt nicht am Fehlen von Ampfer, sondern daran, dass es magerere Wiesen mit guten Nektarpflanzen immer weniger neben Ampferstandorten gibt.

Massenbestände vom Großen Sauerampfer *(Rumex atecosa)* sind im Gegensatz zum kleinen *Rumex acetosella* (der mag es mager) ein Zeichen übermäßiger Düngung. Und ist die Düngung sehr stark, wird der Ampfer für manche Raupen ungenießbar. Auf die Ampfer kommt es also in vielerlei

Der Große Feuerfalter *(Lycaena dispar)*, links Männchen, rechts Weibchen, ist als Raupe auf Ampfer (vor allem *Rumex crispus)* angewiesen, der als Wildpflanze oft missachtet wird.

Hinsicht an. Einige sind gut, Massenbestände sind Problemzeiger. Und auch ein großer Ampfer ist nicht gleich Ampfer. Fast nur der ähnlich aussehende Krause Ampfer *(Rumex crispa)* ist Raupennahrung für den relativ seltenen Großen Feuerfalter *(Lycaena dispar)*. Ein guter Schmetterlingsraum hat verschiedene einheimische Ampferarten, aber nie Massenbestände, und ist verbunden mit magereren Blühwiesen und Säumen.

Besonderheit Disteln – Königsschlösser für Insekten

Auf eine Pflanzengruppe, zu der Arten aus 29 Gattungen zählen (vor allem *Carduus, Cirsium,* ferner zum Beispiel *Carlina, Onopordum, Arctium*), die man aber aufgrund ihrer ähnlichen Wuchsform zusammenfasst, kommt es besonders an: piks – Disteln! Blicken Sie tief hinein in diese purpurnen Schönheiten: deep purple – Disteln rocken.

Dass diese einen schlechten Ruf haben, ist ungerecht und kommt daher, dass vor allem die Ackerkratzdistel *(Cirsium arvense,* eine der wichtigsten Nektarpflanzen überhaupt) eine Störung der »sauberen« Grasnarbe oder eine Ruderalstelle anzeigt. Andererseits gehören solche Stellen zur Natur. Die Annahme, dass man Disteln nie mehr losbekäme, ist falsch. Schließt sich die Narbe, suchen sie sich durch ihre weit fliegenden Samen einen neuen Platz.

Der Wert ihrer lila Distelblüten als Nektarspender ist enorm. Die Stengellose Kratzdistel *(Cirsium acaule)* wächst flach und ist schön in Steingärten, die Nickende Distel *(Carduus nutans)* ein ästhetisch ansprechender Traum, die Sumpfkratzdistel *(Cirsium palustre)* ein Faltermagnet, wo es feucht ist – und jede andere einheimische Distel ist ebenso wertvoll. Distel-Blütenköpfe sind ein eigenes Kleinökosystem für Käfer, wie in den 1980er-Jahren der Bayreuther Professor

Wilde Disteln – das sind die wahren Königinnen unter den Schmetterlingspflanzen: etwas piksig, aber so schön und nützlich zugleich.

Helmut Zwölfer als einer der Ersten zeigte. Und die Distel-Samenstände sind wertvolle Nahrung für Vögel, darunter der Distelfink (Stieglitz). Und so trifft das Zitat von Leo Tolstoi mitten ins Herz: »Wir zerstören Millionen von Blüten, um Schlösser zu errichten, dabei ist eine einzige Distelblume wertvoller als tausend Schlösser.«

Tipp 58: Lassen Sie wilde Disteln einfach wachsen, sie kommen oft von alleine. Man kann sie auch im Naturgartenhandel beziehen. Disteln sind die Krönung für gute Schmetterlingsplätze. Wichtig ist, dass Sie nur Distelarten einbringen, die in Ihrer Region heimisch sind. Nickende Distel, Stengellose Kratzdistel und die Ackerkratzdistel sind das fast überall. Die Graudistel *(Cirsium glaucum)* ist wunderschön, aber als Feuchtwiesenart nicht überall standortgerecht. Kugeldisteln *(Echinops)* sind nicht heimisch, die bitte meiden.

Quartier

Tier braucht
Quartier im Revier

Vom Winter und Wind

»Erfahrener Falter, Single, lieb und ungebunden, treu und ehrlich, sucht netten Schuppen in ruhiger Lage zur Zwischenmiete über den Winter.« So könnte eine Wohnungssuchanzeige in der Falterzeitung geschaltet sein. In der Tat haben einige Schmetterlinge besondere und drängende Quartierbedürfnisse – und sind in Wohnungsnot.

Manche Schmetterlinge überwintern als Imagines, zum Beispiel Zitronenfalter, Tagpfauenauge, Kleiner Fuchs und Admiral. Für sie ist ein bestimmtes Falter-Winterquartier notwendig. Während sich der coole Zitronenfalter im Freien sich tarnend an irgendeine Pflanze hängt und dank eines inneren Frostschutzmittels in Winterstarre nicht erfriert, benötigen die anderen hohle Bäume, Astlöcher, Efeudickicht oder Holzhaufen, aber auch Schuppen, Dachböden, Keller und Garagen sind möglich. Wichtig ist, dass der Ort regen- und schneesicher, aber unbeheizt ist. Sonst spränge ihr Stoffwechsel an, sie verlören Energie und überlebten nicht. Bei 5 Grad Celsius fallen Falter in Winterstarre und überleben bis zu minus 30 Grad Celsius, solange sie nicht nass werden. Die Überlebenden bauen im Frühjahr die Population wieder auf. Alter Falter!

Einen unterstützenden kleinen »Luxus«-Faktor für das Falterwohl gibt es im Sommer zur Flugzeit: Windschutz – damit Falter an windreichen Tagen ohne großen Energieaufwand ruhen und Nektar trinken können. Zudem sind windgeschützte Stellen als kleine Wärme-Inseln für Mauerfuchs, Bläulinge und Zipfelfalter wichtig.

Spezial-Quartiere für Falter schaffen, bauen, anbieten

Tipp 59: Windgeschützte Stellen in Landschaft und Garten lassen sich durch Hecken schaffen. Windabgewandten Waldrändern sollte ein breiter Wildstreifen vorgelagert sein. In Gärten kann die Außenhecke oder Mauer Windschutz bieten, und dort kann ein Nektarpflanzenstreifen besonders wirkungsvoll sein.

Tipp 60: An einer südexponierten Mauer wird – windgeschützt und wärmebegünstigt – ein schmaler, schütterer Gras-Kräuter-Streifen mit offenen Bodenstellen oft Mauerfuchs und Braunauge anziehen. So etwas Kleines entsteht oft von selbst, muss nur lässig »unordentlich« zugelassen werden.

Tipp 61: Besonders im Herbst, gerne auch im Winter, sollten Dachböden, Schuppen und Keller zumindest einen Spalt breit offen bleiben, damit ab September die Falter einziehen können.

Tipp 62: Sollte sich ein Falter in eine beheizte Wohnung verfliegen, bringen Sie ihn schnell nach draußen oder gleich in ein entsprechendes Quartier.

Eichendominierte Wälder (hier im Wildnisbereich »Nahe der Natur«, Staudernheim) sind natürlicherweise relativ licht und bieten Ganzjahreslebensraum für viele Falter (siehe auch ab Seite 84). Lässt man sie wild und alt werden, so gibt es viele Kleinnischen als Unterschlupf: Baumhöhlen, abstehende Rinden, Wurzelteller und mehr.

Tipp 63: Um zu vermeiden, dass beim Frühlingserwachen die Falter keinen Ausgang finden, sollten die Türen der Quartiere an den ersten warmen Vorfrühlingstagen weit geöffnet werden. Falter fliegen zum Licht, sodass Sie auch Scheiben kontrollieren sollten – und die Falter zum Ausgang weisen: Brüder, zur Sonne, zur Freiheit!

In freier Landschaft und – nachahmenswert – in Gärten sind Efeugestrüpp, Gehölze mit Löchern und natürlich alte Bäume als Versteck und Winterquartier wichtig, nicht nur für Schmetterlinge, sondern auch als Nistraum für viele Wildbienen und Vögel.

Tipp 64: Eine Fassadenbegrünung ist aus vielen Gründen gut. Für Schmetterlinge bietet sie, wenn sie dick ist, mit einheimischen Geißblattgewächsen *(Lonicera)* und Efeu einen Ruheraum im Sommer und ein Überwinterungsquartier.

Im Handel und in Online-Bauanleitungen werden »Schmetterlingsquartiere« und »Schmetterlingshotels« angeboten. Mit diesen verhält es sich wie mit Vogelnistkästen und Insektenhotels. In einem naturfernen Garten oder ausgeräumter Landschaft können sie nicht annähernd natürliche Ressourcen ersetzen. Umgekehrt sind sie in naturnahen Gärten nicht nötig. Wer aber Geld übrig hat oder gern baut, kann sich einen solchen Kasten als Ergänzung natürlicher Requisiten zulegen. Der Wert künstlicher Quartiere besteht vor allem in der Möglichkeit, schön beobachten zu können.

> **Tipp 65:** Falter-Winterquartier bauen: Vom Prinzip her einen Holzkasten mit schmalen Schlitzen bauen, durch die kein Vogel kommt – und auch keine Fledermaus oder kein Bilch (für die gibt es andere Kästen). Der Innenraum kann zur Hälfte mit Rindenmulch oder Ästchen gefüllt werden, die eine gewisse Wärme und Festhaltemöglichkeiten bieten. Ein abnehmbares Dach oder eine Seitenwand, die sich abnehmen lässt, gehört zur Kontrolle und Reinigung im Sommer dazu, beides muss über den Winter geschlossen bleiben. Angebracht werden die Kästen windgeschützt an Mauern, hohen Zäunen oder unter Dächern. Man kann entsprechende »Falterkästen« auch in vielen Gartenmärkten kaufen.

Efeu-»Dickichte« an Bäumen (oder Häusern) sind wichtige natürliche Winterquartiere.

Habitat und Quartier: Wasser

Denken Sie bei Schmetterlingen nur an Landlebensräume? Sie werden überrascht sein: In Tümpeln und anderen Stillgewässern kann es Wasserschmetterlinge wie die Kleine Nymphe *(Nymphula nymphaeata)* geben, ein Nachtfalter. Die Raupen leben an Blättern von Seerosen und verpuppen sich teils unter Wasser. Nach dem Schlüpfen aus der Puppe schwebt der Falter mithilfe einer Luftblase an die Wasseroberfläche und sein kurzes Falterleben beginnt. Diese faszinierenden Schmetterlinge hat Josef Reichholf in seinem lesenswerten Buch »Schmetterlinge« porträtiert (siehe Buchtipp, Seite 204).

> **Tipp 66:** Bei Gewässern ist eine breite und teils flache Uferzone als Ökoton wichtig (siehe ab Seite 101). Dort können Hochstauden wachsen (siehe ab Seite 76). Auch vegetationsärmere Bereiche lassen sich gestalten, an denen Falter am Boden Feuchtigkeit saugen können.

Wer entsprechend Platz hat, kann einen naturnahen Teich anlegen, der einen Naturgarten ohnehin aufwerten kann. »Wassernymphen« kommen zwar nicht überall vor, aber für Landfalter bietet man damit mikroklimatisch eine gewisse Feuchte.

Wenn Sie aber an einem natürlichen Trockenstandort leben, wägen Sie ab, ob Sie den Standort durch einen künstlichen Teich verfremden, denn die natürliche Eigenart eines Ortes mag wichtiger sein als ein zusätzlicher Gartenteich. Zur Feuchtigkeitsaufnahme von Faltern sind Pfützen oder Matsch viel wichtiger als Teiche.

> **Tipp 67:** Wenn Sie einen Teich anlegen, sollten schattige und vollsonnige Bereiche vorkommen. Damit ermöglichen Sie verschiedene Kleinlebensräume.

Rasen

Von rasender Einfalt zu blühender Vielfalt

Von Weiden, Wiesen und Faltern

»R« wie »Rasen« steht hier als Oberbegriff für Grünland aller Art. »R« wie »rasend« macht es mich, wenn ich darauf kaum noch Blumen finde. »R« wie »rasend schnell« ist der Rückgang artenreicher Wiesen und Weiden in Landschaften.

Eine Neuentwicklung geht hingegen immer nur langsam. Zwar kann man mit Ansaaten optisch schnell Grünland schaffen. Aber bis sich im Boden all die Beziehungen und Wurzelwerk-Pilz-Symbiosen eingefunden haben, die zum Beispiel Orchideen benötigen, bis sich eine standortgerechte Kombination an Wiesenarten etabliert oder bis sich eine Insektengemeinschaft eingefunden hat, dauert es Jahrzehnte. Schnell kommen Allerweltsarten, langsam nur finden Spezialisten den Weg.

Artenreiches Grünland bereitzustellen, ist ein »big point« im Schmetterlingsschutz, weil ganz viele Arten daran gebunden sind oder davon profitieren. Der Mensch förderte durch Viehhaltung (halb-)offene Weidelandschaften. Im Vergleich zu heute war die Besatzdichte an Vieh sehr viel niedriger und die Vielfalt an Vieharten höher. Es gab darin immer auch Hochgrasbestände, blütenreiche magere Abschnitte, Büsche, Sträucher und Bauminseln sowie Kotstellen, an denen sich eine eigene Insektenfauna entwickelte und Falter saugen konnten. Halboffene, dynamische und zugleich extensive Weidelandschaften sind mit die besten Falterparadiese.

Gemähte Wiesen entstanden erst nach und nach, zunächst ergänzend zur Beweidung, um für Tiere in Ställen gutes (artenreiches) Heufutter oder Einstreu zu gewinnen. Der Höhepunkt der artenreichen Wiesenausbreitung lag in Europa etwa in der Mitte des 19. Jahrhunderts. Ab Mitte des 20. Jahrhunderts ging es bergab, teils durch Nutzungsaufgabe, mehr aber durch Intensivierung und immer größere Maschinen.

Heutige artenreichere Wiesen sind dagegen kümmerliche Restbestände, die aber für viele Falter wichtig sind. Aus wirtschaftlichen Gründen dominiert dagegen Silage-Wirtschaft mit aufgedüngtem, schnell wachsendem Gras als Kraftfutter. Der Schnitt trocknet nicht mehr zu Heu durch. Es wird mehrmals im Jahr gemäht, oft sogar mit Gülle Bodenleben »erstickt«. Grün wird monoton. Artenreiches Qualitätsheu, das auf wenig gedüngten, falterreichen Wiesen mit nur ein bis zwei Mahdterminen gewonnen wird, ist oft nur noch ein Nischenprodukt für wenige Ökobetriebe.

Aber nicht nur heutige intensive Landwirtschaft ist ein Problem für die artenreichen Wiesen, die durch frühere Landwirtschaft ja einst erst entstanden sind. Fast genauso schwerwiegend und weithin unterschätzt ist eine oft brutale »Pflege« durch Gemeinden, aber auch von nicht wenigen Gärtnerinnen und Gärtnern auf ihren Grundstücken und letzten Wiesen.
Da werden artenreiche Wiesen, Randstreifen entlang von Wegen, Grundstücksränder, Deiche und Böschungen gerade im Mai oder Juni ratzekahl auf einmal gemäht. Ganze Schmetterlingspopulationen sind so schon verschwunden. Das geschieht oft aus Unkenntnis, aber auch aus übertriebenen Ordnungsvorstellungen heraus. Auch nutzt man gerne seinen modernen Maschinenpark aus.

Schmetterlingswiesen mit vielen Wildblumen sind selten geworden, aber gar nicht so schwer zu erreichen.

Bei der Bewirtschaftung von Wiesen und Wegrändern für Schmetterlinge muss man das richtige Maß je nach Standort finden: Einerseits ist Mahd immer ein brutaler Eingriff, bei dem einige Raupen, Puppen und Falter sterben. Beweidung ist schonender, obwohl auch da so manches Mal eine Raupe versehentlich im Maul des Beweiders verschwindet oder zertreten wird. Andererseits gewährleistet die Mahd, dass Wiese Wiese bleibt und nicht zum Gebüsch und Wald durchwächst. Frühe Mahd zerstört den Frühsommeraspekt, ermöglicht aber einen bunten Spätsommeraspekt, und umgekehrt. Zu häufige Mahd (mehr als zwei bis drei Mal pro Jahr) führt zur Artenverarmung, genauso wie eine zu intensive Beweidung. Es kommt also immer auf die »richtige« Art, den Zeitpunkt und die Intensität der Beweidung und Mahd an. Wichtig ist auch, dass Mahdgut ein bis drei Tage liegen bleibt, vielleicht auch gewendet wird, damit die Samen in den Boden gelangen, aber nach drei bis fünf Tagen doch abgefahren wird, damit es nicht die Wiese eutrophiert oder am Boden verfilzt.

Grünland mit Sinn(en) und Verstand

Jede Wiese und Weide hat oder entwickelt eine eigene Geschichte, sodass genaue Zeiten und Bewirtschaftungsregime lokal angepasst werden müssen. Wie man eine Wiese mit standortangepassten Pflanzen anlegt, ist unter »N« mit den Tipps ab Seite 95 dargelegt. In der Tabelle ab Seite 188 finden sich dann wichtige Schmetterlingspflanzen. Mit den hier folgenden Tipps zur Pflege und Bewirtschaftung geht es darum, Grünland für Falter lebendig zu machen oder zu erhalten. Eine gute Schmetterlingswiese ist kein Hexenwerk, aber zauberhaft.

Wiesen-Paradiese für Falter schaffen – Übersicht der Schritte
(1) Schmetterlingswiesen anlegen, ohne Verfremdung: siehe Tipps zu »Neobiota«, ab Seite 95. Dabei generelle Prioritäten:
a) einfach wachsen lassen,
b) Mahdgut-Übertragung (siehe Seite 96),
c) Aussäen, Anpflanzen.

(2) Passende Pflanzen erkennen und fördern: siehe Tipps zu »Pflanzen«, Seite 104 und Seite 106, sowie Tabelle ab Seite 188.
(3) Wiesen optimal für Falter bewirtschaften und pflegen: siehe Tipps in diesem Kapitel.

Tipp 68: Priorität für größere Flächen und auf Landschaftsebene: Beweidung vor Mahd! Wo größere (Halb-)Offenland-Flächen bestehen, sollte extensiv(!) beweidet werden. Zentral wichtig ist eine ganz geringe Besatzdichte. Zu naturschutztauglichen Beweidungsprojekten gibt es umfangreiche Erfahrungen und Literatur (eine Spezial-Empfehlung auf Seite 205). Eine Richtschnur für das richtige Maß jenseits der oft schwierigen Angabe von Großvieheinheiten ist, dass immer auch einige Büsche, blütenreiche Stellen und Stauden existieren können.

Wo keine extensive Beweidung möglich oder erwünscht ist, kann durch Wiesenmahd eine insekten- und falterfreundliche Wiese entstehen, auch in Klein im Garten. Das Schöne ist, dass man seine Fläche nicht umgraben oder einsäen muss, sondern aus jedem Rasen, ja aus fast jeder Freifläche durch Überführung in schonende Mahd (siehe folgende Tipps in diesem Kapitel) allmählich ein Wiesenparadies entwickeln kann. Langsame, organische Entwicklung ist oft nicht nur der billigere Weg, sondern der ökologisch bessere, weil sich alles in Ruhe und standortgerecht einfinden kann. Dass dabei Zwischenstadien vorkommen, die der Massenästhetik widersprechen können, ist fallweise hinzunehmen – aber auch sie können falterwichtig sein.

Tipp 69: Zentral, überall und bei jeder Mahd: »Streifen-Mahd-Prinzip«, »Mosaik-Mahd«: Prinzip ist, egal, ob kleiner Garten oder großer Mähwiesenkomplex, dass niemals alles gleichzeitig abgemäht wird. Ganz einfach immer die Hälfte (wahlweise ein Viertel), oder wenigstens einen Streifen (mindestens 5 Meter breit) stehen lassen, was dann beim nächsten Mal drankommt. Manche der Wiesenstreifen sollen sogar über den Winter stehen bleiben. In diese Bestände retten sich viele Falter, dort leben daran angepasste Arten und dort vermehren sich auch mehr Wildblumen und Gräser.

Ein Abschnitts-, Streifen- oder Mosaikprinzip ist integraler Bestandteil der Wiesenbewirtschaftung. Es ist wesentlich, damit die Wiese überhaupt lebendig und insektenreich sein kann. Das kann und muss man auch Landwirtschaftsämtern, Fördergeld-Kontrolleuren und Bürokraten vermitteln, die dem Bewirtschafter gerne mal wegen angeblich nicht sauberer Bewirtschaftung oder gar vermeintlich anderer Kultur innerhalb der Fläche (gemeint ist der stehen gelassene Abschnitt) Flächengelder abziehen wollen oder gar Strafgelder androhen, wie ich schon erleben musste. In der Bewirtschaftung selbst fällt kein Mehraufwand an: Der stehen gelassene Abschnitt wird beim nächsten Mal gemäht und dann ein anderer Abschnitt stehen gelassen. Man muss also deswegen nicht öfter auf die Wiese.

Prinzipien zur Aufwertung von Wiesen für Insekten und Schmetterlinge: kleinflächige Bodenanrisse schaffen (Mäher kurz mal tiefer halten! – während ansonsten nicht zu tief gemäht wird) und Stellen ausmagern (Düngeverzicht, Magersubstratauftrag oder Oberbodenaustausch)

Wichtiges Prinzp »Nie alles auf einmal«: Streifen oder Inseln größer und kleiner stehen lassen und diese beim (über-)nächsten Mal mähen, wenn wieder andere stehen bleiben. Insgesamt ist das keine Mehrarbeit.

Möchte man auf der zentralen Fläche nichts aussparen, sollte das Streifen- oder Mosaik-Prinzip wenigstens auf breitere Ränder übertragen werden. Ambitionierte Schmetterlingsfreunde kombinieren gestaffelte Flächen auf der Wiese mit Streifen am Rand zu einem »Super-Mosaik« unterschiedlicher Mahdtermine und Wiesenhöhen, und das sogar mit Gebüschinseln oder wechselnden Brachen.

Der genaue Mahdrhythmus hängt von Lage der Fläche, Witterung, Boden und Ziel ab, kann in jedem Jahr etwas anders sein und nicht allgemeingültig festgelegt werden – es gibt aber Anhaltspunkte zum Falterwohl: Im Naturschutz wird oft empfohlen, nicht vor dem 15. Juni die erste Mahd anzusetzen oder alternativ die Reife bestimmter Pflanzen abzuwarten. Doch das ist auf klassische Pflanzengesellschaften und Wiesenvögel ausgerichtet. Manche Falterarten (wie Ameisenbläulinge, siehe ab Seite 179) benötigen andere Pflanzen und Strukturen jenseits klassischer Gesellschaften und eigene Rhythmen. Eine starre Befolgung überall würde zudem zur unerwünschten Vereinheitlichung der Wiesen führen. Wichtiger als der genaue Mahdtermin sind die Tipps 69 bis 73.

Tipp 70: Mahdzeitpunkte: Auf wenig fruchtbaren Wiesen sollte maximal zweimal, vielleicht nur einmal im Jahr gemäht werden. Wo nur einmal und erst ab September gemäht wird, können viele Wiesenfalter gut überleben (siehe ab Seite 73). Und wo Sie Ihre Wiese als Liege- oder Spielwiese nutzen wollen, können Sie die »Nutzteile« standardmäßig intensiv kurz halten, darum herum aber wenig mähen.

Wer Faustwerte für Termine braucht: Bei einmaliger Mahd im Jahr wirklich nicht vor etwa Mitte Juni, bei zweimaliger Mahd darf die erste Teilfläche schon etwa Mitte Mai gemäht werden, um darauf Spätblüher und ihre Falter zu ermöglichen, die wichtig sind, wenn anderen Wiesen ab Juni abgemäht wurden. Diese Spätblüher werden – wenn überhaupt – erst ab September wieder gemäht. Bei dreimaliger Mahd wäre gestaffelt jeweils Mitte Mai, Juni, September ideal, wenn dabei immer Flächen ausgespart werden.

Wenn Sie einen vorhandenen, kurz gehaltenen »Einheits«-Rasen auf diesen »Extensiv«- und »Mosaik«-Rhythmus umstellen, so entsteht recht bald (beginnend nach ein bis zwei Jahren) eine vielfältigere Wiese, die mehr Schmetterlingen Lebensraum bietet, als viele denken. Und es gibt noch mehr zu gewinnen:

Tipp 71: Mahdhöhe: Generell ist es ratsam, nicht dicht über dem Boden zu mähen. Als Faustwert empfehle ich 8 bis 10 Zentimeter Mindesthöhe, damit bodenlebende Raupen und andere Kleintiere überleben, siehe dazu aber auch Tipp 72.

Tipp 72: Ergänzend zu Tipp 71 ist es an wenigen wechselnden Stellen sinnvoll, kleinstflächig auch mal tiefer zu mähen, auch mal Bodenanrisse zu schaffen. Oft nur dort können bodenbewohnende Wildbienen nisten, die viel zu wenig berücksichtigt werden. Dort können Falterraupen und Imagines kleine Wärme-Inseln finden. Und dort haben Wiesenpflanzen bessere Chancen zur Neukeimung – entgegen Verfilzungstendenzen. Die Strukturvielfalt der Wiese wird gefördert.

Tipp 73: Wo immer möglich, besonders auf großen Wiesen und bei Profi-Bewirtschaftung, sind Balkenmäher den verbreiteten Kreiselmähern vorzuziehen. Solche können über Gerätebörsen beschafft werden und effizient sein. Aber auch ein Mehraufwand lohnt. Denn in Experimenten wurde festgestellt, dass bei Balkenmähern, die sauber schneiden, 80(!) Prozent weniger Insekten und Kleintiere getötet werden als bei Kreiselmähern, die oft unsauberer schneiden oder gar (Tot-)Schlageffekte haben. Die Brutalität des Zerfetztwerdens von Amphibien, Eidechsen, Schmetterlingsstadien möchte ich gar nicht erst beschreiben. Im Kleinstgarten sind nicht motorisierte Spindelmäher geeignet und schonend für Tiere. Und wo immer es geht, ist die gute alte Sense die verträglichste, aber auch sportlichste Möglichkeit.

Alle Tipps habe ich selbst getestet:

So war eine unserer Museumswiesen vor zehn Jahren ein monotoner Rübenacker (5000 Quadratmeter). Leider war extensive Beweidung unmöglich und Einsäen wollten wir nicht. Wir setzten auf Eigenentwicklung. So haben wir nach der letzten Rübenernte nichts gemacht – außer es wachsen gelassen und in jährlich zweimalige Mahd Mitte Mai und Mitte September überführt, bei der jeweils ein wechselnder Streifen stehen blieb. Im ersten Jahr war die Fläche von Ampfer dominiert, dazu wenige Gräser. Nach und nach gingen Ampfer und Fettgräser zurück und erste standortgerechte Blumen kamen, jährlich andere und mehr, dazu weitere Gräser. So entwickelte sich organisch eine standortgerechte, strukturreiche und relativ magere Wiese, die Refugium für Schmetterlinge ist und deren Entwicklung weitergeht.

Tipp 74: Bei größeren Wiesen sollte von innen nach außen gemäht werden, nachdem zuvor in Übersicht (Begehen, Drohnen) eventuelle Tiervorkommen wie Rehkitze erkannt und gerettet wurden. Die Mahdrichtung von innen nach außen ermöglicht Tieren das Fliehen aus der Fläche.

Tipp 75: Mulchmähen, obgleich einfach und beliebt, bitte möglichst vermeiden oder nur anwenden, wenn eine Fläche vor Verbuschung »gerettet« werden soll: Beim »Mulchen« werden Halme und Raupen zerschreddert, das Mulchgut bleibt liegen, düngt die Wiese, führt zu Verfilzung.

Tipp 76: Keine Mähroboter! Die mähen auch das um, was nicht fliehen kann, und verleiten dazu, alles sauber und glatt zu mähen: kaum Platz für Falter.

Tipp: 77: Nutzungskreisläufe entwickeln, um die Sinnhaftigkeit zu erhöhen: Mahd sollte mit Abtransport und idealerweise Nutzung des Mahdgutes, zum Beispiel als Heufutter oder Einstreu, einhergehen. Besteht keine Möglichkeit des Abfahrens, so kann das Mahdgut an geeigneter Stelle am Rande zu einem oder mehr Haufen aufgeschichtet werden und darf verrotten. Der Haufen kann Kleintieren, Käfern und Schlangen als Teillebensraum dienen.

Wissen zu Wiesen – Dynamik und Vielfalt

Das größte europäische Wiesenforschungsprogramm, das »Jena-Experiment« (Zentrum für integrative Biodiversität, iDiv), zeigt, dass in unterschiedlichen Jahren trotz gleicher Nutzung und vergleichbarem Klima die (optische) Zusammensetzung und das Dominanzgefüge an Pflanzen und Tieren der gleichen Wiese sehr unterschiedlich sein kann. Somit ist es kaum möglich, Detail-Entwicklungen vorherzusagen. Diese Dynamik ist zu dulden und wichtig, denn jedes Stadium ist auf eigene Weise für bestimmte Ökosystemfunktionen wertvoll, sofern der Standort stimmig und nährstoffarm ist. Eine standortangepasste hohe Artenvielfalt ist in vielerlei Hinsicht für Ökologie und Nutzwert vorteilhafter als artenärmere, intensiv genutzte und stark gedüngte Stadien, selbst wenn Letztere mehr Biomasse produzieren. Das Jena-Experiment konnte zudem die hohe Bedeutung der Pilzsymbiosen und der CO_2-Speicherwirkung eines Wiesen-Wurzelgeflechts im Boden untermauern, das durch jeden Wiesenumbruch zerstört wird und dann sehr viele Jahre des Wiederaufbaus benötigt. Meine Tipps zur Entwicklung guter Schmetterlingswiesen knüpfen daran an.

Verbreitet ist leider ein Einebnen von Wiesen, ein »Walzen«. Gerade dadurch werden aber viele Tiere, Insekten und Raupenstadien zerstört, die Unebenheiten (Mikro-Nischen) und lockeren Boden brauchen. Die Wiese mag danach optisch schön aussehen und botanisch intakt wirken, ist aber »entfaunisiert« – leer an Tieren. Bitte also auf Einebnungen verzichten oder nur kleine Teile einebnen!

Tipp 78: Wiesen-Herzen für Rasen! So mähen, dass Teilflächen in Herzform lange Zeit ungemäht stehen bleiben. Darin wachsen Blumen, werden Gräser höher, kommen Falter. Gibt es eine schönere Liebeserklärung? Alternativ kann man auch andere Formen mähen: Rechtecke, Dreiecke, Hochzeitringe für einen naturnahen Heiratsantrag? Seien Sie kreativ, lassen Sie aber immer Teile der Wiese länger ungemäht als den Rest, gerne bis in den Herbst hinein, gerne auch über den Winter, sodass Insekten wie Schmetterlinge ihre Entwicklung dort durchlaufen können. Zurückgesetzt wird »das Herz« dann im März, April – und kann neu wachsen.

Manche Gestalter sind ungeduldig und brechen Grünland komplett um, um es durch Neueinsaat vermeintlich schnell artenreicher zu machen. Dafür gibt es sogar Förderprogramme (»Blühwiesen« /» Blühstreifen«). Doch das zerstört alles, was war und was als Start nötig wäre, so auch das Bodenleben mit allen Raupen und Puppen. Katastrophe! Besser ist es, Schmetterlingswiesen aus dem (schlechten?) Bestand heraus langsam mit den hier genannten Tipps zu entwickeln.

Blumenwiesen können das Herz eines Schmetterlingsgartens sein. Wer aber auf einen kurzen Zierrasen nicht verzichten will, dem empfehle ich meinen einfachen Lieblingstrick, und zwar »Herz des Gartens« wörtlich genommen (Tipp 78). Das habe ich auch mal einer Gemeinde empfohlen, die sich beraten ließ. Als ich Wochen später durch deren Ort fuhr, lachte ich froh: Inmitten klassischer Grünflächen sah ich 14 große Wiesenherzen, darauf Flockenblumen, Schachbrettfalter, Ochsenaugen. Es schien sogar, als sei ein Wettbewerb entbrannt, wer das größere Herz habe. Ein liebevoller Anfang auf dem Weg zu blühender Vielfalt.

Steingärten

Stein-Kraut-Mosaike
mit Sinn und Verstand

Steinflächen voller Wärme

In der Natur gibt es steinreiche vegetationsarme Kräuter-Gras-Fluren. Das sind seltene Lebensräume für wärmeliebende Bläulinge und Magerkeitsspezialisten, die es in gedüngter, üppig wachsender Flur schwer haben.

Es ist schade, dass Steingärten in Verruf geraten sind, die solche Naturstellen nachahmen und wertvolle Habitate sein können. Sie werden oft mit sterilen, nach unten abgedichteten Schottergärten verwechselt. Manche Städte (wie Erlangen, Paderborn, Dortmund) haben Schottergärten sogar verboten. Doch das kann absurd sein: Naturferner Einheitsrasen mit Ziergehölzen bleibt Massenstandard. Auch dichte Bepflanzung (oft sogar mit Neophyten) scheint beliebt, dichter Wuchs wird gefordert. Doch zu dichte Pflanzungen können naturfern sein, während schütter bewachsene Steingärten vor dem Hintergrund der allgemeinen Überdüngung und fetter Vegetation wichtigere Naturoasen sein können. Ich halte beides für bedenklich: die naturferne Sterilität mancher Gärten – Ordnungswahn! – und Verbote für Gestaltungsfreiheit: Verordnungswahn? Lieber rege ich zum kreativen Schmetterlingsschutz in eigener Freiheit an: gerade auch mit Steinen und Schotter.

Lücken mit Entzücken!

Von Bedeutung sind vegetationsfreie Lücken wie offen liegende Steine, Schotter oder Kiese. Rohbodenstellen sind kleine Wärme-Inseln und Rastzonen für Falter. Darin können sich besondere Kleintiere entwickeln wie Wolfsspinnen oder die Blauflügelige Ödlandschrecke *(Oedipoda caerulescens)*. Wo sie mit ihren wunderschönen Flügeln beim Auffliegen blau aufblitzt und wie ein Falter wirkt, aber doch eine Heuschrecke ist, da ist die Mischung aus offenem Rohboden und mageren Gras- und Krautfluren zu einem vitalen Lebensraum gelungen.

Tipp 79: Heimisches, standortgerechtes Steinmaterial aufschütten (Kiesel, Schotter, größere Grobsteine) – zugleich ist das eine positive Ausmagerung des Standortes, siehe ab Seite 58. Auf sonnigen Teilflächen mal wenige, mal mehr magerkeitsliebende Wildkräuter mit maximal wenig magerer Erde zulassen (sie kommen wild von selbst) oder ansäen, anpflanzen (Pflanzentabelle: »mager«, siehe ab Seite 188). Wo Felsen oder Gestein von selbst anstehen, diese nicht mit Erde bedecken – denn sie sind die natürliche Chance.

Tipp 80: Auf keinen Fall mit »Unkrautvlies« oder Beton nach unten abdichten. Das würde eine wertvolle Bodenwelt verhindern und es entstünde ein steriler Schottergarten. Dass man gelegentlich (zwei bis vier Mal im Jahr) übermäßigen Aufwuchs wegzupft, gehört zu einem Steingarten dazu und ist nicht aufwendig, weil durch Steinschichten wenig durchwächst. Damit verbunden ist, zeitweise Spontanwuchs und dauerhaft alle Flechten und Moose auf Steinen zuzulassen: Sie haben wichtige ökologische Funktionen. Die Nachtfaltergruppe der Flechtenbären ist auf solche Flechten angewiesen.

Bild links: Wiesenherz im »SchmetterlingsReich«, Staudernheim

Tohuwabohu

Gebüsche und Hecken gehören so

Gebüsche anders sehen!

»Tohuwabohu« entstammt dem Hebräischen und bedeutet »heilloses Durcheinander« – und klingt auch so. Mit diesem Wort möchte ich hier die falterwichtige Unordnung benennen, die entsteht, wenn man Gebüsche unregelmäßig wachsen lässt. »Was für ein Tohuwabohu!« Die Besucherin ruft es, als hätte sie ein Gespenst gesehen. Vor ihr stehe ich – und schaue irritiert an mir herunter. Sie aber sieht in den Gebüschmantel meines Gartens, in dem sich Brombeeren, Hasel, Weißdorn und Schlehe anarchisch durchdringen. »Ist das nicht schön«, entgegne ich schüchtern, um ihr eine andere Perspektive zu vermitteln. Dabei verfestige ich mich wohl als Gespenst bei ihr. Plötzlich erheben sich aus dem Gebüsch etwa zwanzig Kaisermäntel, die sich dorthin zurückgezogen hatten, dazu ein paar leuchtende Perlmutterfalter, auch Zipfelfalter sind dabei. Aus Entsetzen der Besucherin wird Staunen. Sie mag Falter, deshalb kam sie her. Statt Gespenst sieht sie in mir wieder den Menschen und seufzt: »Wenn ich so ein unsauberes Durcheinander brauche, um Schmetterlinge zu haben, dann lieber keine Schmetterlinge bei mir.« Ich schlucke kurz, baue ihr aber schnell eine Brücke, bin ich doch gewohnt, dass viele Menschen Ordnung über alles stellen: »Keine Angst, Sie können es auch nur halb so wild variieren. Aber wenigstens etwas Gebüsch-Tohuwabohu brauchen die Falter.«

Einheimische Gehölze sind wichtige Raupenpflanzen, siehe auch unter »Laubholz« (ab Seite 84) und »Pflanzen« (ab Seite 103). Auch zum Rasten und Verstecken bieten sie Möglichkeiten. Stehen sie nicht in Reih und Glied, und dürfen sie auch mal etwas wuchern, entsteht eine Vielzahl an Nischen – ganz wichtig für Falter. Sind Gebüsche eher länglich, so nennen wir sie Hecken, und sie alle sind besondere Ökotone (siehe ab Seite 101). In Landschaft und Garten kann man mit Gebüsch und Hecke wahrhaft Gutes aushecken.

Schmetterlinge aus Hecken

In meiner Diplomarbeit als Naturschutzbiologe untersuchte ich 1993 bis 1994 ein ganzes Jahr lang über 200 Hecken rund um meine Universitätsstadt Marburg. Es war ein arbeitsreiches Jahr, in dem ich mir überlegte, wie man Hecken neu betrachten könnte: Heckenränder mit Wasser aus Sprühflaschen bespritzen, um Spinnennetze gut sichtbar zählen zu können, meine Helfer im Sommer gleich mit – und umgekehrt. Vögel verhören und sehen, wo sie genau in der Hecke brüten. Gespinste von Gespinstmotten zählen sowie Tagfaltervorkommen an Hecken beobachten. Aus den Erkenntnissen entwickelte ich ein damals neuartiges Bewertungsverfahren für Hecken. Einige der Folgerungen: Eine Hecke, ein Gebüsch, ist umso wertvoller für Schmetterlinge, wenn mindestens eine Prunus-Gehölzart vorkommt (bevorzugt Schlehe, dann Pflaume, Traubenkirsche), weil daran viele Falter als Raupe gebunden sind. Bäume wie Eichen, Ulmen und Pionierbäume (Salweide, Espe, Birke) werten breitere Hecken auf. Je breiter und unregelmäßiger eine Hecke ist, desto besser.

Bilder links: Wilde Gebüsche und strukturreiche Gehölze sowie Waldmäntel sind sehr wichtige Falterlebensräume, oben gefördert im »SchmetterlingsReich« Staudernheim, unten »ganz versehentlich« in der Landschaft bei Nahbollenbach / Idar-Oberstein.

Und je breiter und unregelmäßiger auch der Stauden-Kräuter-Saum, desto besser für Falter. Wenn Hecken breiter als 20 Meter sind, nennt man sie besser Gebüsche, und die können auf eigene Art wertvoll sein.

Hecken bieten Windschutz. Vor allem ihr Südsaum kann falterreich sein, noch mehr, wenn der Boden nährstoffarm ist und magerkeitsliebende Kräuter und Stauden wachsen. Allerdings gibt es in schmalen Hecken einen hohen Räuberdruck, weil zum Beispiel Greifvögel und Füchse Nester von Kleinvögeln und Letztere wiederum Gespinste und Raupen leicht erreichen können. In der Landschaft können sehr schmale Hecken sogar regelrechte Fallen sein. Erst ab einer Breite von drei bis vier Metern bieten Hecken gute Refugien. Im kleinen Garten kann eine große Heckenbreite kaum erreicht werden, eine kleine Hecke allerdings durchaus wichtig sein, zumal innerhalb von abgezäunten Gärten manche Räuber weniger häufig sind. Ein Grundsatz aber gilt überall: Unregelmäßige Gebüsche wechselnder Breite statt starrer schmaler Gehölzlinien sind nicht nur für Falter am besten: Tohuwabohu!

Acht kleine Zipfel

Während meines Marburger Heckenjahres »verliebte« ich mich in die Zipfelfalter, vor allem in die kecken Pflaumen-Zipfelfalter. Sie entwickeln sich an Schlehen und saugen an Brombeerblüten, Holunder und weißen Doldenblüten im windarmen Heckensaum. Die Gruppe der Zipfelfalter ist eine gute Tohuwabohu-Zeigergruppe: Ursprünglich im Kronendach von Wäldern, an Waldrändern und Ökotonen lebend, nutzen sie wilde Gebüsche und deren Säume – mit unterschiedlichen Ansprüchen. Hier stelle ich die häufigsten acht »Zipfel« vor, die zur Großfamilie der Bläulinge gehören:

Wie (1) meine Pflaumen-Zipfelfalter-Freunde *(Satyrium pruni)* legt auch (2) der Nierenfleck-Zipfelfalter *(Thecla betulae)* Eier an Schlehen oder andere Prunus-Gehölze. Etwas mehr mit Bäumen und Wald verbunden ist (3) der Ulmen-Zipfelfalter *(Satyrum w-album,* weiße w-Zeichnung auf Unterseite!), der seine Eier an blühfähige Ulmenarten ablegt. (4) Der Blaue Eichen-Zipfelfalter *(Neozephyrus quercus)* braucht Eichen (siehe auch Seite 85). Seltener kommt (5) der Braune Eichen-Zipfelfalter *(Satyrium ilicis)* vor. Er entwickelt sich in jungem Eichengebüsch in Ökotonen oder lichten Wäldern. Sonnige Sonderstandorte mögen auch die nächsten zwei: (6) Der Kreuzdorn-Zipfelfalter *(Satyrium spini)* braucht krüppelige Kreuzdornsträucher, gerne mit steinigem Untergrund. Analog braucht (7) der Kleine Schlehen-Zipfelfalter *(Satyrium acaciae)* trockene Krüppelschlehen. Die zwei sind an leicht verbuschten Hängen und Magerrasen Qualitätszeiger. Während man bei den meisten Zipfelfaltern genau hinblicken muss, um sie zu unterscheiden, ist (8) der Grüne Zipfelfalter *(Callophrys rubi)* unverwechselbar. Seine Futterpflanzen sind vor allem Brombeere, Flügel- und Färberginster, Faulbaum, aber auch Heidelbeere und Rauschbeere. Als einziger Zipfelfalter überwintert er als Raupe. Alle anderen tun das als Ei zwischen Knospen und Astgabeln der Gehölze. Die Eier, kleine weiße Punkte, sind im Winter mit geübtem Blick meist leichter als die Falter im Sommer zu sehen. Pflaumenzipfel, Nierenfleck und Grüner Zipfel trinken an Blüten, die anderen saugen Mineralien vom Boden und kommen nur selten zu uns aus ihren Zipfel-Höhen herab.

Bilder rechts: Alle acht mitteleuropäischen Zipfelfalter in ihrer typischen Sitzhaltung:
oben (v. li. n. re.): Pflaumen-Zipfelfalter (1), Nierenfleck-Zipfelfalter (2), Ulmen-Zipfelfalter (3)
Mitte: li: Brauner Eichen-Zipfelfalter (5), Mitte sowie re. mit aufgeklappten Flügeln: Blauer Eichen-Zipfelfalter (4)
unten (v. li. n. re.): Kreuzdorn-Zipfelfalter (6), Kleiner Schlehen-Zipfelfalter (7), Grüner Zipfelfalter (8)

Diese »acht Joker« sind märchenhafte Zipfel des Augenblicks. Sie zeigen Lebensqualität rund um Gehölze an. Wer schafft es, möglichst vielen von ihnen Lebensraum zu bieten? Tohuwabohu macht es möglich:

Gehölze faltergerecht!

Tipp 81: Gebüschvielfalt: Lassen Sie Gebüsche aus verschiedenen einheimischen Gehölzarten zu. Damit erhöhen Sie automatisch Vielfalt.

Tipp 82: Pflege-Kann und Pflege-Muss: Je mehr Gebüschwirrwarr, desto besser. Gehölze nicht zu oft, nicht akkurat, nicht alle gleichzeitig schneiden. Lassen Sie Gebüsche auswuchern, das ist für Falter wichtig. Und wenn Sie zurückschneiden, dann am besten wechselweise in nur zwei- bis dreijährigem Rhythmus im Winter: als Faustwert nie mehr als ein Drittel der Hecke auf einmal. Allerdings ist langfristig ein abschnittsweiser Rückschnitt, auch mal ein Auf-den-Stock-Setzen wichtig, damit immer genug junge Schlehen und andere Junghölzer neben alten vorkommen: Deren dichte Aststrukturen sind Gespinstplatz und sicherer Nistplatz für Vögel (wie Dorngrasmücken), während andere Tiere auch Alt- und Totholz brauchen. Bei Rodungen für Offenland immer auch verteilt Gebüsche belassen, vor allem um Bäume herum.

Tipp 83: Kompromiss für Ordentlichkeit liebende Nachbarschaften und strenge Grünsatzungen: Wenn eine Hecke die Grundstücksgrenze bildet, kann sie nach außen hin ordentlich geschnitten werden, aber nach innen umso mehr wuchern.

Tipp 84: »Kecke Hecke« in Landschaften neu entwickeln (Gemarkungsplanung, Gemeinden): Einen breiten Streifen (mindestens 3, maximal 20 Meter breit) frei wachsen lassen. Fallweise wenige Gehölze (siehe Tabelle ab Seite 198) als Starthilfe pflanzen, allerdings nicht zu viele, damit sich die Hecke selbst entwickelt. Erprobt ist der »Benjes-Ansatz« der 1980er-Jahre, indem Geäst und (sauberes!) Gehölz-Schnittgut auf den Streifen aufgebracht wird, was Vögel anlockt. Vögel sind es auch, die Früchte woanders fressen und dann vor allem durch ihren Kot keimfähige Samen vieler Gehölze dort einbringen oder wie der Eichelhäher gleich ganze Samen im »Tohuwabohu« verstecken – die dann keimen. Durch Geäst am Boden wird zudem der Aufwuchs etwas vor Wildverbiss geschützt, denn Rehe meiden solche Stolperfallen. Nach meinen Erfahrungen ist der Aufwand aber nicht unbedingt nötig, Hecken wachsen auch so, wenn man mehr Zeit und Raum zur Verfügung stellt. Günstig kann es fallweise sein, wenn etwas Erde aufgeschüttet wird, auf der dann Anpflanzungen oft besser angehen. Zudem erhöht es das Mikrorelief vorteilhaft. Nach Jahren kann all das gemäß Tipp 82 in eine kluge Pflege überführt werden. Dabei einen breiten Saum zu beiden Seiten für Stauden und Kräuter einplanen (siehe ab Seite 101).

Ausnahmen gibt es für traditionell weiträumig offene Landschaften: Solche sollten nicht mit zu vielen neuen Hecken zerteilt werden, wenn es dort Vögel gibt, die Offenlandweite brauchen. Neue Hecken und Gebüsche sind überall dort ein Gewinn, wo die Landschaft in den letzten Jahrzehnten künstlich verarmt wurde – und wenigstens »en miniature« in jedem guten Garten oder Park für Schmetterlinge.

Bild rechts: Der Hummelschwärmer *(Hemaris fuciformis)* verzaubert uns in warmen Sommern. Doch zum Überleben braucht jeder Schmetterlinge zwingend ein geeignetes Winterquartier. Das wird oft vergessen. Leitlinie: entspannte Unordnung da draußen!

Unterschlupf

Kleine Unordnung für große Falter

Es gibt das kleine Etwas, das sonst gerne durch ein Raster fällt. Das ist das »U« für »kleine Unterschlüpfe aller Art«, sommers wie winters. Unter »Quartier« habe ich bereits besondere Winterquartiere für Imagines mancher Arten genannt (siehe ab Seite 109). Wie aber überwintern die anderen Schmetterlinge? Die Antwort ist vielgestaltig.

Einige Falterarten überwintern als Raupe unter Laub am Boden oder im Moos. Wenn man Laub im Herbst zu sauber entfernt, gibt es auch diese Falter nicht mehr. Auch Moose sind wichtiger Kleinlebensraum und Unterschlupf (dazu mein Buch »Der Moosgarten«). So überwintert zum Beispiel der wunderbare Hummelschwärmer *(Hemaris fuciformis)* als Puppe gerne darin, vor allem unter seiner Ei- und Raupenpflanze, der Roten Heckenkirsche *(Lonicera xylosteum)*.

Tipp 85: Legen Sie natürliche Haufen an: aus Geäst, Steinen, Holz. So schaffen Sie Unterschlupf für Raupen und »Freunde«. Haufenweise Lebensräume! Das ist Motto und Titel des Buches von Sigrid Tinz, mit dem dieser Tipp in Variantenreichtum zu entdecken ist.

Die Rote Heckenkirsche oder den Schneeball benötigt der Kleine Eisvogel *(Limenits camilla,* Bild siehe Seite 87) als Raupe. Nach einem vortrefflichen Sommer – »vorfresslich« würde die junge Raupe sagen – baut sie nach zweiter Häutung aus einem Blatt und ihrer eigenen Seide eine Tüte, das sogenannte »Hibernarium«. Das kann man am kahlen Strauch als »Wickeltasche«, ich sage auch »Wintertasche«, recht gut erkennen. Oft befinden sich diese Wickeltaschen auf den

äußersten abstehenden Ästen, die leider von zu ordentlichen Gärtnern oder Gemeinden als Erstes weggeschnitten werden. Dadurch sind schon große Populationen geschrumpft. Belässt man sie aber, wird dort die anfangs fast einen Zentimeter große Raupe austrocknen und auf eine Länge von nur noch drei Millimetern schrumpfen. So überlebt sie. Im Frühjahr erwacht sie und frisst die jungen Blätter der ersten austreibenden Knospen.

Raupen anderer Arten krabbeln über den Winter in Haufen von Geäst oder zu anderen geschützten, strukturreichen, manche sagen »unordentlichen« Bodenstellen, beispielhaft der Braune Bär *(Arctia caja)* aus der Familie der Spinner. »Spinner« im menschlichen Sinne sind das aber nicht, eher klug, denn solche Nischen sind mit am leichtesten erreichbar für den Winter. Zwar überwintern dort auch Igel, Bilch und manch anderer Knilch. Die fressen dann auch mal eine Raupe. Und doch bleibt bei »U« wie »unordentlicher Haufen« immer genug Schutzraum übrig – für alle.

Einige Schwärmer und Glasflügler überwintern als Puppe im Boden, vor allen an Wurzeln ihrer Futterpflanzen, zu denen sie sich als Raupe hineingraben. Im Frühling schlüpfen die Falter zunächst unterirdisch und krabbeln mit zusammengeklappten Flügeln nach oben. Dafür muss der Boden locker sein und darf nicht verdichtet sein.

Andere Falter sind im Winter als Raupen oder Puppen in Winterstarre im Geäst, in Baumrinden oder an Stauden zu finden. Bei anderen überwintern die Eier, die am Boden oder in Geäst abgelegt wurden. So wird klar, dass Falter-Schaden angerichtet wird, wenn auch im Winter zu viel »sauber« gemacht wird.

Die Kunst der kleinen Unordnung für die große Faltervielfalt

Tipp 86: Falllaub im Herbst nicht komplett abräumen, zumindest auf Teilflächen Laubschicht und Blätter liegen lassen, darunter überwintern Raupen mancher Arten.

Tipp 87: Lockerer Boden! Verzichten Sie insbesondere um Pflanzen herum auf Bodenverdichtungen. Raupen müssen sich in lockeren Boden eingraben können!

Tipp 88: Winter ist Aufräum- und Schneidezeit – wann sonst? Aufgrund der winterlichen Ruhephase von Schmetterlingsstadien sollten aber auch im Winter Stauden, Büsche und andere Vegetation immer nur in kleinen Abschnitten zurückgeschnitten werden. Nur so können viele der Raupen und Puppen erfolgreich überwintern. Und ist Rückschnitt überhaupt so oft nötig? Falter würden sagen: Nein.

Tipp 89: Große Leitlinie: Schaffen Sie allgemein natürliche Strukturvielfalt, wo immer es geht, und so, wie es für naturnahe Gärten generell angeregt wird. Vor allem Stubben, Totholzhaufen, Steine, Blatthaufen, unordentliche Tümpelränder, ungeschnittene Ränder aller Art sind Unterschlüpfe für die Überwinterungsstadien vieler Schmetterlinge. Wenn Sie mehr Ordnung lieben, machen Sie Kompromisse: ein Bereich weniger aufgeräumt, ein anderer mehr.

Vernetzung und Verbund

Auf die Anknüpfung kommt es an

Schmetterlinge in Metapopulationen voller Dynamik

»Faszinierend!« Das ist der Lieblingsausruf von Mr. Spock aus dem legendären Fernsehraumschiff »Enterprise«, das ich als Junge so gerne ansah. Und das kam auch mir über die Lippen, als ich im Herbst 2017 auf dem Bildschirm meines Rechners unregelmäßig aufblinkende Punkte in verschiedenen Farben betrachtete. Wie am Steuerpult von Enterprise: Eine Punktwolke blinkt in allen Farben, eine von Millionen Galaxien im Universum. Aber es geht – natürlich – um Schmetterlinge.

Aus den Daten vieler Jahre habe ich für den Dunklen Ameisenbläuling *(Phengaris [Maculinea] nausithous),* der im Westerwald über viele Jahre gut untersucht wurde, die einzelnen Vorkommen gemäß ihrer Größe in kleine und große Punkte übersetzt, für jedes Jahr eine andere Farbe. Als ich daraus eine einfache Simulation anfertigte, entstand das blinkende Bild. Einige Punkte blieben über Jahre konstant, sie leuchteten durchgehend, mal etwas größer, mal etwas kleiner, und sie wechselten nur die Jahresfarbe. Andere Vorkommen pulsierten stärker, im einen Jahr gab es sie, im anderen nicht. Wieder andere Punkte fielen für viele Jahre aus, bevor sie Jahre später wieder klein aufblinkten. Manche verschwanden ganz, neue kamen hinzu, wurden auch mal größer. Erst in den letzten Jahren wurde die Punktwolke lückiger. Die Abstände zwischen den Punkten vergrößerten sich. Die Wolke scheint sich langsam aufzulösen. Geht den Faltern das Licht aus?

Was hier modelliert wurde, ist eine Metapopulation: Das heißt, manche Falterarten leben in miteinander vernetzten Teilpopulationen (Subpopulationen), die sich austauschen. Manche Standorte können nicht ständig besiedelt sein, andere entstehen neu. Nur dadurch erklärt sich das Gesamtvorkommen, das hoch dynamisch ist. So können sich Arten an Umweltveränderungen und Unregelmäßigkeiten in der Bewirtschaftung gut anpassen. Dass Metapopulationen aber ausdünnen, geht auf Monotonie in der Bewirtschaftung zurück.

Eines ist trotz aller Dynamik und Vernetzung besonders wichtig: Es muss robuste, große Optimalhabitate geben, Ausbreitungszentren, während »Trittsteine« diese nur ergänzen. Sind alle Optimalhabitate entwertet, ist das nicht zu ersetzen. Sind Trittsteine nicht mehr erreichbar, wird die Population weniger flexibel und letztlich gefährdeter. Das geschieht durch Barrieren wie zu intensive Nutzung, Baugebiete und Infrastruktur aller Art zwischen den Lebensräumen.

Ein Biotopverbund für Schmetterlinge ist demnach ein wichtiges Naturschutzkonzept und knüpft an Metapopulationen an. Derzeit gibt es aber weiterhin mehr Biotopverschwund als Biotopverbund, so mein sarkastisches Wortspiel. Und es gibt ein weiteres Problem: Sind Trittsteine nicht optimal genug, aber für Tiere erreichbar, können Falter zwar dorthin gelangen, sich dort aber nicht erfolgreich fortpflanzen. Das Optimalhabitat wird entleert, die Population fliegt in eine Falle. Diese Gefahr ist als »source-sink-problem« wissenschaftlich durch Beispiele belegt.

Prinzip einer Metapopulation und funktionierender Biotopverbund zum Überleben von Schmetterlingsarten

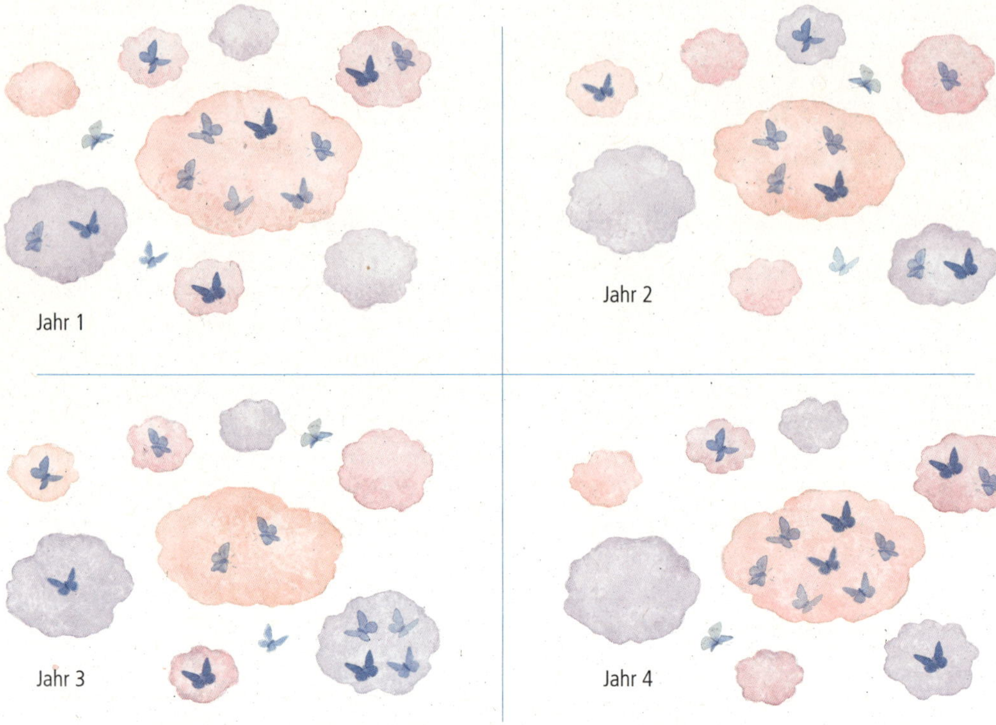

Intakte Metapopulation (Beispiel: Jahr 1 bis 4) – gekennzeichnet durch:
Dynamik mit den Jahren / Habitatgröße veränderbar, aber Habitate vielfältig vorhanden / Zwischenraum durchlässig / große Optimalhabitate dauerhaft besiedelt (Kernräume) / mehrere Kleinhabitate (Trittsteine) zeitweise besiedelt

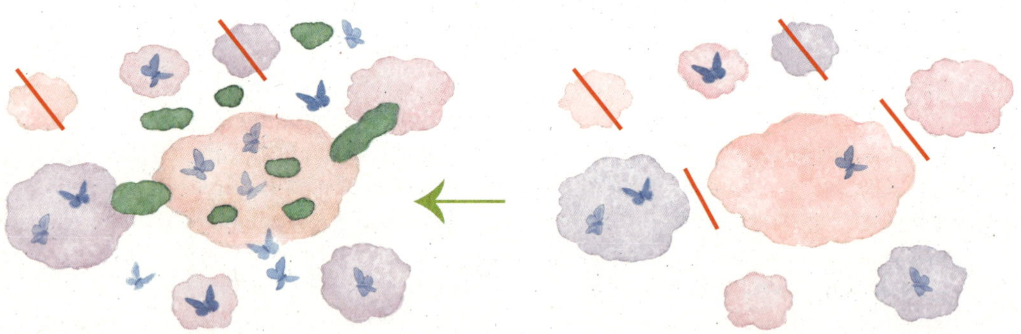

Biotopverbund – Raumplanung und Alphabet-Umsetzung: neue Flächen für Falter strategisch integriert (in Grün):
Optimalräume aufwerten und damit stützen / neue Falterflächen auf Verbindungsachsen sowie an und in Trittsteinen entwickeln: auch um unvermeidbare Barrieren auszugleichen und insgesamt Durchlässigkeit herzustellen (verträgliche Nutzungen)

Zerstörte Metapopulation – gekennzeichnet durch:
Dynamik mit den Jahren teils eingeschränkt / Zwischenraum kaum noch durchlässig / Habitate (zu) klein, nur wenige vorhanden / große Optimalhabitate (Kernräume) dünnen aus, werden isoliert / Barrieren (Verbau, Intensivnutzung) zwischen (zu) vielen Habitaten

Biotopverbund lebt vielfältig: »unzerschnittene« Landschaft mit artenreichen Wiesenzügen hier bei Staudernheim.

Vernetztes Leben!

Um die Abwärtsspirale zu stoppen, brauchen wir möglichst große, robuste Optimalhabitate, flexible Trittsteine und Verbindungsräume, dazu eine Durchlässigkeit der Landschaft. Praktisch muss das durch Lebensraumaufwertungen mit Landnutzern geschehen, auch durch wirksame Schutzgebiete. Gärten können gute Trittsteine sein.

Wohnen Sie in einem grünlandreichen Gebiet, fördern Sie am besten diejenigen Wiesenblumen in Ihrem Garten, die draußen oft früh abgemäht werden, aber bei Ihnen länger blühen können. Gut sind meist mehr Flockenblumen, Witwenblumen und magerkeitsliebende Kräuter. Wohnen Sie nahe am Wald, empfehle ich verstärkt Saumarten wie Hochstauden (siehe ab Seite 76). In der Stadt ist jede Nektarpflanze ein Gewinn, und Kräuterfluren (ab Seite 83) oder Steingärten (ab Seite 119) sind einfach möglich.

Tipp 90: Vernetzt in Landschaften den eigenen Platz einordnen. Leitfragen für Landschaftsplaner, Gärtnerinnen und Gärtner:
(1) Ist meine Fläche ein Optimalhabitat oder gar Verbreitungszentrum für bestimmte Arten oder kann als solches entwickelt werden? Dann hätte die Gestaltung vor allem für die Bedürfnisse dieser Arten höchste Priorität.
(2) Welche Arten der Umgebung können meinen Schmetterlingsplatz als (kleinen) Trittstein gut erreichen? Die von diesen Falterarten bevorzugten Pflanzen und Strukturen sollten Sie dann bevorzugt fördern.
(3) Liegt meine Fläche auf einer Verbindungslinie zwischen Vorkommen? Dann sollten geeignete Rast- und Unterschlupfmöglichkeiten für diese Arten gezielt bereitgestellt werden. Auch ein kleinster Garten kann passende Strukturen und Nektarpflanzen bieten.

Zufälle zufällig zulassen!

Wildnis

Das Zieloffene, wild und frei!

Zufälle gibt's! Wer hat es nicht schon erlebt, dass etwas Unerwartetes geschieht? Manchmal kommt unverhofft ein Schmetterling und zeigt einen neuen Weg.

Ein für mich prägendes Erlebnis hatte ich als junger Wissenschaftler auf der Halde Espenhain südlich von Leipzig. Auf diesem Berg aus Abraum mitten in Braunkohlelandschaften zeigte sich die Regenerationskraft der Natur, die ich untersuchen wollte. Als Erstes waren Pionierrasen entstanden, auf denen sich regional seltene Bläulinge einfanden. Doch schnell überwuchsen Birken, Kiefern und Jungeichen dieses neue Naturparadies und bedrohten die wertvollen Offenlandarten. Örtliche Naturfreunde riefen schon zum Zurückdrängen des Waldes auf. Dort war ich an einem heißen Augusttag 1996 unterwegs, als ich ein hektisch fliegendes braunes Etwas sah. Diesen Falter kannte ich nicht. Er war zu schnell für mich – oder ich zu langsam. Elegant flog er dahin, ich nicht, als ich beim ersten Fangversuch plump zu Boden torkelte. Er saß nun über mir auf einem Ast, bewegte die Flügel auf und ab: Der lachte wohl über mich. Schnell sprang ich auf – und diesmal hatte ich ihn im Netz. Nun lachte ich. Vorsichtig fotografierte ich ihn von allen Seiten und ließ ihn wieder frei. Wie ein flüchtiger Traum flog er schnell hinein in diesen neuen wilden, lichten Wald. Wir lachten dann wohl beide.

Nach Rücksprache mit erfahrenen Spezialisten konnte ich meinen Freund als *Hipparchia alcyone (hermione),* Kleiner Waldportier, bestimmen. Und diese Spezialisten hielten den Atem an: Denn diese Art galt als regional verschollen. Dass sie dort vorkam, war von großem Wert, wohl noch wertvoller als die Offenlandarten, die zugunsten des Lebensraums vom Waldportier zurücktraten. Er wäre nie planbar gewesen, anders gesagt: Daran hatte niemand gedacht. Die Art fand erst durch die neue Wildnis einen Lebensraum. Offenbar wurde der Falter ebenso zufällig durch Wind von weit entfernten Vorkommen dorthin verdriftet. Ihm gefiel es dort, und er war nicht allein, denn im nächsten Jahr fand ich mehrere Frischgeschlüpfte. Umgehend wurde diskutiert, dass man für diese wertvolle Seltenheit diesen Wald nun genau so erhalten müsse, wie er gerade sei. Denn Wildnis verändert sich weiter, der Wald würde dunkler, der Waldportier-Lebensraum wieder verschwinden. Und was kommt dann? Ich sage seitdem: bestimmt ganz neue, ganz unerwartete Werte!?

Welche Arten wollen wir erhalten? Warum das Altbekannte festhalten, neue (unbekannte) Werte ausschließen? So wuchs meine Überzeugung, dass wir ergänzend zu Flächen, auf denen wir Ziele verfolgen, mehr Flächen benötigen, die »Wildnis« sein dürfen: zieloffen, frei. Für das, was das Wesen der Natur ist: Zufälle, Überraschungen!

> Tipp 91: Wildnis in Klein ist in jedem Garten möglich. So sollte jeder gute Schmetterlingsplatz eine wilde Ecke über die Brennnessel-Ecke hinaus haben. Die wird wahrscheinlich verbuschen (siehe ab Seite 121). Aber vielleicht erleben Sie eine Überraschung, wenn ein Tier wühlt und Dynamik in Gang kommt.

»Wildnis«: Nichttstun, kein bestimmtes Ziel auf einer Fläche verfolgen – und gute Falterüberraschungen kommen. Hier Blick in den 7-Hektar-Wildnisraum des Museums »Nahe der Natur« mit »SchmetterlingsReich«, Staudernheim

Insgesamt kommt es immer auf beides an: auf bewirtschaftete oder gepflegte Flächen, verbunden mit bestimmten Nutzungs- oder auch Artenschutzzielen, *und* auf zieloffene, freie Wildnis an weiteren Standorten, die sich in derselben Großregion ergänzen, nicht aber einander ersetzen. Erst dann gibt es die ganze Faltervielfalt.

»Wildnis« heißt generell, dass sich Flächen zieloffen und frei von aktiver Landnutzung oder Pflegezielen entwickeln dürfen, auch auf bisher menschengeprägten Standorten. Man spricht von »Prozessschutz«, wenn natürliche Prozesse bewusst zugelassen werden. Nicht gemeint ist, dass damit vergangene Zustände (zum Beispiel bestimmte Urwaldbilder) wieder erreichbar sind. Es kann etwas völlig Neues entstehen, wenn es sich unter den aktuellen Umweltbedingungen, Klima(-Wandel), Luft oder Bodenänderungen von selbst entwickeln darf.

Freie Wildnis kommt auch uns zugute: als Ergänzung und Bildungsort inmitten einer mit Zielen gestalteten und bewirtschafteten Landschaft. Wildnisflächen sind hoch effizient für CO_2-Rückhaltung und Klimaschutz. Sie sind Referenzflächen, aus deren Naturentwicklung wir lernen können.

Was für Landschaften wichtig ist, ist auch für Schmetterlingsgärten relevant. Denn darin muss man nicht alles bis auf die letzte Ecke gestalten. Wer erfahren will, welche Schmetterlinge von Natur aus dort siedeln können, sollte einen Bereich seines Grundstücks »Wildnis« werden lassen. Auch wenn es nur eine kleine wilde Ecke ist. Es können sich Falter einfinden, die Sie vielleicht nie erwartet hätten.

Wildnis als doppelte »Kultur-Aufgabe«

Bei Wildnis denken viele zuerst an die großen Weiten der Tundra oder Tropenwälder, an große Raubtiere und Gefahren. In der Tat können erst ab einer bestimmten Größe viele der denkbaren Naturprozesse ablaufen. Das Bundesamt für Naturschutz und der Aktionsverbund »Wildnis in Deutschland« setzen 1000 Hektar als Untergrenze für Wildnis an. Meine Erfahrung ist aber, dass das Prinzip »Wildnis« auch auf kleinen Flächen funktioniert, die große Flächen zwar nicht ersetzen, sie aber sinnvoll ergänzen: als Bildungs-, Spiel- und Erlebnisort, aber auch als Refugium für Teillebensräume und Teilprozesse – auch für Schmetterlinge.

Tipp 92: Bei größeren Flächen (Waldbesitzer, Gemeinden, Parks) einfach eine Teilfläche sich selbst überlassen. Der Mut wird durch Natur belohnt.

Tipp 93: Wildnis-Variation für Stadtwohnungen mit Fensterbank oder Balkon: Einfach einen Topf, eine Schale oder einen Balkonkasten mit magerer Erde rausstellen, nichts einsäen oder pflanzen (gut vor Sturz sichern!), warten und beobachten.

Tipp 94: Wildnis mit Gartenteich: Gartenteiche dürfen verlanden (dann vielleicht an anderer Stelle einen neuen anlegen). Verlandungsprozesse ermöglichen wertvolle Übergänge sowie Pflanzen und Strukturen, die für manche Schmetterlinge wichtig sind. Schilfrohr, Säume, matschiger Boden – all das ist selten geworden.

Beispielsweise kann ich in den Wildnisteilen (fast 7 Hektar) des 8-Hektar-Naturgeländes meines Museums eine hohe Dynamik beobachten, die ein wildes Lebensraummosaik ergibt: Dunkle Waldbereiche, lichte Stellen, etwas Gerölldynamik und Wildtiereinfluss ergänzen sich. Folglich mischen sich Waldarten und Wiesenarten. Diese kleine Wildnis ergänzt die umgebende Kulturlandschaft, indem sie Habitate für Arten anbietet, die »draußen« kaum noch leben können, sich dann aber mit der Umgebung austauschen.

Auch in Gärten, ja sogar in Balkonkästen greift das Wildnisprinzip, wenn man nichts tut. Ob das »Wildnis« oder »Anwilderung« genannt wird, überlasse ich Diskussionen. Es kommt auf das Prinzip »Kultur-Aufgabe« an – im doppelten und doppelt wertvollen Sinn: (1) Einmal keine Kultur auf einer Fläche bestellen, Kultur bewusst aufgeben. Vielleicht findet im Kleinen das schönste Wildkraut oder ein wertvoller Falter zeitweise Schutz, mit dem man nie gerechnet hat. (2) Zum Zweiten ist es eine Kultur-Aufgabe im Sinne einer besonderen ethischen Kulturleistung: zu erkennen, dass nicht alles aktiv genutzt und gestaltet zu werden braucht. Das ermöglicht das Kulturgut »Freiheit der Natur«. Ein jeder kann bei sich beginnen.

Tipp 95: Der wilde (Mini-)Hügel: magere Erde, Sand oder Kies aufschütten und sich selbst überlassen. Dort können Sie die Sukzession (die natürliche Vegetationsdynamik) beobachten. Mageres Substrat sorgt dafür, dass es langsam geht, dass also diejenigen selteneren Pflanzen zuerst kommen, die Falter lieben.

Bild rechts: Entspannen, Genießen, Beobachten sind schön – wichtig: Hier die Sinnesbank im »SchmetterlingsReich«, Staudernheim.

XY ungelöst

Das Geheimnisvolle und eine Bildung für Falterschutz

Vom Übersehen zum Sehen und Weitersagen

»XY« steht hier für das »Geheimnisvolle«, das wenig Bekannte an unscheinbaren Faltern. Sie gehören zum großen Ganzen dazu. »XY« steht auch für die Verbreitung von Wissen, das noch wenig bekannt ist, für die Verbreitung von Bildung und Öffentlichkeit, die alle Schmetterlinge dringend brauchen.

»XY« steht auch für wenig beachtete Schmetterlinge, deren wissenschaftliche Namen *Xanthia, Xestia, Xylena, Xylocampa* lauten. Das sind Gattungen an Eulen (Nachtfalter). Die Gattung *Yponomeuta* umfasst Gespinstmotten, die zugegeben für uns nicht attraktiv sind, umso mehr für Vögel. Sie sind in Hecken zu finden, die sie teils kahl fressen. Die Gehölze sind daran angepasst und erholen sich wieder. Die unscheinbaren Falter gehören zur Natur wie »X« und »Y« zu einem vollständigen Alphabet.

Öffentlichkeitsarbeit, Beobachtungsfreude, Wissen verbreiten

Falter brauchen Botschafter: Sie? Uns? Mensch schützt nur, was er kennt, was er liebt – das ist ein bekannter Satz, der trotz Abgedroschenheit immer wieder als richtig

bestätigt wird. Was über Wissen und Liebe hinaus aber letztlich ein Naturschutzhandeln wirklich auslöst, das ist komplex und Forschungsfeld für Umweltsoziologen und Psychologen – und wichtiger Teil im Naturschutz. Sicher ist, dass wir viel mehr lebendige Bildung für Natur und darin für Schmetterlinge brauchen: Einfach schöne Erlebnismöglichkeiten für alle, eine attraktive Freiland-Naturkunde in Schulen und Freizeitangeboten, bis hin zu Bestimmungs- und Ökologiekursen für tiefer Interessierte allen Alters und (werdende) Forscher. Möge dieses Buch und auch mein Museum »Nahe der Natur« (siehe ab Seite 150) Mosaiksteinchen dabei sein.

Fangen wir bei uns und unseren Geschichten an: Warum lesen Sie dieses Buch? Wann begeistern Sie sich für Schmetterlinge? Es sind Erlebnisse und Geschichten, die berühren, die zur Motivation erwachsen. Alltagsdinge sind oft die besten, weil sie von vielen gut verstanden werden. Der bunte Schmetterling am Einkaufszentrum, der verzweifelt flattert. Die schönen Falter auf der Bergwiese im Urlaub, die uns paradiesische Eindrücke bescheren. Ich halte es für wichtig, eigene wahre Geschichten zu erzählen, Erlebnisse und Begeisterung zu teilen. Ein guter Schmetterlingsplatz sollte daher auch ein entspannter Ort der Begegnung sein.

Tipp 96: Einladende Beobachtungsplätze und Sitzbänke vor großen Nektarpflanzen-Bereichen anbieten. Dort verweilen, Leute treffen, Wissen teilen.

Tipp 97: Bei öffentlichen Schmetterlingsplätzen können gut gemachte Infotafeln und Links auf digitale (multimediale) Angebote Wissen und Begeisterung verbreiten.

Die Forschung zu Schmetterlingen, zu ihren Lebensweisen und Ansprüchen – Grundlage für einen verbesserten Schutz – ist hoch dynamisch. So brauchen wir alle mehr Daten und ein jeder kann dazu beitragen.

Tipp 98: Dokumentieren Sie die Entwicklung Ihres Schmetterlingsplatzes – auch für Sie selbst: durch Fotos, Videos, Zeichnungen, Textnotizen. Welche Elemente, Strukturen und Pflanzen haben sich wann eingefunden? Welche Falter kamen? Bestimmen Sie diese anhand von Fotos. Führen Sie Buch, welche Falter und wie viele jährlich kommen. Sie können das Material auch der nächsten Naturschutzgruppe, einem Museum oder einer Uni anbieten. Aus vielen Dokumentationen entstehen weitere Fragen, entsteht Wissen – und gerne Zusammenarbeit.

Zeit

Das wahre Lebenselixier für Falter und Mensch!

Natur und Mensch brauchen Zeit

Gemütlich liege ich auf der Sinnesliege in meinem Schmetterlingsreich. Am weiten Himmel über mir weiden Schafe als weiße Wolken über die blaue Landschaft, die den Namen Firmament trägt. Dann und wann gaukelt ein Schmetterling über meinen Kopf und vermittelt einen wunderbaren Moment zwischen Traum und Wirklichkeit.

Gerne gönne ich mir das: Zeit zum Nichtstun, natürlich nahe Faltern. Schön, die Sekunden rieseln zu lassen, ohne sie einzeln zu bemerken. Zeit sanft gleiten lassen, während in der Welt so viele hetzen. Den köstlichen Quell des Lebens, die Zeit, ruhig und intensiv spüren, bevor er irgendwann auch für mich versiegen wird, in einer Sekunde, die ich nicht bestimmen kann und werde.

Wenn ich die Natur beobachte, gebe ich den Geschöpfen manchmal Namen. Nicht um zu vermenschlichen, das wäre töricht, sondern aus Spaß, aber auch, um mit ihnen in Beziehung zu treten – aus Achtung vor ihrem Leben. Dann ist es nicht nur *Inachis (Aglais) io,* das Tagpfauenauge, sondern: Walter, der Falter. Hilde, die wilde. Etwas an seinem Verhalten erinnert mich an sie. Ein Wesen, das für ein paar Augenblicke mit einem persönlichen Namen vom »Etwas« zur Persönlichkeit wird. Es bekommt Wert, es ist wichtig. Probieren Sie es auch einmal – in ruhiger Zeit.

Oft ertappe ich mich, wie ich schönen Faltern den Namen Momo verpasse. Momo? Ja, der Name des Mädchens und Titel des Kinderbuchklassikers von Michael Ende von 1973. Kennen Sie – nicht? Sollten Sie (mal wieder) lesen. Aber Achtung: Kinderbuch ist nur die Fassade, dahinter verbirgt sich das tiefe Geheimnis der Zeit. In jenem Buch ist das Mädchen Momo, das keinen Alltag, sondern einfach Zeit hat, eine ruhige Beobachterin und beliebte Zuhörerin bei allen Menschen. Doch ihre Gegenspieler, die »Grauen Herren«, handeln mit Zeit. Sie trimmen die Menschen auf Effizienz, Konformität, befördern Stress und Hektik, kitzeln die menschliche Gier auf Schneller, Höher, Weiter hervor – und stehlen ihnen die wahre Lebenszeit. Achtung Spoiler: Das Buch geht gut aus, dank Momo, mit Schildkröte. Achtung Wirklichkeit heute: Die Grauen Herren sind zurück – und am Gewinnen?

Um letztlich Zeit zu gewinnen, um die Fahrtzeit von A nach B um ein paar Minuten zu verkürzen, werden weitere Straßen in Landschaften gebaut, wird Natur zerschnitten. Für immer mehr Habenwollen oder um sich anzupassen, werden mehr Konsum und Wachstum generiert, Ursache für noch mehr Naturzerstörung. Hier noch ein Gewerbegebiet, dort noch ein Baugebiet auf einstiger Schmetterlingswiese. Und wer hat denn Zeit, seinen Garten wirklich zu durchdenken, zu genießen – mit freien Schmetterlingen statt eines pflegeleichten, konformen Baumarktgartens. Um sich vom Stress der Arbeitswelt zu erholen, wird abends in der Wohnung, abgeschottet von Natur, die neue Serie gestreamt, mit noch mehr Stromverbrauch, der andernorts zu Naturzerstörungen führt. Währenddessen flattert vor dem Fenster ein Distelfalter auf seiner weiten Reise vorbei und weist unbemerkt darauf hin, wie wunderbar schön die Welt doch ist oder sein

Zeit Zeit sein lassen, das ist wichtig zur Entwicklung wirksamer Schmetterlingsplätze und für unser Leben selbst. Hier »versinken« Besucher schön im »SchmetterlingsReich«, Staudernheim.

könnte, hätte man Zeit. Viele haben nach einem harten Arbeitstag keine Kraft und Zeit mehr, langsam hinaus zu schlendern, all die Schmetterlingswunder zu entdecken, bevor man das, was man nie kannte oder vergaß, zerstört – nicht aus bösem Willen, sondern letztlich der gestohlenen Zeit wegen.

In vielen Situationen meine ich, hinter mir das gehässige Lachen der Grauen Herren zu hören. Wenn wir viel zu oft gehetzt auf unsere Smartphones schauen, ob eine neue Nachricht angekommen ist, sich eine App meldet, die eine schnelle Reaktion und neue Aktion verlangt, dann lachen die Grauen Herren laut. Denn zu oft sind wir eilig, getrieben, fremdbestimmt, regelrecht zeitlos, obwohl doch wunderbare Persönlichkeiten in uns schlummern. Vor dem Fenster fliegt ein Schmetterling.

Ich bin nicht technikfeindlich und sehne mich nicht nach einer guten alten Zeit, die es nie gab. Ich bin froh, im 21. Jahrhundert mit all seinen aktuellen Möglichkeiten leben zu dürfen, trotz der großen Bedrohungen unserer Zeit. Aber wir müssen uns immer wieder gegen die Grauen Herren von heute wehren. Man kann moderne Technik klug nutzen, statt sich benutzen zu lassen. Vielleicht auch zeitweise Smartphones ausschalten, wieder mehr Zeit zum Zuhören, zum Weiterdenken. Viel mehr Zeit für echte Natur reservieren, sie mit all unseren Sinnen begreifen, anstatt nur virtuell zu agieren. Dann kann man gerne mit dem modernsten Gerät Falter fotografieren, Wissen recherchieren – und in den Zusammenhang stellen. Wo Schmetterlinge fliegen und wahrgenommen werden, da ist unsere Zeit.

Gute Schmetterlingsplätze sind »Zeitverlangsamer«: Orte der Entschleunigung. Refugien. Vor Grauen Herren sind wir dort – zeitweise – sicher. Damit die Orte ihre volle Wirkung entfalten, müssen wir übertriebenes Effizienz- und Produktions-Gehabe zumindest etwas überwinden. Nur dann sind auch die Buchstaben unseres Alphabets gut umsetzbar. Jeder Schmetterlingsplatz braucht seine eigene Zeit, um gut zu werden. Ohne »Zeit« versteht man keine Schmetterlinge. Schließlich brauchen sie selbst gute Zeit, sich in Metamorphose zu entwickeln, natürliche Schwankungen auszugleichen, sich zu vermehren. Sie benötigen auch Zeit, wieder zu kommen. Wir auch!?

Früher gab es nicht deshalb mehr Schmetterlinge, weil Menschen sie besser kannten oder rücksichtsvoller gewesen wären. Sie hatten wohl einfach nicht die Mittel, Lebensräume so umfassend wie heute umzugestalten, zu zerstören. Früher konnten die Wiesen gar nicht alle auf einmal gemäht werden, sodass genug Rückzugsräume und Zeit für Falter blieben. Heute hat man die Technik, alles effizienter zu nutzen – und doch keine Zeit. Aber es gibt neue Chancen: Niemals zuvor war Wissen so breit verfügbar, hatten wir so viele Möglichkeiten – dank moderner Technik. Man muss sie nur richtig einsetzen. Und Zeit immer wieder Zeit sein lassen – wie Natur Natur sein lassen. So ist »Momo« das für mich wichtigste, umfassendste, seriöseste und modernste Naturschutz-Lehrbuch, das ich kenne.

Tipp 99: Zeitinseln anbieten: Sich selbst oder für andere Ruheinseln schaffen: Bänke, Sinnesliegen, alles, was Zeitnehmen und Beobachten anregt. So führt der Weg über XY »unbekannter Falter« auch wieder hin zu Wissen und Bildung.

Danke daher, dass Sie sich Zeit zum Lesen dieser Zeilen nehmen, schon mal ein kleiner Punkt gegen die Grauen Herren, die vielleicht unsichtbar um Ihren Leseplatz herumschleichen. Atmen Sie tief durch und sagen jetzt laut »ich habe Zeit« – und weg sind sie. Dafür kommen Schmetterlinge. Sehen wir sie? Erkennen wir uns?

Zeit für Schmetterlinge und für Lebensraumentwicklung

Jeder gute Schmetterlingsplatz braucht Zeit. Meinen Schmetterlingsgarten habe ich 2012 geplant, 2013 in seinen Strukturen angelegt und 2014 initial gestaltet. Erste Falter, häufige Allerweltsarten, kamen schnell. Aber erst ab 2016 fanden sich viele Falter und auch seltenere ein. Seitdem aber funktioniert er, ist jedes Jahr ein wenig anders, und der Platz wird sich weiter verändern – mit Natur und Zeit. Somit kann ich diese Zeit-Tipps geben, die zwar allgemein sind, ohne die aber »A« bis »Y« kaum funktioniert. »Z« wie »Zeit« vollendet das Alphabet für Schmetterlinge.

Tipp 100: Raum und Zeit geben! Alle Gestaltungen müssen reifen können – Wirkung kommt nicht sofort. Das regt auch wieder an, auf Teilflächen Wildnis zu fördern (siehe ab Seite 130). In Ruhe beobachten und mit der Zeit lernen: sich korrigieren, wenn etwas weniger gut funktioniert. Dabei auch Eigenart weiterentwickeln (siehe ab Seite 69), denn die ändert sich mit der Zeit: Alles fließt – panta rhei.

Bild folgende Doppelseite: Schwalbenschwanz *(Papilio machaon)* – oft flüchtig wie der Augenblick. Wer ihn aber rasten sieht, darf auch innehalten: Zeit genießen!

Glück ist wie ein Schmetterling. Will man es einfangen, so entwischt es einem immer wieder. Doch wenn du geduldig abwartest, lässt es sich vielleicht von selbst auf deiner Hand nieder.

Nathaniel Hawthorne (1804 – 1864)

Gaukeln

Zusammenschau und Handlungsbereiche

Sinfonie der Möglichkeiten

Das Alphabet für Schmetterlinge umfasst 25 Bereiche und 100 Praxistipps samt Variationen. Einerseits viel – aber ist das alles? Immer wieder wird der Klimawandel als Problem auch für Schmetterlinge genannt: Er ist jedoch nicht maßgeblich verantwortlich für ihr Schwinden (mehr dazu ab Seite 168). Nach einer Übersichtsstudie (Review) von Alain Thill (2020) auf Basis von 190 wissenschaftlichen Arbeiten wird ein Einfluss von elektromagnetischer Strahlung (Mobilfunksender, nachgeordnet Freileitungen) als Begleitfaktor für Insektensterben für möglich gehalten. Andere Wissenschaftler diskutieren den Einfluss von Luftverschmutzung, insbesondere Feinstaub, der die Luftröhren (Tracheensysteme) beeinträchtigt.

Demgegenüber stehen Beobachtungen, dass in aufgeheizten Stadträumen mit Feinstaubbelastung und starker Mobilfunkstrahlung kaum ein Insektensterben feststellbar ist, wenn dort ungedüngte und strukturell reichhaltige Lebensräume intakt sind. Herauszustellen ist immer wieder, dass ein »Artensterben« vor allem und zentral ein Abbild des direkten Niederganges der Landschaft und Lebensräume ist. Dementsprechend sind die im Alphabet herausgestellten Handlungsbereiche die wirksamsten. Dass begleitend und vorsorgend Strahlungen, Feinstaub und Klimabelastung reduziert werden müssen, sollte jedoch klar sein.

Das Alphabet für Schmetterlinge lässt sich tabellarisch zusammenfassen und in vier Felder ordnen (siehe ab Seite 142). Jedes Feld sollte durch mindestens eine Handlung am Schmetterlingsplatz abgedeckt sein:

- Standörtliche und stoffliche Grundlagen – schaffen den Rahmen: geeigneter Boden (nährstoffarm, A), keine Chemie (C), nächtliche Dunkelheit (D).
- Struktur-Bereiche – gestalten Flächen: Mosaike (M), Ökotone (Ö), Quartiere (Q) und Unterschlüpfe (U), fallweise Steingärten (S).
- Pflanzen-Kombinationen – »Phytodiversität« – bewirken Falter-Vorkommen: Verzicht auf Exoten (N), bestimmte einheimische Pflanzen (P), darunter Gräser (G), Kräuter (K), Stauden (H), wo möglich auch einheimische Gehölze (L, T).
- Strategie-Einbindungen – multiplizieren Wirkung und Sinnhaftigkeit: Entwicklung der Eigenart des Standortes (E), Biotopverbund (V), wenigstens etwas Wildnis (W) sowie Bildung (XY) und Zeit (Z).

Bild links: Großes Ochsenauge *(Maniola jurtina)*. Angepasst an jeden Platz lassen sich aus dem Alphabet für Schmetterlinge viele Lebensraum-Kombinationen gestalten.

Übersicht zum Alphabet für gute Schmetterlingsflächen

Grau – Standorte: Sie sind Rahmen und Voraussetzungen für gute Schmetterlingsorte.
Gelb – Strukturen: Sie gestalten den Platz für Falter in seiner Beschaffenheit.
Grün – Phytodiversität: Die Pflanzenauswahl steuert viele der Faltervorkommen.
Blau – Strategiebereich: Er multipliziert Wirkung und Sinnhaftigkeit.

Buchstabe	Praxis-Hauptaussagen: das Tun!	Tipps	Hintergrund: Begründungen		
			Grundlagen	Probleme	Chancen
A **Ausmagern** (ab S. 58)	• Keine Düngung (außerhalb von Nutzpflanzenbeeten) • Boden ausmagern, Bodenart variieren (sofern regionstypisch)	Tipps 1–3	Viele Falter brauchen Pflanzen und Strukturen auf eher mageren Standorten.	Eutrophierung, (Über-)-Düngung, Monotonie in Landschaften	Schmetterlingsplätze als bodenmagere Standorte in Wert setzen!
B **Brenn-nessel-Ecke** (ab S. 61)	• Eutrophe Bereiche mit Brennnesseln und – wo es geht – Brombeeren als Ergänzung der Magerbereiche zulassen	Tipps 4–9	Viele Schmetterlingsarten an Brennnessel und Brombeere	Ausräumen von Gärten, Negativimage von Brennnessel und Brombeere	Einfache Möglichkeit, einige Falterarten zu erhalten
C **Chemie** (ab S. 65)	• Landnutzung: weniger Pestizide, Herbizide, Fungizide im Agrarraum, Ausschluss von Glyphosat und Neonikotinoiden • Garten und Natur-(Schutz-)Flächen: Verzicht auf alle (künstlichen) Pflanzenschutzmittel	Tipp 10	Empfindlichkeit von Insekten gegenüber Pflanzenschutzmitteln und ihren Metaboliten	Beeinträchtigung von Arten und Lebensräumen durch Chemie	Chemiefreie Flächen zum Wohle aller!
D **Dunkel** (ab S. 66)	Lichtverschmutzung minimieren, zum Beispiel: • keine oder nur kurzzeitige Gartenbeleuchtung • keine Beleuchtung von Naturflächen • Reduktion und Lenkung der Lichtstärke und Lichtfarbe	Tipps 11–14	Empfindlichkeit von Nachtfaltern und negative Wirkungen von Kunstlicht	Lichtverschmutzung!	Mehr dunkle Gebiete in der Nacht zur Erholung von Faltern und Menschen!
E **Eigenart** (ab S. 69)	• Individuelle Eigenart des Platzes finden und entwickeln	Tipps 15–16	Wert von Eigenart und Individualität	Monotonisierung	Eigene Besonderheiten entwickeln!
F **Farben und Formen** (ab S. 71)	• Verschiedene Formen und Farben von Pflanzen kombinieren	Tipp 17, Tabelle ab S. 188	Verschiedene Falterarten bevorzugen unterschiedliche Formen und Farben.	Monotonisierung	Schönheit für uns und Vielfalt für Falter

Buchstabe	Praxis-Hauptaussagen: das Tun!	Tipps	Hintergrund: Begründungen		
			Grundlagen	Probleme	Chancen
G **Gräser** (ab S. 73)	• Vielfältige Grasbereiche und Altgrasstreifen mit einheimischen Arten zulassen, auch in blütenreichen Wiesen	Tipps 18–20	Abhängigkeit einiger Falterarten von Gräsern und spät gemähten Altgrasstellen	Hochgräser werden in Gärten verhindert, in der Landschaft zu früh abgemäht.	Gräser wertschätzen, einfache Möglichkeit, schöne »Grasfalter« zu erhalten
H **Hochstauden** (ab S. 76)	• Einheimische Hochstauden als Attraktion und Nektarangebot im (Spät-)Sommer fördern	Tipps 21–26	Hochstauden sind wichtige Nektarpflanzen, vor allem im (Spät-)Sommer.	Landschaften oft zu ordentlich ausgeräumt und zu wildstaudenarm	Schönheit in der Fläche, verbunden mit Falterreichtum
I Igitt (ab S. 79)	• Matsch, Wildtierkot und Fallobst, wo möglich, zulassen	Tipps 27–30	Wichtige Ressourcen für nicht blütenbesuchende Falter	Ekel, Hygiene	Aus natürlichem Abfall Nutzen ziehen!
J Jammern (ab S. 81)	• Fraßdruck durch Vögel, Spinnen und Parasiten aushalten: Platz für alle! • Keine oder nur wenige Nisthilfe anbringen	Tipps 31–32	Einseitigkeiten vermeiden, gesamten Naturhaushalt achten und fördern	Missverständnisse, einseitige Manipulationen für oder gegen Räuber	Toleranz gut entwickelbar, hilft allen
K Kräuter (ab S. 83)	• Einheimische Kräuter zulassen und fördern • Vielfältige standortgerechte Kräuterfluren entwickeln	Tipp 33	Viele Kräuter sind Raupen- und Nektarpflanzen, besonders auf Wiesen, mageren Standorten.	In Landschaften werden Kräuter verdrängt, in Gärten viele »falsche« Kräuter gesetzt.	Schönheit, Falterreichtum und Nützlichkeit
L Laubholz (ab S. 84)	• Einheimische Gehölze und Bäume zulassen, pflanzen, fördern • Im Wald: Naturprozesse samt Pionierbaumarten und – wo natürlich und standortgerecht – Lichtwaldphasen fördern	Tipps 34–38	Einheimische Gehölze sind wichtige Raupenfutterpflanzen. Naturnahe Wälder sind unersetzbar! Pionierbäume sind wichtig.	Zu viele Forstplantagen statt Wälder. Wert von Pionierbäumen unterschätzt. Mangel an einheimischen Laubgehölzen in Gärten.	Salweide, Espe und andere Laubgehölze ermöglichen ganz einfach viele Falter.
M Mosaik (ab S. 89)	• Rotierende nährstoffarme (Halb-) Offenland-Mosaike entwickeln – besonders mit Pionierphasen	Tipps 39–40	Viele Schmetterlingsarten sind auf dynamische Pionierstadien und mosaikartige Mischung angewiesen.	Monotonisierung, Vernachlässigung von Pionierphasen	Im Mosaik können viele Maßnahmen zugleich verwirklicht und natürliche Dynamik aufgegriffen werden.

Buchstabe	Praxis-Hauptaussagen: das Tun!	Tipps	Hintergrund: Begründungen		
			Grundlagen	Probleme	Chancen
N Neobiota (ab S. 92)	• Einheimische Wildpflanzen statt Gartenzüchtungen, keine Exoten • Regionales Saatgut, Vorrang für Selbstbegrünung! • Keine Buddleja (mit Ausnahmen) • Vermeidung von Zuchtformen	Tipps 41–46	Falter und ihre Raupen fast nur an einheimische Arten angepasst	Neobiota-(Fremdarten)-Problem – differenziert!	Schönheit und Vielfalt der einheimischen Arten erkennen und erhalten!
Ö Ökotone (ab S. 101)	• Übergangsbereiche schaffen: breite Säume, unregelmäßige, breite Streifen an Nutzungsgrenzen und zwischen verschiedenen Habitaten	Tipps 47–51	An strukturreiche Übergänge (Wiese, Wald, Ufer, Wegränder) sind viele Falter gebunden oder profitieren davon.	Monotonisierung, künstliche, starre, neue Grenzen	Die positive Kunst breiter Übergänge!
P Pflanzen (ab S. 103)	• Hinweis zur Auswahl der wichtigsten einheimischen Schmetterlingspflanzen. Priorität: Spontanes kommen lassen, noch vor Ansaat und Anpflanzung	Tipps 52–58	Falterarten sind an bestimmte Pflanzenarten gebunden.	Wissensdefizit, falsche Pflanzungen, zu wenig Raum für Eigenentwicklung	Vielfalt einheimischer Pflanzen für Schmetterlinge erkennen und frei kombinieren
Q Quartier (ab S. 109)	Spezielle Quartiermerkmale je nach Standort fördern: • Windgeschützte Stellen im Sommer • Strukturreichtum ganzjährig und offene Schuppen (Winterquartier!) • Gegebenenfalls Teiche und breite Uferzonen	Tipps 59–67	Falter lieben windgeschützte Stellen, brauchen bestimmte Winterquartiere, Wert von Tümpeln!	Aufgeräumte Landschaft und Gärten, Missverständnisse und Wissensdefizit	Einfache Strukturverbesserungen und Taten fast überall möglich
R Rasen (ab S. 112)	Artenreiche Grünländer entwickeln: • Bei sehr großen Flächen: extensive Beweidung statt Mahd, kein Mulchen • Bei kleineren Flächen, Gartenrasen und bei Mahd: abschnittsweise Bereiche stehen lassen, nicht zu oft mähen (maximal 1- bis 3-mal pro Jahr), Teilflächen nicht vor September mähen, auf Einebnen und Walzen verzichten • Balkenmäher statt Kreiselmäher	Tipps 68–78	Viele Falter sind auf artenreiche Weiden und Wiesen angewiesen.	Dramatischer Rückgang artenreicher Grünländer	Einfache Tricks und Varianten für Wiesen und Weiden fördern Faltervielfalt!

Buchstabe	Praxis-Hauptaussagen: das Tun!	Tipps	Hintergrund: Begründungen		
			Grundlagen	Probleme	Chancen
S Steingärten (ab S. 119)	• Steine und Schotter mit einheimischen Kräutern zu einem »guten« Steingarten kombinieren • Offene Bodenstellen zulassen	Tipps 79–80	Viele Falter brauchen nicht nur passende Kräuter, sondern nutzen gerne offene (steinige) Bodenstellen.	Einerseits Problem steriler Schottergärten und Versiegelung, andererseits oft zu üppige Bepflanzung!	Sterile Schottergärten in gute Steingärten verwandeln. Ästhetik schöner Steingärten!
T Tohuwabohu (ab S. 121)	• Sträucher und Hecken mit verschiedenen einheimischen Gehölzarten auch mal unregelmäßig wuchern lassen.	Tipps 81–84	Großer Wert von Sträuchern, von Struktur- und Mikroklimavielfalt	Rückgang von Hecken und (Garten-)-Gebüsch, häufige und falsche Schnitte	Struktur- und Mikroklimavielfalt auf einfache Weise förderbar
U Unterschlupf (ab S. 125)	• Die kleine Unordnung: Herbstblätter teils nicht abräumen, Nischenreichtum	Tipps 85–89	Manche Falter benötigen spezielle Unterschlüpfe.	Vergessene Winterrequisiten für Raupen	Versteckmöglichkeiten einfach herstellbar
V Vernetzung und Verbund (ab S. 127)	• Die eigene Fläche in einen Landschaftsverbund einbringen, aus der Umgebung die wichtigsten Qualitäten erkennen, diese anbieten und ergänzen.	Tipp 90	Falterarten in Metapopulationen, Biotopvernetzung nötig	Zerschneidung von Landschaften und Lebensräumen, Isolation von Habitaten	Denken im Verbund, auch für Umwelt und Klima!
W Wildnis (ab S. 130)	• Wilde, ungestaltete Teilflächen zulassen, auch im eigenen Garten • Mehr Wildnis in Landschaften	Tipps 91–95	Wert von Wildnis: freie Naturentwicklung ohne Zielvorgabe	Mangel an Wildnis	Zufälle und neue, wertvolle Entwicklungen ermöglichen
XY ungelöst (ab S. 133)	• Das Unbekannte bekannter machen. • Auch auf Unscheinbares achten und nachsteuern. • Bildung, Öffentlichkeitsarbeit, Vermittlung, Multiplikation	Tipps 96–98	Das unscheinbare Kleine wird oft übersehen, Wissen und Bildung wichtig..	Kenntnismangel, Wissenserosion, Missverständnisse	Chance auf Wissensverbreitung, größere Erfolge
Z Zeit (ab S. 135)	• Mehr Zeit und Raum geben: Flächen und auch sich selbst Zeit für Entwicklung geben.	Tipps 99–100	Natur und gute Schmetterlingsplätze brauchen Zeit!	Zeitmangel, verbunden mit Effizienzdruck, ist bedeutende Ursache von Naturzerstörung.	Zeit genießen, mehr Lebensqualität

Kleinstgärten, Vorgärten – vom Blumenkübel bis 200 m²: Entscheidung für maximal zwei Bereiche: dargestellt sind beispielhaft: Krautbereich (K), Hochstaudenbereich (H), Steingarten (S)

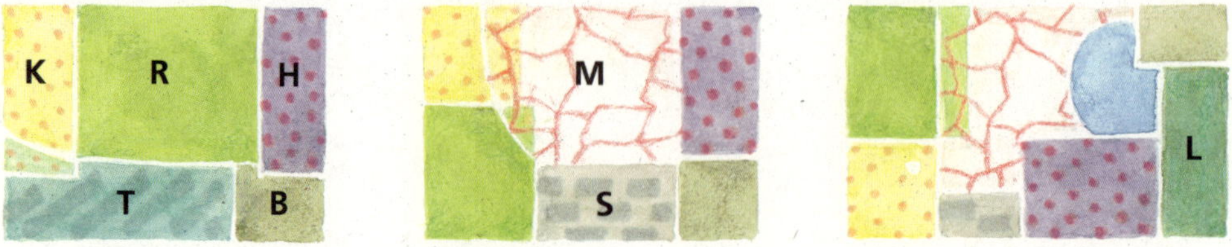

Typ Klassik

Typ Offenland

Typ Vielfalt, mit Ökotonen und Wasserfläche

Hausgärten – 200 bis 800 m²: dargestellt sind beispielhaft: Krautbereich (K), Rasen und Grünland (R), Tohuwabohu (Gebüsch) (T), Brennnessel-Ecke (B), Mosaikbereich (M), Steingarten (S), Laubholz (Büsche und Bäume) (L)

Typ Klassik

Typ Vielfalt, mit Ökotonen und Wasserfäche

Großgärten – 800 bis 1000 m²: dargestellt sind beispielhaft: Rasen und Grünland (R), Tohuwabohu (Gebüsch) (T), Mosaikbereich (M), Hochstaudenbereich (H), Brennnessel-Ecke (B), Laubholz (Büsche und Bäume) (L), Wildnisfläche (W), Steingarten (S), Krautbereich (K)

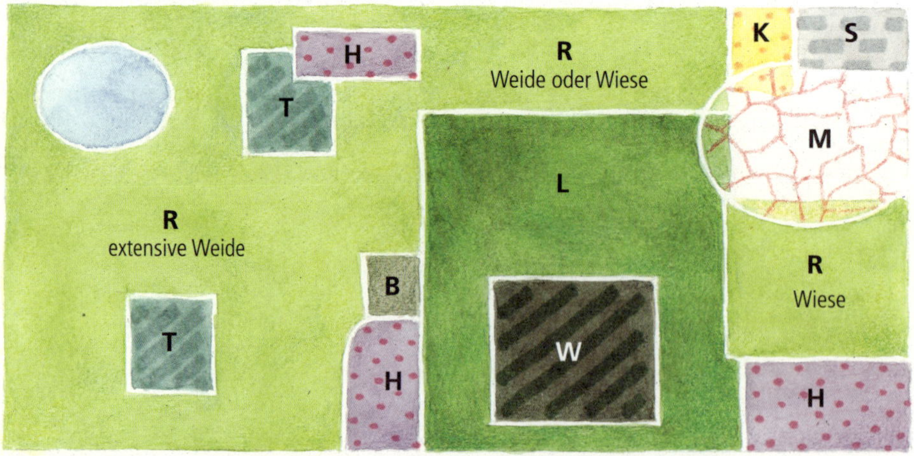

Landschaft, Naturschutzprojekte, Parks – über 1000 m²: dargestellt sind beispielhaft: Rasen und Grünland (R), Tohuwabohu (Gebüsch) (T), Hochstaudenbereich (H), Brennnessel-Ecke (B), Laubholz (Büsche und Bäume) (L), Wildnisfläche (W), Krautbereich (K), Steingarten (S), Mosaikbereich (M)

Individuelle Kombinationen

Raum-Planung für Schmetterlinge

Gaukeln Sie wie Schmetterlinge durch die Lebensmöglichkeiten A bis Z. In kleinen Gärten sind zwar einige der Maßnahmen nicht umsetzbar. Aber auch dort kann man in Kombination kleiner Kräuter-, Stauden- und Saumbereiche schon manchen Faltern helfen. Ein Mosaik (M) wäre für mittelgroße Gärten (ab 500 Quadratmeter) ein hoch wirkungsvolles Zentrum, angeschlossen möglichst eine blütenreiche Wiese (R) oder Randstreifen, verknüpft mit Hochstauden (H). Bei größeren Gärten ist ein Übergang zu Gebüschen wirkungsvoll. In Parks, bei Gemeindeplanungen und landschaftsbezogenen Projekten hat man schließlich (fast) alle Möglichkeiten. Nach dem Vorbild natürlicher Lebensraumvorkommen und eigener Erfahrung gibt es für verschiedene Flächengrößen manche idealtypische räumliche Anordnungen, die besonders wirkungsvoll sind (siehe Abbildung auf der gegenüberliegenden Seiten).

Wiederkehrende Grundzüge

»Weltformel« für Falterplätze!?

Aus dem Alphabet für Schmetterlinge treten fünf wiederkehrende Grundzüge für alle Flächen hervor: Wenigstens (1) etwas mehr »Unordnung« und Unregelmäßigkeiten sowie (2) mehr einheimische Wildpflanzen zulassen, mehr (3) magere Böden und (4) keine Chemie. Bei allen Maßnahmen, ob Pflege, Mahd oder Schnitt von Grünland, Wegrändern und Gehölzen, ist es wichtig, dass (5) nie alles auf einmal durchgeführt wird: Daraus ergibt sich ein Streifen-oder-Mosaik-Prinzip. Das alles widerspricht unserer modernen Effizienz-Neigung, mit leistungsfähigen Maschinen gleich alles auf einmal perfekt zu Ende zu führen, anstatt Teilflächen auszusparen und sie beim nächsten Mal zu bearbeiten, wobei wiederum andere Teile ausgespart werden. Doch all das wäre fast überall machbar und generell wirkungsvoll für viele Falter. Die Addition »1 bis 5« wäre somit (m)eine einfache »Weltformel« für Falter.

In Wirklichkeit ist jeder Platz anders – zum Glück. Die einfache Formel kann somit nur Kern an Handlungen sein. Welche Handlung und welche Buchstaben noch wichtig sind, darf für jeden Ort nach Umgebung und Randbedingungen gesondert entschieden werden. Gute Schmetterlingsplätze sind Unikate – und ein jeder ist wichtig.

Abbildung links: Dargestellt sind günstige Kombinationen und Anordnungen von Schmetterlingsflächen in Beispielen. Mehr zu den Bereichen im Text des Alphabets für Schmetterlinge ab Seite 57. Weitere Prinzipien (Buchstaben) sind hier nicht dargestellt, aber individuell integrierbar.

Verschlungene Pfade durch Hochstauden (die Nektartankstellen!) und passende Kunst verstärken ein Beobachtungserlebnis.

Bewässern?

Welche Arbeit und Pflege erfordert ein guter Schmetterlingslebensraum? Das bestimmen Sie allein! Das Alphabet bietet die Handlungsbereiche an, die man selbst ausgestaltet. Und wenn Sie »Wildnis« auf größeren Teilflächen verfolgen, beobachten Sie, anstatt zu arbeiten – entspannt wie ein Schmetterling bei Regen im satten Grün.

Apropos Regen: Wenn der lange ausbleibt, muss man den Schmetterlingsplatz dann bewässern? Diese Frage kommt häufig. Ich rate davon ab, denn ich empfehle vor allem einheimische, standortgerechte Wildpflanzen und Wachsenlassen. Diese und die Schmetterlinge brauchen keine Bewässerung und kommen mit dem klar, was da ist oder kommt, auch mit längerer Trockenheit, wie sie im Klimawandel regional häufiger werden kann. Die genannten anpassungsfähigen Ökotypen sind hierzulande seit Langem heimisch, alles kann sich anpassen. Bewässern kann sogar schädlich sein, denn das verhindert die notwendigen natürlichen Anpassungen der Pflanzen und Artenverschiebungen gemäß Standort und Klima. Problematisch ist, dass Bewässerung oft die Konkurrenten vieler auf Trockenheit und Magerkeit spezialisierter, falterwichtiger Blumen fördert. Auch das Verhältnis von Gräsern zu Kräutern kann unnötig stark zugunsten der Gräser verschoben werden. Und einige Gehölze bilden erst unter gewissem Trockenheitsstress tiefe Wurzelsysteme. Bewässerung behindert

Pfade bilden sanfte Übergänge zwischen den unterschiedlichen Bereichen.
Von ihnen aus lassen sich Falter behutsam beobachten (beide Bilder: »SchmetterlingsReich«, Staudernheim).

solche Anpassung und flachwurzelnde »verwöhnte« Pflanzen können nächste Trockenphasen kaum aushalten, was sie sonst geschafft hätten. Wasser ist ein wertvolles Gut und sollte eher sparsam für Nutzbeete und anderes verwendet werden. So ist ein guter Schmetterlingsgarten ein klimagerechter und ressourcenschonender Ort.

Es gibt aber Ausnahmen, wo es sinnvoll sein kann, Schmetterlingspflanzen zu bewässern: Bei Neuanlage kann in den sensiblen Keim- oder Pflanzphasen eine Zeit lang moderat bewässert werden, um Startbedingungen und eine gewisse Robustheit zu fördern. Wenn Sie an einem Trockenstandort einen Feuchtlebensraum angelegt haben, ist es eventuell nötig, diesen durch Bewässerung zu stützen. Man sollte sich aber fragen, ob hier nicht eine standortgerechtere Gestaltung besser wäre oder solche »Fremdkörper« auf kleine Flächen begrenzt werden. So habe ich bei mir einen Bereich mit feuchteliebenden Hochstauden wie Blutweiderich und Wasserdost, die ich in ganz langen Trockenzeiten auch mal bewässere, um sie aus Schaugründen und für Falter länger am Blühen zu halten. Wenn mal bewässert wird, sollte zuerst Niederschlagswasser von Regentonnen und Zisternen verwendet werden. Gießen sollten Sie am Abend oder am frühen Morgen, keinesfalls in praller Sonne, um »Blattsonnenbrand« zu vermeiden. Das Wasser gerade bei Gehölzen bitte nah an die Wurzeln heranbringen, sodass es schnell und ohne Verdunstung effizient aufgenommen werden kann.

Tagpfauenauge am Eingang zum »SchmetterlingsReich« und Museum für Naturschutz »Nahe der Natur« in Staudernheim. Dieser freundliche »Pförtner« kam alleine und begrüßte ortstreu einen Sommer lang die Gäste.

Beispiel und Natur-Garten-Modell

Schmetterlingsreich »Nahe der Natur«

Im Eingangskapitel habe ich skizziert, wie aus einer Idee Wirklichkeit wurde: Unser »SchmetterlingsReich« lebt als Teil von »Nahe der Natur – Museum für Naturschutz« in Staudernheim. Dort wird entwickelt, erprobt, Wissen zusammengeführt. Es ist ein kleines Modell, dessen Prinzipien – trotz mancher Einzigartigkeit der Lokalität – auf andere Flächen übertragen werden können und das Alphabet für Schmetterlinge »en miniature« abbilden.

Auf knapp 1000 Quadratmetern tummeln sich zur Hochzeit im Juli je nach Jahr bis zu atemberaubende 1000(!) Falterindividuen aus mindestens 30 tagaktiven Arten gleichzeitig. Das ist ein beeindruckendes Schauspiel. Neben den häufigen »Wiesenfaltern« gibt es Zipfelfalter, Schillerfalter, Eisvögel und Segelfalter. Nicht mitgezählt, aber im Anspruch mitberücksichtigt, sind viele Nachtfalterarten.

Zum Glück gibt es noch grandiose Naturgebiete quer durch Europa mit viel mehr Schmetterlingen und anderen Arten. Dort leben die Falter aber weit verstreut, während sie hier in beeindruckend hoher Konzentration gut beobachtet werden können. Wobei es bei uns nicht nur um ein Trinken an Nektarpflanzen geht, sondern es gibt »Vollpension« für einige von ihnen. Die Tiere leben frei: Sie kommen und gehen, wann und

Bild rechts: Jeder Schmetterlingsgarten hat seine eigene Ästhetik. In Staudernheim strukturieren ihn Steingruppen, als Sonnenplätze für Falter und Menschen zugleich.

wohin sie wollen. Sie stimmen sozusagen mit den Flügeln ab, ob unser Angebot gut ist. Der Verbund mit der Umgebung lebt, und es gibt nur einheimische Arten der hiesigen Landschaft. Auf ohnehin verbotene Aussetzungen sowie Aufzucht verzichte ich.

Als Zentrum des Bereiches manage ich ein halboffenes dynamisches Mosaik auf 500 Quadratmetern. Dort können Besucher auch am bequemsten beobachten. Umgebend sind Wiesen, Gebüsche und Wildnis (Wald), sodass sich verschiedene Lebensräume und Arten gleichzeitig einfinden, sicherlich eine Besonderheit des Standorts. Unser »SchmetterlingsReich« hat sich als Attraktion für Besucher und Treffpunkt für Schmetterlingsgärtner entwickelt. Je nach Situation, Jahr und Wetter gibt es unterschiedlich viele Falter, Blüten und Strukturen zu erleben. So ist das ein Beitrag zum Naturschutz der Region, ein Baustein gegen Insektensterben, ganz natürlich.

Das Schöne an Flächengestaltungen ist, dass es Orte der eigenen Freiheit sind. Ich möchte Buch und Modell nie als »Du musst genauso«, sondern als »Du kannst, denke weiter« verstanden wissen. Schmetterlinge und ihre Plätze sehe ich als Brücke, um übertriebene, naturferne Ordnungssucht zu überwinden und mit unserer wahren wilden Natur in Verbindung zu treten, von der wir alle abhängig sind. So möchte ich mit angebotenem »kreativen Schmetterlingsschutz« Wildnis und Pflege, Natur und Kultur, Motten, Falter und Menschen miteinander versöhnen.

Entwicklung
»SchmetterlingsReich«
Staudernheim

links: 2012

Anlage und Strukturierung einer neuen und bisher freien Fläche mit Aufbringung verschiedener heimischer Magersubstrate (Sand, Kies, Mischungen). Belassen weniger eutropher Lehmbereiche.

selbes Jahr – 2012

Es ergibt sich auf fast 1000 m² ein unregelmäßiges Standorts-Mosaik mit verschiedenen Substratbereichen, Kleinreliefen, dazu Pfadanlagen und Fels-Stein-Bereiche.

Hat man bereits einen gewachsenen Garten, so ist es alternativ möglich, von Zeit zu Zeit kleine Teilbereiche durch Ausmagerung, Rückschnitt oder Umgraben umzugestalten, sodass langsam und organisch ein vielfältig strukturierter Garten entsteht.

links: 2015

Die angelegten Böden und Strukturen sind unterschiedlich bewachsen. Konzentration liegt auf Stärkung eines Habitat-»Mosaiks« mit unterschiedlicher Vegetationsentwicklung (siehe Seite 90). Schnell wuchsen falterfreundliche, lückige Kräuterbereiche, auch erste Staudenbereiche blühen auf. Teils wurden Initiale gepflanzt, teils wurde kleinflächig und lückig gesät, das meiste aber kam von selbst, wurde beobachtet und geduldet, fallweise und nur selten Unerwünschtes gejätet.

Fingerzeige der Hoffnung und sanfte Berührung – das Prinzip funktioniert:
schon nach ein bis zwei Jahren erste gute Kräuter-Lebensräume und Begrüßung der ersten Ochsenaugen.

Das »SchmetterlingsReich« lebt und wird mit dem Alphabet für Schmetterlinge »gemanagt«. Die wachsende Vegetation wird in Teilbereichen zugelassen, auf Teilflächen auch wieder zurückgenommen. Stets gibt es vegetationsarme Stellen: Wärme-Inseln und Start neuer Vegetationsentwicklung. Eine Veränderlichkeit und gleichzeitige Kontinuität bedeutender Habitatelemente, wie wichtiger Raupen- und Nektar-Pflanzen, wenn auch teils an wechselnden Stellen, ergänzen sich. Zunächst kamen wenige, seit 2016 erstmals über hundert Falter. Tendenz zunehmend, aber dynamisch wechselnd.

2017
ähnlich auch die Folgejahre

Mitfliegen

Abenteuer des Kaisermantels: superschöne Supernase

Eine Naturforscherin der Nerd-Generation hat es geschafft, sich durch neueste Ultra-Nano-Chip-Technik in eines der Ommatidien (Einzelaugen) im Facettenauge des Kaisermantels *(Argynnis paphia)* zu setzen. Hier ihr Blog-Eintrag: Erlebnisse vom Mensch im Falterauge, sozusagen aus dem Cockpit des Falters.

Lichte Wälder → S. 84

10. Juni »Wind Nord/Ost Startbahn null drei« – die erste Zeile von Reinhard Meys Song »Über den Wolken« passt zur Situation. Im Auge des Kaisermantels erlebe ich jetzt als erster Mensch, wie die Umgebung gecheckt wird. Die Flügel wippen, Luftzug und Abflugrichtung werden berechnet. Endlich: ready to take off. Ein kleiner Flug für den Falter, ein großer Flug für die Menschheit. Jedenfalls für mich. Von oben fällt etwas Licht in den Wald. Und von Lichtfleck zu Lichtfleck fliegen wir. Spot an! Jetzt erreichen wir den Waldrand – dann Wiesen und Gärten.

Flugweisen → S. 36

Wenig später, Waldrand Dieses Flattern, hin und her, schlägt mir auf den Magen, ich bin wohl falterkrank. Aber ich merke: Da weiß jemand ganz genau, wohin er will. Außerdem legen wir auch Segelphasen ein. Durch die gaukelnden Bewegungen bekommt uns keiner zu fassen. Denn ganz schön viel Flugverkehr ist hier. Knapp an uns vorbei: Zitronenfalter, Tagpfauenauge, lieben Gruß – und jetzt ein Rabe: Mach jetzt keinen Mist, Vogel!

Ökotone → S. 101

Streifen-Mahd → S. 114

Ende Juni Wir wechseln zwischen Waldrand und Gärten. Nach fünfmaligem Umkreisen landen wir sanft auf Disteln. Tankstopp. Ich sehe in das Violett der Blüten. Mein Falter riecht Nektar, sein Kerosin, nur klimafreundlich. Sonst gibt es kaum Tankstellen, sprich Blüten. Außer wenigen Säumen wurde alles gleichzeitig gemäht. Jetzt fliegen wir Kurzstrecke: mehr Disteln, Flockenblumen, dann Oregano, schließlich in die Brombeeren.

Brombeeren → S. 62

5. Juli Ruhepause im Gestrüpp. Die Hitze nimmt zu, doch hier im Schatten der Brombeeren sind wir geschützt und haben Ruhe. Zugleich wird an der Brombeerblüte genascht. Wir wechseln zwischen Schatten und Sonne. Gut, dass es hier so ein Tohuwabohu an Geäst gibt. Wir ruhen zusammen mit Zipfelfaltern, nette Kollegen, kleine gut geführte Fluglinie. Da, ein Windhauch. Juchhu,

wir fliegen wieder auf. Blüht schon der Wasserdost? Ich brauche Abwechslung: Schutz in Gehölz, bunte Blüten im Offenen nahebei. Er kann über einen Kilometer weit Pflanzen riechen. Dahin wird zielgenau navigiert – wenn nur das Flattern nicht wäre. Wo ist meine Tüte?

Zipfelfalter
➜ S. 122

Tohuwabohu
➜ S. 121

Juli, Waldrand, Hochzeit – und ich mittendrin, statt nur dabei. Jetzt weiß ich, dass ich im Auge eines Weibchens sitze. Seit einer Stunde umkreist uns ein Kaisermantel-Mann, der geradezu Loopings fliegt, um mich zu beeindrucken. Scharfes Manöver. Das ist wohl so unter Kaisermänteln. Du armer Cockpit-Kollege dort drin, so viele Tüten kannst du gar nicht haben. Wir aber fliegen einfach gerade weiter. Guter Trick, nette Männer erst mal zu ignorieren – muss ich mir merken! Oh nein, wo ist der Süße jetzt, ist er doch weg? Oh Glück, da ist er wieder. Achtung: Das Männchen sendet uns einen Lockstoff aus seinen Duftschuppen, die Teil der Flügel sind. Raffiniert, dagegen sind James Bond und Ingenieure einfältige Anfänger. Jetzt landen wir auf einem Zweig, Hinterleib nach oben. Sie, also ich, revanchiert sich mit Lockstoff. Das macht den ganz schön wuschig. Zur Vereinigung suchen wir uns eine Blüte nebenan, darauf kann man ausbalancieren. Wir bleiben einige Minuten zusammen.

Waldrand, Hochstauden
➜ S. 76

August, lichter Wald Ich habe mich im Cockpit an Stauden, Brombeeren und sogar Falter-Männer gewöhnt. Neu ist, dass im Ladefach Eier sind. Wir umschweben Baumstämme, dann schnell hoch hinauf in die Baumkronen. Der Baum hier ist offenbar der richtige, und schnell hinunter geht es auf den Boden. Niedrige Waldkräuter werden abgeklopft, viele Zwischenlandungen ohne viel Nektar. Ein Vorspiel, denn kurz darauf werden an den Baumstamm in unregelmäßigen Abständen Eier abgelegt, geschützt unter Rindenschuppen, Flechten oder Moosen. Melde: Ladung gelöscht.

Baumkronen als Habitat → S. 84

Alte Bäume, raue Rinde → S. 84

Augusttag, Spätsommer Wir fliegen noch lange durch die Gegend, von Staude zu Staude, jetzt wieder meist außerhalb des Waldes. Ich werte alte Cockpitaufzeichnungen aus: Raupen werden aus den Eiern schlüpfen, verstecken sich, ohne zu fressen, zunächst am Stamm. Erst nach dem Winter werden sie auf den Boden kriechen, um sich an Veilchen aller Art gütlich zu tun. Nachts geschieht das, denn tagsüber wird sich auf der Blattunterseite versteckt. Die Verpuppung wird an Baumzweigen in Bodennähe erfolgen. Ich aber steige jetzt an der nächsten Distel aus. Forschungsflug erfolgreich zu Ende gebracht. Das macht mir keiner nach!?

Veilchen als Futterpflanze im Wald

Wert von Disteln → S. 107

Bild rechts: Falter-Perspektive:
Schatten, Licht und vielfältige dynamische Strukturen ergänzen sich in naturnahen Wäldern und in vielfältigen Lebensräumen.

Dritter Zwischenfall: Interview mit einem Stachelbeerspanner

Dank der geheimen Biotranslation, die die Sprache allen Lebens in Menschenworte übersetzt, kann ich mit Tieren und Pflanzen reden. Glauben Sie nicht? Was glauben Sie aber, was ich da sehe: einen wunderschönen Stachelbeerspanner *(Abraxas grossulariata)*.

Michael Altmoos (MA) Hallo, Spanner!

Stachelbeerspanner (S) *Hallo, Spanner! Was guckst Du?*

MA Ich freue mich, weil ich Dich trotz Deiner Ruhe am Tag entdecke. Du bist so schön gemustert, ein wenig wie ein Harlekin.

S *Ein was? Ich bin kein Clown! Aber ich weiß, dass ich die Haare schön habe – am Körper. Meine Flügelmusterung ist wirklich einzigartig. Schon als Raupe habe ich dieselbe Färbung wie jetzt meine Flügel. Das ist ganz schön selten.*

MA Spannend! Ein Angeber?

S *Spannend? Ich bin Spanner! Und bitte keine Wortspiele. Das ist sowas von platt. Sonst musst Du Geld ins Phrasenschwein für Schmetterlingsautoren werfen. Für »spannend« schon mal einen Euro. Ich zähl mit.*

MA Ach, da bin ich ganz entspannt.

S *Der zweite Euro ist fällig. Wir Spanner wären in der Tat entspannt, wenn Ihr in Gärten keine Pestizide einsetzen und mehr Unordnung walten lassen würdet. Früher waren wir in Bauerngärten, Brachen und Rainen, auch in Siedlungen, weit verbreitet.*

MA Das war eine andere Zeitspanne.

S *Dritter Euro! Ich warne Dich, das wird teuer. Ich selbst brauche Beerenpflanzen, wild und auch in Gärten. Ich fresse zudem an Hasel und Besenheide, bin gar nicht wählerisch. Ich esse aber nur als Raupe, als Falter nichts mehr. Gerne bin ich da, wo es luftfeucht ist, an Waldrändern, in Auen, lichtdurchfluteten Halboffenländern und Wäldern. Gebüschreiche Unordnung, verstehst Du?*

MA Ja, das Thema »Tohuwabohu« habe ich zwischen den Seiten 121 und 124 aufgespannt.

S *Aufgespannt? Willst Du mich reizen? Vierter Euro.*

MA Nein, ich reize niemanden, ich finde Dich aber reizend schön. Dich möchte ich bekannter machen und Dir helfen: Die Spannweite Deiner Bekanntheit vergrößern, verstehst Du?

S *»Spannweite« macht fünf Euro. Meine Spannweite der Flügel beträgt fast fünf Zentimeter – recht groß. Verbreitet bin ich mit mehreren Unterarten in fast ganz Eurasien. Wäre aber schade, wenn ich bei Euch im ach so sauberen Mitteleuropa nicht mehr sein darf.*

MA Ach, wir brauchen Dich, und ich brauchte im Buch auch einen Spanner, ein Beispiel für eine der größten Schmetterlingsfamilien, wissenschaftlich Geometridae, mit weltweit etwa 23 000 Arten, davon 1000 in Europa. Das Wesentliche ist aber jetzt gesagt. Ich will es ja nicht überspannen.

S *»Überspannen« macht sechs Euro. Schluss jetzt. Spann Dich aus.*

MA Ha, jetzt wäre bei Dir ein Euro fällig, mein Spanner. Aber spann die Flügel auf. Ich mag Dich, teurer Geselle, und werde noch viel mehr auf alle spannenden Spanner achten. Mehr als nur Wortspiele: Schmetterlinge machen Spaß.

S *Ja, wir verstehen uns, wir Spanner! Schauen wir in die Natur, sind wir doch alle Teile derselben Welt.*

Bild folgende Doppelseite: Rostfarbiger Dickkopffalter *(Ochlodes sylvanus)*

Leben allein genügt nicht,
sagte der Schmetterling.
Sonnenschein, Freiheit und
eine kleine Blume muss
man auch haben.

Hans Christian Andersen (1805 – 1875)

Kreislauf und Stadien (in Auszügen) eines Schmetterlingslebens am Beispiel des Kleinen Schillerfalters *(Apatura ilia)*: Nur die winzigen weißen Eier als Bindeglied zwischen Falter und erstem Raupenstadium fehlen als Foto.

Imago, Flügel aufgeklappt

Raupe

Imago, Flügel zugeklappt

Raupe

Imago, von vorne

Puppe

Puppe

Bild rechts: Kleiner Schillerfalter *(Apatura ilia)* im »SchmetterlingsReich«, Staudernheim

Verwandeln

Die Metamorphose von Schmetterlingen – und Menschen

Die Verwandlung (Metamorphose) von Schmetterlingen ist wunderbar und auch voller Symbolik. Um Schmetterlinge als Verwandlungstiere zu schützen, müssen wir uns selbst verwandeln: vom (versehentlichen) Zerstörer zum (bewussten) Lebensgestalter. Auch ein Garten wird sich wandeln. So stelle ich hier die Metamorphose der Falter analog zu uns Menschen und zu Planschritten für Schmetterlingsplätze dar. Ein solcher Vergleich ist biologisch natürlich unseriös. Aber ich mache ihn dennoch: einfach, um Sie anzuregen, den Mut zur Abwandlung des Gewohnten aufzubringen. Auf geht's – oder wie man sich unter Faltern vor dem Puppenstadium zuprosten würde: fröhliche Metamorphose – wohl bekomm's!

Neben der Metamorphose gibt es weitere Verwandlungen und Dynamik rund um Schmetterlinge, die zum Verständnis wichtig sind und die ich nachfolgend aufzeige.

Verwandlungen!

Schmetterlinge	Menschen – für Schmetterlinge
Ei	**Idee**
Am Anfang ist das Ei. Oder ist es das Ende? Ein Kreislauf hat keinen Anfang und kein Ende. Die Eier von Schmetterlingen sind jedenfalls winzig klein, mit dem bloßen Auge aber noch zu erkennen. Aber was heißt schon Ei? Die Eier vieler Falterarten sind gar nicht so eiförmig. Es gibt sie gezackt, gefranst, bepickelt. Kein Ei gleicht dem anderen. Vielfalt von Anfang an! Mal werden Eier einzeln an Pflanzen abgelegt, mal in Gruppen, und »Grasfalter« werfen sie einzeln im Flug zu Boden. Allen Eiern ist eines gemeinsam: In ihnen laufen biochemische Prozesse ab, die aus Eiweißstoffen ein kleines Leben schaffen, genannt Raupe, besser gesagt »Räupchen«.	Auch jeder Mensch beginnt ganz klein. So wie jede Idee aus einem kleinen Gedankenfunken entsteht. Am Anfang einer Planung ist auch ein solcher Funken, dann Gedanken. Etwas Neues machen? Auf zu kreativem Schmetterlingsschutz! **Planschritt 1 für einen Schmetterlingsplatz – die Idee:** Sie haben Ihre Vision und können sich einen Schmetterlingsplatz vorstellen? Träume brauchen Zeit, um zu wachsen, so wie Menschen, mit Nahrung und Erfahrung.
Raupe	**Wachsen und Entwickeln**
Mit Glück schlüpft eine kleine Raupe. Die hat drei Ziele: Fressen, Fressen und Fressen – verbunden mit einem vierten Ziel: nicht selbst gefressen werden! Damit ist Wachstum verbunden, gesteuert durch Hormone. Nach jeder Wachstumsphase häutet sich die Raupe, wird größer und größer. Während manche Arten zunächst gesellig sind, gehen sie sich zunehmend aus dem Weg – um sich erst später mit viel Glück als Falter wieder zur Paarung zu treffen. Das Glück muss aber groß sein: Denn Raupen sind wichtige Nahrungsquellen für viele andere Tiere. Wer (über-)lebt?	Jeder Mensch wächst: in den ersten Jahren körperlich, lebenslang geistig. Gerade in der Pubertät sind wir wie Raupen: Wer kennt das nicht, dass der Kühlschrank gar nicht so schnell aufgefüllt werden kann, wie das hauseigene Pubertier zulangt. Wir und sie häuten sich wahrlich. Aber bitte nicht den Traum verlieren, dass aus so mancher launigen Diva oder einem pickeligen Hormonopfer irgendwann ein wunderbarer Erwachsener wird! **Planschritt 2 für einen Schmetterlingsplatz – Planung und Ideen wachsen lassen:** Nehmen Sie viel Futter, also Wissen auf. Dabei kann Ihr Plan wachsen, sich häuten, größer oder konkreter werden. Alltag und Realität können Träume auffressen oder sie prüfen: Bald entwickelt sich eine Skizze – sie wird immer konkreter.
Puppe	**Innehalten**
Ist die Raupe groß genug, stellt sie das Fressen ein. Sie sucht sich einen neuen Platz, manche Arten am Boden, andere an Baumrinden, ganz viele an Pflanzenstrukturen. Die Gestalt der Raupe verändert sich. Sie verpuppt sich.	Jeder Mensch braucht Ruhezeiten. Wer sie nicht hat, bleibt eine gefräßige Raupe in jeder Hinsicht. Oft und zunächst unbemerkt entsteht gerade in Ruhezeit neue Kraft.

Schmetterlinge	Menschen – für Schmetterlinge
Zentrale Verwandlung	Umwandlung
Innerhalb der Puppenhülle geschieht das Unfassbare: Alles, was bisher war, wird aufgelöst. Aus den flüssigen Stoffen wird eine ganz neue Gestalt, ein neues Wesen geschaffen. Nichts bleibt, wie es war. Und doch gibt es Forschungsergebnisse, die belegen, dass später das neue Etwas eine Art Erinnerung hat und sich an individuelle Vorlieben aus der Raupenzeit »erinnert«. Das neue Etwas innerhalb der Puppe ist ein Falter, und zwar wörtlich: Denn er ist zusammengefaltet. Die Puppenhülle platzt auf oder löst sich nach Stunden oder nach Tagen auf. Es werde Licht. Das Zusammengefaltete sitzt zunächst einfach nur da.	Der Vorgang der Umwandlung in Schmetterlingspuppen ist vergleichslos! Aber jeder Mensch erlebt doch Phasen, in denen sich etwas schnell und groß ändert: neue Erfahrungen, Schicksal? Wir bleiben die gleichen und sind dann doch anders. Reifer? Und auch Pläne werden überprüft, dürfen sich verwandeln. **Planschritt 3 für einen Schmetterlingsplatz – vom Plan zur Praxis:** Was bisher abstrakt schien, wird umgesetzt, mit Spaten, Schaufel und Zeit. Dabei ändert sich nochmals so mancher Plan. Beginnen Sie am besten mit Ausmagerungen, stoppen Sie chemische Mittel, ersetzen Sie fremde Pflanzen durch heimische. Und lassen Sie mehr Natur zu. Ihr Garten verwandelt sich – so richtig: Im Extremfall wird nichts mehr sein wie vorher und doch knüpfen Sie an das Alte an. Leben gewinnt!
Imago	(Er-)Wachsen: Leben und Liebe
Die Flügel werden langsam entfaltet. Dabei kann es »Unfälle« geben: ein Schnabel von oben oder ein Faltungsfehler. Meist aber öffnen sich die anfangs nassen Flügel, richten sich aus, trocknen. Die artspezifische Flügelfärbung wird erkennbar. Und zu einer Sekunde, die überrascht, fliegt die Imago erstmals auf. Ihr Leben ist meist kürzer als das aller vorherigen Lebensstadien, verbunden mit der Aufgabe, einen Partner zu finden. Um Energie dafür zu gewinnen, brauchen viele Falterarten Nährstoffe wie Nektar. Andere wie die Nachtpfauenaugen fressen gar nichts. Sie leben, um zu »lieben« und zu fliegen. Viel zu kurz.	Auch wir Menschen erleben Lebenszeiten im Flug: jung, glücklich, erwachsen, zu kurz? Bestimmt treffen wir auf Schmetterlinge: im Bauch – am eigenen Schmetterlingsplatz. **Planschritt 4 für einen Schmetterlingsplatz – Praxistest und laufende Dynamik:** Der Schmetterlingsplatz hat Gestalt angenommen. Nun gilt es, zu beobachten, zu reagieren, Dynamik der Natur einzubeziehen, mit dem Alphabet schöne Wörter neu zu kombinieren. Und auch wir dürfen uns »vermehren«: mehr Schmetterlingsschützer!
Kreislauf	... immer weiter
Nach erfolgreicher Paarung verbleiben noch Minuten, Tage, Wochen, wer weiß das schon? Nun zählt nur noch ein geeigneter Platz zur Eiablage – damit die Nachkommen einen guten Start haben und alles wieder neu beginnen kann. Verwandlung hört niemals auf.	Wir Menschen sind nie fertig, entwickeln, forschen und lernen weiter. Niemals damit aufhören! **Planschritt 5 für einen Schmetterlingsplatz – Praxistest und laufende Dynamik:** Ihr Platz gerät in einen guten Kreislauf: Was wird nach ein, zwei, x Jahren umgestaltet? Wie können Sie Eigenart und Verbund verbessern? Welche Falter wird die Zukunft bringen? Und irgendwo ein neues Ei legen, wieder neue Kraft: natürlich mit Liebe!

Veränderungen verblüffen

Schmetterlingseffekte!

Als »Schmetterlingseffekt« zur Berühmtheit gelangt ist die Frage des Wetterkundlers Edward Lorenz Anfang der 1970er-Jahre, ob schon der Flügelschlag eines Schmetterlings weit entfernt einen Sturm auslösen könne. Das ist nicht wörtlich zu verstehen. Allerdings illustriert diese Metapher, dass in der Natur alles in komplexer Weise miteinander verbunden ist und kleine Ereignisse große Entwicklungen auslösen können, die unvorhersehbar sind. Damit ist das Feld der Chaostheorie verbunden, die für alle Naturkundler wichtig ist.

Chaotisch ist die freie Natur: Nicht planbare Verwandlungen gibt es ständig. Schmetterlinge gestalten Lebensräume mit. Wo sie bestäuben, bilden sich Früchte, behaupten oder verändern sich Wiesen und Wälder, ganze Landschaften. Fehlen Falter, werden manche Pflanzen seltener, können Vögel weniger fressen, verbreiten weniger Samen. Alles hängt voneinander ab, verschiebt sich ständig natürlich. Und mittendrin wir Menschen. Eine Momentaufnahme im wunderbaren Fluss des Lebens, umgeben von Schmetterlingen und ihren Verflechtungen, Symbiosen, Wirkungen.

Mir persönlich gibt es Kraft, Freude, Mut und Trost, mich als solchen Teil der Natur zu begreifen. Sich all den kleinen, großen Wundern zu öffnen und immer neue Überraschungen zu erleben, während ich beobachte. Das macht mich bescheiden, klein, aber lebensfest. Und immer wieder Schmetterlinge, die mir begegnen oder sich als Ei, Raupe, Puppe im Geheimnisvollen verstecken: welch großartiger Kreislauf, welch unglaubliche Zusammenhänge und Lebensfaszination mit ihnen verbunden sind! Natur ist aber kein Kitsch, sie kann gefährlich sein. Doch baut sie immer wieder auf, sich selbst – und uns. Charles Darwin sagte: »Alles, was gegen die Natur ist, hat auf Dauer keinen Bestand.« Ich knüpfe daran an: Wer mit Natur ist (und mit Schmetterlingen), gewinnt Leben. Spüren Sie es auch?

Naturempfinden kann langsam wachsen. Wenn das Erleben der Schmetterlinge Ihr Naturgefühl stärkt, wäre das ein weiterer fantastischer Schmetterlingseffekt. Schützen dann noch mehr Menschen Lebensräume und entwickeln sie kreativ, wäre das der Schmetterlingseffekt für die Schmetterlinge selbst. Falter und Menschen sind Verwandlungskünstler und Lebensgestalter: Wir gehören zusammen.

Bilder rechts: »Schmetterlingseffekte« sind auch solche Momente, an denen man sich glücklich und frei (wie Falter?) fühlt und mit Spaß in Wiesen »schwebt«: Autor mit Familie im Juli 2020 auf einer schmetterlingsreichen Bergwiese am Staller Sattel zwischen Ost- und Südtirol. Wie war das mit »Mohrenfalter-Yoga« auf Seite 14?

unten: »Bläulingseffekt«. Bläulinge treten oft »gesellig« auf, hier Argus-Bläuling (Geißklee-Bläuling, *Plebejus argus*). Ganz schön blau.

Wandel des Klimas

Zusammenhänge mit Falterverständnis

Prima Klima für Schmetterlinge?

Ein weiterer Wandel ist in aller Munde: der Klimawandel. Er findet statt und ist im gegenwärtigen Ausmaß menschengemacht – das ist sicher. Ist es vor diesem Hintergrund überhaupt sinnvoll, einen Schmetterlingsplatz zu schaffen, wo sich alles ändert? »Ja, jetzt erst recht, und umso wichtiger ist es«, lautet meine klare Ermutigung.

Zunächst: Die größte Schädigung von Lebensräumen, Schmetterlingen, ja der Lebensvielfalt (Biodiversität) geschieht durch intensive Landnutzung, Überdüngung, Chemieeinsatz und direkte Lebensraumzerstörung. Global schwerwiegend sind die Vernichtung der Naturwälder, Feuchtgebiete und Moore, die Ausbeutung der Meere. Die Folgen daraus wirken viel direkter, katastrophaler und schneller als alle Klimaeinflüsse. Die Lebensraumzerstörungen sind vor und mit den Treibhausgasen ja überhaupt erst Ursache der Klimaprobleme. Gut, dass Sie mit einem Schmetterlingsgarten wenigstens im Kleinen dagegenhalten. Ökologisch relevant ist Klima aber immer.

Einordnung von Klimafragen für Falter

Durch verändertes Klima ändern sich Lebensräume mit Nahrungspflanzen. Falter reagieren: Manche profitieren, andere verlieren. Das geschieht seit jeher auch natürlich in hoher Dynamik – nichts ist statisch. Die Natur der Natur ist der Wandel – so sage ich gerne. Und während Sie, liebe Leserin, lieber Leser, über das Wortspiel gerne schmunzeln, nachdenken oder erstaunt den Kopf schütteln dürfen, muss man sich vergegenwärtigen, dass sogar die Buchenwälder mit ihren Faltern, die wirken, als habe es sie schon immer gegeben, sich erst seit etwa 5000 Jahren in Mitteleuropa ausgebreitet haben. 5000 Jahre – das sind nur 15 natürliche Buchenleben. Davor gab es hierzulande späteiszeitliche Halboffenlandschaften und immer wieder spannende Übergänge.

Naturnaher Buchenwald – nicht als Forst entstellt – ist samt seiner Faltergemeinschaft in der Lage, auch wärmeres Klima auszuhalten. Eichen und andere heimische Baumarten auch. Große Buchenwälder sorgen selbst für Abkühlung in größeren Regionen, für Wolkenbildung und Regen in Windrichtung und sind im Sommer um bis zu 15(!) Grad Celsius kühler als Städte. Sie sind natürliche CO_2-Speicher. Wenn sich bei noch größerer Erwärmung die Zusammensetzung der Baumarten verändert, kann auch das Neue wertvoll werden. Für natürliche Wälder, ja Natur an sich, die nur als Veränderung zu verstehen ist, ist Klimawandel kein Problem. Für Wirtschaftsforste mit auf bestimmte Holzarten ausgerichteten Nutzungsketten wie auch für viele andere teils naturfremde und gewohnte Wirtschaftsweisen aber schon.

Aber ist der menschengeprägte Klimawandel nicht extremer als ein natürlicher? Nach derzeitigem Stand des Wissens muss ich das verneinen: Zwar wird in einer Studie von Gaffney & Steffen (2017) ausgeführt, dass sich der natürliche Wandel von der letzten Eiszeit zur heutigen (Zwischen-)Warmzeit über 8000 Jahre hinzog und der Temperaturanstieg dabei pro Jahrzehnt durchschnittlich nur 0,005 Grad Celsius betrug. Demgegenüber verläuft die aktuelle menschenverstärkte Erwärmung 170-mal schneller. Und doch verlief die natürliche Erwärmung nicht gleichmäßig. So sind allein in historischer Zeit steile »Sprünge« innerhalb von Jahrzehnten belegt: Das waren die »Kälteanomalie« Ende des 4. Jahrhunderts mit Zerfall des Römischen Reiches (das auch aus anderen Gründen zerfiel), das »Wärmeoptimum« im Mittelalter (12. Jahrhundert) und die »kleine Eiszeit« (18. Jahrhundert). Dabei gelten die letzten 2000 Jahre noch als relativ stabil.

Die längere Erdgeschichte – ohne dass Menschen auf der Erde lebten – war von viel größeren und global wirksameren Klimaverwerfungen geprägt. Manche zogen sich zwar über Jahrmillionen hin, andere verliefen aber innerhalb weniger Jahrzehnte und extremer als heute. Allerdings waren mit solchen Klimasprüngen Massensterben der Erdgeschichte verknüpft. Zugleich waren es Geburtsstunden für größere Vielfalt, wie wir rückblickend sehen.

Man kann nun einwenden, dass das heutige »global warming« auf der ganzen Welt in nur eine Richtung geht, während frühere Klimasprünge auch wieder Abkühlung brachten und in unterschiedlichen Weltregionen verschieden waren. Doch wie es weitergeht, kann man erst hinterher sehen. So ist unklar, ob die menschengemachte Erderwärmung überhaupt stärker ist als astronomische Faktoren, die uns eine Eiszeit in Tausenden Jahren bringen werden.

In der Natur war und ist also immer Klimawandel, oft sehr stark und unregelmäßig, ergebnisoffen. In vielen Gesprächen höre ich jedoch, dass nicht wenige Menschen falsch denken, Natur sei harmonisch, stabil und im Gleichgewicht gewesen – und jetzt kommt eben der Klimawandel. Nein: Dauerhafte Gleichgewichte, eine Normalität oder Stabilität von Lebensräumen, Populationen und Arten gab und gibt es nie. Durch natürliche Klimadynamik – und auch die ging manchmal schnell – sind die wertvollen Reliktvorkommen heute seltener Falterspezialisten in Kaltlufttälern oder auf Wärme-Inseln erst entstanden.

Doch auch wenn Artenvorkommen für ein paar Jahrzehnte stabil scheinen, so ist das, was wir heute als Verbreitungsbild sehen, nur eine Momentaufnahme in einem hoch dynamischen, unberechenbaren Wildfluss der Zeit und des Klimas mit sich natürlich ändernden Lebensräumen.

Der jetzige Klimawandel gefährdet sicher den Status quo, nicht aber Natur an sich. Und hieran erhitzt sich eine der großen Verständnisfragen: Wann und wie ist Veränderung von Lebensräumen von Zerstörung zu trennen? Der erste Gedanke ist: Weil es jetzt der Mensch ist, der das Klima ändert, könnte man diese Veränderung als Zerstörung ansehen. Und es gibt (m)eine zweite Sichtweise: Wenn noch größere abrupte Klimaveränderungen auch natürlich immer wieder auftreten und dies das Wesen von Natur ist, dann kann auch menschengeprägte Klimaveränderung nicht maßgeblicher Faktor für Zerstörung von Lebensräumen und Schmetterlingssterben sein.

Unterscheidungen im großen Ganzen

Bei Diskussionen und Wirkungen auch auf Schmetterlinge gilt es zu unterscheiden:

- Wetter ist das kurzfristige Auftreten von Ereignissen wie Hitze oder Regen. Starkregen kann manchmal Falterbestände lokal dezimieren.
- Witterung ist die Wetterentwicklung über Wochen. Sie ist neben Räubern, Verpilzungen und Parasiten verantwortlich für die großen natürlichen Bestandsschwankungen von Schmetterlingen und von Verbreitungsverschiebungen. Nasse Witterung hat meist negative Folgen für viele Falter. Trockenwarme Perioden helfen vielen Falterarten. Lange Hitzephasen aber können in Extremfällen viele Futterpflanzen in der für Falterentwicklung sensiblen Zeit vertrocknen lassen. Eine jahrweise niedrige Falterpopulation folgt, was aber oft ausgeglichen wird und fast nie zum Verschwinden eines Bestandes führt.
- »Klima« wird der auf 30 Jahre gemittelte Zustand der Atmosphäre genannt, der in verschiedenen Messgrößen wie zum Beispiel durchschnittliche Temperatur ausgedrückt wird. Aus dem Klima werden Wahrscheinlichkeiten für das Auftreten von Witterungen und Wetterlagen abgeleitet. Die Durchschnittswerte sind aber für Artenvorkommen nicht aussagekräftig. Arten hängen mehr von Extremwerten und Häufigkeiten bestimmter Witterungen ab. Die Projektionen sagen für Europa tendenziell heißere Sommer, mildere Winter und insgesamt weniger Regen bei allerdings häufigerem Starkregen voraus, wobei große regionale Unterschiede bestehen. Zudem gibt es eine Unsicherheit, ob und wie stark sich der Golfstrom infolge Schmelzwasser abschwächt und in Westeuropa der Temperaturanstieg geringer ausfallen wird oder ob es sogar leicht kühler wird. Wer hier verliert und wer profitiert, ist noch längst nicht entschieden, obwohl viele Projektionen wärmeliebende Arten im Vorteil sehen.

Noch eine Unterscheidung ist für Falter wichtig: Makroklima ist das großräumige Klima, das meist im Fokus der Klimabetrachtungen steht. Mikroklima sind die Klimaverhältnisse an einem konkreten Standort. Letzteres ist für Schmetterlinge meist entscheidender. Dass kleinräumige Unterschiedlichkeiten innerhalb großer Klimazonen ganz schwinden, gilt nach allen Modellen als wenig wahrscheinlich, denn dafür sind Topographie und Landnutzungen entscheidend.

Großer Eisvogel *(Limenitis populi),* hier Weibchen:
Der Große Eisvogel ist abhängig von Pionierbaumarten (siehe Seite 85) und einem speziellen Mikroklima rund um sie, aber wie die meisten Arten nicht generell und großflächig durch Klimawandel gefährdet.

In den Bergen ist bereits eine Höhenverschiebung kälteliebender Arten belegt, ebenso nach Norden. Entsprechendes zeigen Klimaprojektionen für Falter, wie der »Climatic Risk Atlas of European Butterflies«. Irgendwann ginge es nicht mehr weiter nördlich oder höher und wir verlören entsprechende »kälteliebende« Arten, so die Annahme. Beobachtungen sprechen jedoch dafür, dass die für Arten viel wichtigeren Habitatstrukturen und Mikroklimata (Kaltuftstellen, Säume im Schatten, periodisch feuchte Böden, Moore und anmoorige Habitate) auch innerhalb durchschnittlich wärmerer Flächen länger möglich sind. Entscheidend ist, dass sie nicht durch Entwässerung, Verbau und Übernutzung zerstört werden.

Eine größere Anzahl feuchter, frostfreier Wintertage – wie sie vorhergesagt sind – sind Chance und Problem. Einerseits verpilzen dadurch Parasiten der Falter: gut für Falter. Andererseits können auch Falterstadien während der Winterruhe gestört werden oder verpilzen: schlecht für Falter. Was überwiegt, ist von Art zu Art und von Jahr zu Jahr anders und nicht vorhersehbar.

Auch muss statt nur auf Einzelvorkommen auf die Gesamtverbreitung von Arten geschaut werden: So überwintert der Große Eisvogel *(Limenitis populi)* als Raupe und verträgt als solche feuchtmilde Winter, die in Westeuropa häufiger sind, offenbar schlecht. Sein Bestand ist speziell dort rückläufig. Aber er hält, ja verstärkt seine Vorkommen in Osteuropa und in den Bergen, wo es trockenkalte Phasen gibt. Dass es im Westen immer mal kalte Winterphasen gibt, kann Altbestände wiederaufleben lassen, wenn – wahrscheinlich – wenige Individuen stets überleben. Der Große Eisvogel stirbt also nicht aus, bleibt aber als Art durch Populationsschwankungen und Schwerpunktverlagerungen in Bewegung. Viel entscheidender als das Klima ist auch hier der Lebensraum: luftfeucht stehendes Weichholz mit Pappeln, was durch Forstwirtschaft in Westeuropa oft unterbunden ist, im Osten und in den Bergen aber häufiger ist.

Anpassungsfähigkeit von Arten

Ein oft unterschätzter Aspekt ist, dass Arten natürlicherweise veränderlich sind. In Zeiten schneller Umweltveränderung können Mutationen, die sonst kaum Bedeutung hätten, neue Anpassungen ermöglichen. Falterarten und ihre Nahrungspflanzen haben also die Chance, wenn auch nicht die Garantie, sich an – auch schnelle – Klimawechsel anzupassen. Viele angepasste Arten und Ökotypen unter Faltern und Pflanzen sind bereits hier und könnten sich bei Eintreten vorhergesagter Tendenzen durchsetzen, weiterentwickeln und gut überleben.

Manche für Menschen nachteilige Veränderungen des Klimas sind für Falter in Europa sogar positiv. Beispielsweise kann eine heute bodenfrische Wiese in eine trockene Gras-Kräuter-Flur übergehen, die nicht mehr als Viehweide oder für Mahd gut nutzbar ist. Diese erhält sich aber von alleine und wird nach Untersuchungen auf entsprechenden Standorten oft sogar artenreicher sein, neue angepasste Nutzungen wären denkbar. Dort können die heutigen Wiesenarten gut oder sogar noch besser weiterleben, neue werden hinzukommen, nur wenige verschwinden. Im Naturschutz sollten wir zwar die heutige regionstypische Ausstattung als Basis fördern, aber für Veränderungen aufgeschlossen sein. Mehr Raum für Lebensraum-Dynamik ist wichtig.

Generalisten, anpassungsfähige Allerweltsarten, haben es allerdings leichter. So wird manchmal angenommen, dass Spezialisten wegen des Klimas verschwinden, die (Falter-)Welt klimabedingt monotoner würde. Doch auch Spezialisten können sich verändern, weiterentwickeln, neu ankommen – oder Generalisten neue Spezialisierungen ausbilden. Eine Vereinheitlichung des Artenspektrums allein wegen des Klimas ist unwahrscheinlich. Dies wird eher durch Zerstörung und Monotonisierung von Lebensräumen durch zu intensive Landnutzung verursacht.

Jede Klimaänderung sorgt für Verbreitungsverschiebungen. Lebensräume verändern sich, andere entstehen neu. Die kritische Frage ist, ob gerade bei schnellen Veränderungen nicht ganz so mobile Arten dann geeignete Lebensräume noch erreichen können. Doch dafür viel relevanter ist, dass wir Menschen die Landschaft, freie Flächen und Naturdynamik derart begrenzt, verbaut und mit Barrieren wie Infrastruktur oder Monokulturen fragmentiert haben, dass vor allem dadurch Lebensräume nicht mehr erreichbar sind, was sie sonst trotz relativ schnellen Klimawandels oft wären. Deshalb ist ein Biotopverbund wichtig, seit jeher und als künftige Anpassungsstrategie. Und auch daher ist jeder Schmetterlingsplatz von Bedeutung, egal, wo: als zumindest zeitweises Refugium oder Trittstein in einem stetigen Veränderungsgeschehen.

Klimaeinflüsse können einem vorgeschädigten Schutzgut den Rest geben, aber sie sind nicht ursächlich hauptverantwortlich. So sind von 850 dokumentierten Fällen des Aussterbens von Arten in den letzten Jahrzehnten nur 20 in einen Zusammenhang mit Klimaänderung gebracht worden (Cahill-Studie 2013), und bei jenen 20 war das Klima nicht der größte Einflussfaktor. Auch eine weltweite Übersicht von Sean Maxwell und Kollegen (2016) in der renommierten Zeitschrift »Nature« bestätigt nach Auswertung der globalen Roten Listen, dass der Klimawandel nicht unter den fünf »big killers« ist. Allerdings weisen die Autoren darauf hin, dass er in Zukunft an Bedeutung gewinnen könnte. Dann aber gelten obige Ausführungen, dass Klimaprobleme vor allem Folge direkter Lebensraumzerstörung sind und eine rein klimabedingte Änderung der Lebensräume und Verbreitungen keine Zerstörung bedeuten muss.

Klimaschutz: von Irrwegen zu Auswegen!

Die Verschmutzung der Atmosphäre und Treibhausgase müssen zweifellos reduziert werden, damit wir als Menschen gute Lebensbedingungen in Zukunft haben, also unsere eigene Nische und Ressourcen optimal erhalten. Und auch, wenn Klimawandel der Natur an sich nichts antut, so ist der menschliche Klimaeinfluss zu minimieren – hochwirksam: Lebensraumschutz (unverbaute Natur, intakte Ökosysteme!) –, um ihn abzuschwächen (langsamer Wandel ist immer besser).

Große Fehler erkenne ich aber, wenn unter Flagge des Klimaschutzes wertvolle Lebensräume und auch Schmetterlinge massiv beeinträchtigt werden. Man versucht, Natur vor dem Klimawandel zu retten, zerstört sie dabei, erkennt das oft nicht, und Klimaprobleme werden »aufgeheizt«. Klima, das eigentlich Teil der Natur ist, wird dabei falsch zum Oberbegriff verdreht und noch dazu einseitig betrachtet. Das geschieht besonders oft beim Ausbau dreier der erneuerbaren Energien:

(1) Staudämme für Wasserkraft verbauen Täler, vernichten Wälder, vor allem aber die dynamischen Fluss- und Auenlebensräume mit ihren grandiosen Falterlebensräumen – und vernichten, wie auch (2), große natürliche CO_2-Speicher.

(2) Monokulturen zur Biomasse-Verbrennung (zum Beispiel Mais), auch Forstplantagen für Brennholz und Pellets, verschärfen massiv die Probleme intensiver Landbewirtschaftung. In einst falterreichen Regionen wie dem Westerwald wurden viele intakte Wiesen mit Ameisenbläulingen in den 2010er-Jahren für Mais umgebrochen.

(3) Windräder entstellen nicht nur Landschaft, sie beeinträchtigen auch Standorte und Lebensräume. An den Rotoren sterben allein in Deutschland jährlich Tausende

Vögel, Abertausende Fledermäuse und nach groben Abschätzungen (wie DLR, Deutsches Zentrum für Luft- und Raumfahrt, 2019) auch Milliarden von Fluginsekten (wichtiges »Luftplankton«), darunter eine unbestimmte Zahl Falter. Dieser Insektentod an Windrädern ist angesichts schwerwiegenderer anderer Ursachen wohl kaum für das Insektensterben insgesamt maßgeblich, kommt aber als (kleiner?) weiterer Faktor hinzu, der genauer untersucht gehört.

Die Solartechnik ist (nur) dann ein Problem, wenn Solarmodule auf Freiflächen und Wiesen gestellt werden. So musste ich schon erleben, wie gute Falterwiesen dadurch teilversiegelt, verschattet und entwertet wurden. Module sollten auf Dächer, Fassaden und an bereits versiegelte Flächen sowie in Städten nahe am Verbraucher und weniger im unverbauten ländlichen Raum gebunden werden, dann wäre Solarenergie hilfreich.

Setzen wir im notwendigen Klimaschutz überhaupt die richtigen Schwerpunkte? 25-mal stärker als CO_2 wirkt Methan als Treibhausgas, das unter anderem durch zu hohen Viehbestand verursacht wird. Sogar 300-mal(!) klimaschädlicher als CO_2 ist Lachgas, das durch Mineraldüngung freigesetzt wird, auch wenn diese Gase kurzlebiger sind als CO_2, in das sie übergehen. Überweidung und Überdüngung sind schlecht für Klima und Schmetterlinge zugleich. Die Kuh selbst ist aber unschuldig: Eine extensive Beweidung anstatt Überweidung von Grünland hätte viele Vorteile durch große CO_2-Rückhaltung in Graswurzelsystemen und für falterreiche Grünlandlebensräume. Resiliente, naturnahe und dynamische Lebensräume (»Ökosysteme«), in denen als Zeiger für Intaktheit eine reichhaltige Falterfauna vorkommt, sind zentral für Klimaschutz und (Über-)Leben von uns allen. Dann erst gehen Natur-, Klima- und Schmetterlingsschutz Hand in Hand.

Klimaschutz braucht mehr Naturschutz, eine Agrarwende und eine Energiewende mit regenerativen Energien und neuen Speichern. Solche Energien sind aber nicht pauschal »öko«. Von Irrwegen zu Auswegen ginge es, wenn nicht allein der technische Beitrag von Energieanlagen zur CO_2-Reduktion betrachtet würde. Die Wirkung auf die ganze Natur und Landschaft muss berücksichtigt werden. Noch unverbaute Landschaft dürfte nicht neu bebaut werden. Vielfältigere erneuerbare Energien könnten an der schon zahlreich vorhandenen Großinfrastruktur und bereits verbauten Standorten klug kombiniert werden. Bei Staudämmen, Monokulturen und Windrädern allerdings ist das Maß des Verträglichen voll. Es gibt kaum noch frei fließende Flüsse und wilde Auen, schon so viele Monokulturen und 30 000 Windräder in Deutschland (Stand 2021). Noch mehr wäre maßlos. Maßlosigkeit und Einseitigkeit in vielen Wirtschaftsweisen haben uns erst das Natur- und Klimaproblem beschert. Maßvolleres Leben und Wirtschaften wäre dagegen zentrale Leitlinie und gar nicht so schwer. Lassen wir uns von Schmetterlingen anregen: Sie brauchen Freiräume, vermitteln zwischen Details und dem großen Ganzen – und sind maßvoll auf ihre Art. Besonders: Schmetterlinge!

Bild links: Über den Blattrand blicken und das Ganze sehen: hier Rostfarbiger Dickkopffalter *(Ochlodes sylvanus)*. Versuchen auch wir, viele verschiedene Facetten ganzheitlich zu verbinden: für Natur- und Klimaschutz mit Horizont – nicht dessen Verbau.

Mitfliegen

Abenteuer des Distelfalters: Forschungsreportage mit Weltbürgern

Forscher aus aller Welt folgen vernetzt miteinander den Distelfaltern. Wir sind ganz nahe dran und bieten hier den Mitschnitt der Reportage-Höhepunkte des jährlichen falterreichen »Spiels ohne Grenzen«.

2. März Agadir, Marokko – wir melden uns hier aus dem Hain vor der Stadt. Ei, ei, ei: Schon wieder schlüpft ein Distelfalter. Die sind hier ganzjährig zu finden. Aber was sehe ich? Einige fliegen jetzt auf nach Norden. Wahrscheinlich reicht die Nahrung hier nicht für alle. Bald beginnt die Trockenzeit. Auf geht's, Sportfreunde. Wer übernimmt – und wann?

20. Mai Bonjour aus Paris – können Sie mich verstehen? Von Südwesten fliegen Massen an Distelfaltern ein. Sogar durch die Streben des Eiffelturms. Was für ein Bild! Sie rasten in den Gärten der Bourgeoisie, in den vergessenen Blühstreifen der Banlieues, in den verbliebenen Wiesen der Ile de France. Meine Güte, da legen ein paar ihre Eier ab. Distelfalter à la française.

Hochstauden → S. 76

Blütenreiche Säume → S. 101

Guten Tag, ich schalte mich aus Staudernheim, Deutschland, zu. Hier geschieht das gleiche, nur leider ohne Eiffelturm. Offenbar ein Breitbandzug von Süden durch Europa. An allen erreichbaren Blüten trinken die Falter. Eier finde ich hier verteilt an Disteln, Brennnesseln, Malven.

Wert von Disteln → S. 107

Buongiorno und Grüezi aus Locarno, Tessin – ich bestätige nach Deutschland und Frankreich. Distelfalter ziehen durch die Alpentäler nach Norden. In Vielzahl sitzen sie auf verwildertem Schmetterlingsflieder, Buddleja, diesem Mistzeug, das unsere Auen überwuchert, und trinken. Es geht ihnen offenbar gut. Auch hier legen sie Eier auf fast alles, was nicht bei drei ein Baum ist. Sie begründen eine neue Generation. Andere fliegen weiter Richtung Gotthard auf den Alpenhauptkamm zu. Diese Teufelskerle.

Buddleja → S. 97

Hier meldet sich der Europaort Schengen an der Mosel, Luxembourg. Bei uns laufen die Zahlen aus allen Ländern ein. Derzeit erfolgt nach und nach ein Einflug von Distelfaltern nach Mitteleuropa von insgesamt etwa 100 Millionen Tieren. Unglaublich. Und dennoch waren es auch schon mal mehr. Soweit für heute, den 20. Mai. Weiter geht es im August.

2. August Hier ist Skagen, Dänemark. Die offenbar in Frankreich, in der Schweiz und in Deutschland geschlüpfte neue Generation ist hier angekommen und fliegt weiter übers Meer nach Norden. Norwegen, bitte kommen, habt Ihr genug Blüten? Und jetzt verstehen wir: Kein Falter fliegt nach Norden durch. Es ist fast wie bei einer Staffelübergabe: Die von Süden kommenden Falter legen Eier ab, viele sterben, nur die wenigsten fliegen weiter nach Norden. Vor allem die neu geschlüpfte Generation setzt die Reise fort.

1. September Trondheim calling, hier ist Norwegen. Sie sind weg, einfach weg. Gerade haben sie an den Fjordhängen an kleinen Blüten getrunken, manche Eier abgelegt. Alte Distelfalter und ein paar neu geschlüpfte beobachten wir hier zusammen. Sie nehmen jeden Nektar, den sie irgendwie erreichen können – das muss ihr Geheimnis sein. Von Süd nach Nord nutzen sie die unterschiedliche Vegetation, leben gut mit dem Wandel. Doch wie geht es für sie hier ganz im Norden weiter? Ja, wo sind sie denn?

4. September Hier Tromsø, Nord-Norwegen, ich übernehme. Wir sind hier nördlich des Polarkreises. Unser Radar zeigt kleine Punkte, etwa fünf Kilometer über Grund. Das ist unglaublich. Die Distelfalter, die von Süden kamen, lassen sich in Massen mit aufsteigender Luftströmung in die Höhe tragen. Wenige bleiben am Boden, diese werden wohl bald verhungern, da die Vegetationszeit hier schon bald zu Ende ist. Dramatisches Finale! In der Höhe aber bilden die aufsteigenden Falter eine Art Luftplankton. Begründen wir eine neue Forschungsdisziplin: Aero-Ökologie. Woher kennen die Falter die Winde? Unterstützt durch ihre Flügel lassen sie sich jetzt mit einer starken Höhenströmung nach Süden treiben. Ich rufe alle Stationen. Wer sieht etwas?

8. September Hier Staudernheim, Deutschland. Wir erleben einen starken Einflug von Distelfaltern von Norden. Das müssen die sein, die von Norwegen kommen. Manche saugen Nektar, vermischen sich mit den hier gebliebenen oder hier geschlüpften Artgenossen. Die meisten gaukeln aber weiter südwärts, einige fliegen wieder in großer Höhe, andere vor mir in Gesichtshöhe. Die müssen verrückt sein.

Nektar für Wanderfalter → S. 76

11. September Hier sendet Agadir, Marokko – die Wüste lebt. Sichtbar abgeflogene Distelfalter von Norden kamen an, finden hier Blüten. Neuer beobachteter Rekord: nur fünf Tage nach Eurer Sichtung am Polarkreis. Das schafft nicht mal Ihr, Sportsfreunde. Das Hauptfeld kommt aber später, in den nächsten Tagen. Und dann geht es hier wieder weiter: auf der Suche nach Nahrung, angepasst an eine grenzenlose Natur. Mögen alte Grenzen durch Blüten überwunden werden.

Blütenangebot in ganzer Vegetationszeit

Vierter Zwischenfall: Interview mit einem Ameisenbläuling

Dank der Biotranslation unterhalte ich mich mit einem Dunklen Wiesenknopf-Ameisenbläuling *(Phengaris [Maculinea] nausithous)*. Er saugt gerade an der purpurnen Blüte des Großen Wiesenknopfes *(Sanguisorba officinalis)*.

Michael Altmoos (MA) Na, schmeckt's?

Ameisenbläuling (A) *Klar, komm, hier ist noch Platz. Falte Dich zusammen, so wie ich.*

MA Ich weiß, dass Ihr mit zusammengeklappten Flügeln trinkt. Schade, dabei sind Eure Flügeloberseiten so schön. Wie kann ich Dich in meinen Garten einladen?

A *Da musst Du viel bieten. Wird nicht einfach, sag ich gleich. Wir legen unsere Eier nur auf offene Blüten des Großen Wiesenknopfes. Die wachsen auf nicht überdüngten, feuchten Wiesen oder Säumen.*

MA Aus Eiern schlüpfen dann die Raupen. Das kann doch jeder Falter.

A *I am the special one! Zunächst fressen unsere Kleinen drei Larvenstadien lang an der Blüte. Aber dann, plötzlich, lassen sie sich runterfallen.*

Bild links: Lebensraumkomplex Castelfeder (Etschtal, Südtirol) auf einer Wanderroute der Distelfalter. Solche Ökotone, also Übergänge, (hier parkartig von Wald, Gebüschen, magerem Grünland, Feuchtstellen und Felsen) sind wichtige Lebensräume vieler Schmetterlinge, manchmal auch der Ameisenbläulinge.

MA Sind wohl zu fett geworden? Gier tötet, sage ich immer.

A *Wir sind doch keine Menschen! Das Fallen ist Kalkül. Am Boden finden uns die Roten Knotenameisen, zauberhaft Myrmica rubra genannt. Nur wo die vorkommen, leben wir. Die locken wir als Raupe mit einem betörenden Duftstoff, der nach Ameisennest riecht. Daher tragen uns die Ameisen in ihr Nest. Bist Du auch schon mal auf einer Sänfte getragen worden?*

MA Ich laufe lieber selbst, solange ich kann. Wozu das Ganze?

A *Du bist wohl nicht sehr helle? Ist doch klar: Im unterirdischen Ameisennest sind wir geschützt, da ist es schön kuschelig. Und wir bedanken uns auf unsere Art: Wir fressen die Ameisenbrut auf. Klasse Buffet.*

MA Ihr habt es ja faustdick hinter den Fühlern. Und das lassen sich die Ameisen gefallen?

A *Meine Güte, Du bist wirklich zu brav: Unser Duft betört die. Wir sondern ein Sekret ab. Ameisendroge. Noch nie was mit Drogen gehabt?*

MA Nein. Ich bin ja kein Bläuling. Und ich wüsste nicht, was das soll.

A *Schön blöd. So können wir den Winter gut überbrücken. Und wenn es eine Ameise merkt, können wir leise Geräusche machen. Wir klingen wie die Ameisenkönigin. In Ruhe verpuppen wir uns, sondern Honigtau ab, den die Ameisen mögen, und sie fressen uns nicht. Betrügen hilft im Leben.*

MA Da sag noch einer, stummer unschuldiger Schmetterling. Doch Ihr könnt nicht dauerhaft unterirdisch leben. Habt Ihr nicht doch ein Problem?

A *Blitzmerker! Aber wie Ihr sagen würdet: no risk, no fun. Wir sagen: no risk, no Falter. Sobald wir aus der Puppe schlüpfen, heißt es, nichts wie raus. Dann merken die Ameisen den Schwindel, und diesmal wollen sie uns fressen. Wir hauen meist in den frühen Morgenstunden ab, da sind auch Ameisen am schläfrigsten. Kann ich nur empfehlen, wenn du mal Stress hast. Wenige von uns erwischt es zwar, die meisten kommen aber raus. Draußen erst entfalten wir die Flügel, brauchen Zeit zum Trocknen, steigen in die Höhe. Hoch über die Ameisen, unser Bodenpersonal.*

MA Ein raffiniertes Spiel. Und wenn Ihr an die falschen Ameisen kommt?

A *Ist schon passiert. Dann massakrieren die unsere Raupen. Tja, jede Strategie hat bedauerliche Schwächen. Aber insgesamt eine super Symbiose, wir und Ameisen.*

MA Symbiose? Friedliches Zusammenleben zum Vorteil aller? Das kann nicht sein, Ihr nutzt die aus. Ihr seid Parasiten!

A *Sei nicht so kleinlich. Die Ameisen erhalten von uns Honigtau und jede Menge Drogen. Die lieben das und haben ein super Leben, da kann man schon mal seine Ameisenkinder opfern. Sei ehrlich: Wann steigt Deine Drogenparty?*

MA Du betonst auffallend oft Drogen. Bist Du abhängig? Voll auf Stoff?

A *Alles in Natur besteht aus Stoffen und Stoffkreislauf. Die Natur ist ein riesiges Drogenlabor. So sehe ich das, so leben wir. Wir sind Meister der Düfte, Sekrete, Gerüche. Nenn uns Molekülzauberer!*

MA Das will ich anders ausdrücken, obwohl auch wir Menschen mehr von Düften und Biochemie abhängen, als uns im Alltag bewusst ist. Natur nüchtern mit allen Sinnen bewusst zu erleben, ist aber der erfüllendste und gesündeste Rausch, den ich als Mensch haben kann. Aber okay: Symbiose und Parasitismus sind nicht immer klar zu trennen. Natur besteht aus Übergängen.

A *Na also, geht doch. Aber bevor Du gehst: Wir haben Stress. Der Wiesenknopf verschwindet wegen Eurem Mist, und das meine ich wörtlich. Gülle ist ein ganz fieser Stoff, miese Billigproduktion, anders als unsere feinen Drogenstoffe. Unser Leben könnte scheitern und, ehrlich gesagt, wir haben keinen Plan B. Kannst Du helfen?*

MA Auch wir haben keinen Plan B, ich meine Planet B. Vielleicht hört uns jemand, der eine bodenfeuchte Wiese bewirtschaftet oder Wegränder pflegt.

A *Ah, Wunschkonzert – hör zu: Mahd irgendwann unbedingt, aber zumindest Teile nicht zwischen Juni und September. Manche Stellen sogar nur alle zwei Jahre spät im September mähen. Insgesamt ein Wiesen-Saum-Mosaik, unser Lieblingsmix. Gerne von sonnig bis halbschattig. Nicht zu bodennah mähen, denn die Ameisen müssen überleben, bevor wir sie belügen und betrügen. Nein zu fiesen Mulchmähern und Düngung. Gar nicht schwer. Bist Du dabei?*

MA Du bist ganz schön anspruchsvoll.

A *Wir sind halt Spezialisten. Aber wir sind beweglich. Früher hat es immer irgendwo verteilt ein paar Wiesenecken und Randstreifen gegeben, die reichten – weil wir sie erreichten. Wir sind halt meta.*

MA Ja, zu Metapopulationen schreibe ich auch. Ach, wie schön blau Dein Flügel jetzt leuchtet, kurz aufgeklappt. Ihr seid es wert, Ihr raffinierten Gauner. Jetzt hast Du mich.

Letzte Flügelschläge

Achtung vor dem Leben!

Der Falter rührt sich nicht mehr.

Zierlich, zart, berührend schön mit seinen weiß-gelben Flügeln liegt er im engen Glas. Noch einmal kommt Bewegung in sein zitterndes Sein. Wie schön er doch ist, denkt der 13-jährige Junge, der ihn gefangen hat – und es gerade bereut. Der Todeskampf endet. Das einfallende Sonnenlicht lässt das Weiß und Gelb der Flügel erstrahlen. Der Schmetterling wurde »sachgerecht« getötet durch eine Äthermischung, die auf einen Wattebausch ins Glas eingebracht wurde. Hält die Welt immer den Atem an, wenn ein Lebewesen unnötig stirbt? Verblassen für einen Moment die Farben?

Der Junge war ich. Es war das letzte Mal, dass ich einen Schmetterling absichtlich getötet habe. »Michael, alles in Ordnung?« Meine Eltern riefen mich. Wir befanden uns auf den blumenbunten Sunnegga-Bergwiesen bei Zermatt im Schweizer Wallis, einem Naturparadies, in unserem Familienurlaub des Jahres 1980. Viele bunte Falter gaukelten frei um uns herum. »Ja, alles okay!« Noch gibt es genug Farbe in der Welt.

Woher mein so großes Erschrecken über den Tod des Falters kam, der doch geplant war, weiß ich nicht. Hätte ich ihn nicht gefangen, wäre er vielleicht von einem Vogel erhascht worden? War es die Enge des Glases für ein freies Wesen? Das Entsetzen, wie durch meine Aktion etwas so unschuldig Lebendiges zum Tode übergeht? Der Tod, eine ferne Ahnung der eigenen Zukunft? Mit den Jahren entwickelte ich einen großen Drang nach Freiheit und Lebendigkeit, so wie wir uns Schmetterlinge gerne vorstellen, die mit uns fliegen. Besonders: Schmetterlinge!

Mit Kindheitserlebnissen habe ich in dieses Buch eingeführt. Und so lasse ich es verklingen. Aber bin ich, sind wir jemals erwachsen? Und wollen wir das überhaupt sein? Dieses Buch ist für Erwachsene und solche, die es werden wollen und doch nie das Kind in sich verlieren. Besonders mit Schmetterlingen!

Jener Falter schaffte es nie in meine eigene Schmetterlingssammlung, die mit diesem Tag zu Ende war. Er wurde behutsam aus dem Glas entnommen und sanft beerdigt. Bei Erscheinen des Buches im Jahr 2021, 40 Jahre nach diesem Kindheitserlebnis, betreibe ich als Ökologe und Naturschützer mit meiner Familie ein Museum für Naturschutz

Bild links: Falter – so zerbrechlich. Gehen wir in Respekt vor ihnen mal auf die Knie. So sehen wir den Skabiosen-Scheckenfalter *(Euphydryas aurinia)* von unten, ein Wesen des Lichts. Er ist eine europaweit geschützte Art, die blütenreiche magere Wiesen mit Teufelsabbiss oder Taubenskabiose zur Raupennahrung benötigt.

in Staudernheim. Wenn ich das damals geahnt hätte? Das Sammeln konnte ich nie sein lassen, zu groß die Faszination für Vielfalt. In meinem Museum gibt es zwar auch Schmetterlinge, übernommen aus alten Sammlungen, weil das früher so war. Aber heute konzentriere ich mich beim Sammeln auf Naturobjekte und Gegenstände aller Art, die nicht extra sterben mussten. Sie sind möglichst wissenschaftlich relevant, symbolisieren ökologische Zusammenhänge und Naturschutz. Und im großen Naturgelände meines Museums biete ich einen Naturfreiraum voller Lebendigkeit. Darin Achtsamkeit für Leben anzuregen, ist mir wichtig.

Verträgliches Schmetterlingssammeln und Forschen mit Nutzen

Entdecken, erforschen und sammeln Sie mit Fotos Schmetterlinge. Auch damit kann man wichtige wissenschaftliche Dokumentationen anfertigen, erst recht, wenn die Raum- und Zeitkoordinaten (zum Beispiel GPS) mit den Fotos verknüpft werden. Dazu gehört auch eine Aufnahme des Habitats und der umgebenden Landschaft. Und wenn Sie Zeitreihen vom selben Ort machen, erleben Sie Verwandlungen auch auf diese Art.

Erfassen, Sammeln, Forschen

Das absichtliche Töten eines Insekts für die Wissenschaft mag ich nicht für andere ausschließen, auch wenn ich es für mich persönlich ablehne. Es gehört zu manchen Forschungsarbeiten dazu – auch behutsames Sammeln kann weiter wichtig sein –, sollte aber in unseren Zeiten mit DNA-Analysen (zum Beispiel anhand unschädlicher Gewebeprobe eines Beinteiles) und modernen fotografischen Techniken nur noch Ultima Ratio sein. Durch Sammeln von Einzeltieren werden Schmetterlingsvorkommen normalerweise nicht gefährdet. Ausnahmen sind kleine Restvorkommen seltener Arten in eng begrenzten Gebieten, zum Beispiel der Rote Apollo an der Mosel, für die Fangverbote wichtig sind. Entscheidender ist, dass es gute Lebensräume gibt.

Oft bewirken Verbote des Sammelns und auch manche Betretungsverbote sogar das Gegenteil von Naturschutz: Wenn Menschen nicht mehr die Erfahrung machen können, Pflanzen und Tiere selbst zu erfassen, ihnen nahe zu kommen, verschwindet die Beziehung, geht Wissen verloren. Es gibt eine »Wissenserosion« in Artenkenntnissen. Die Gefahr ist, dass man das Aussterben vieler Falter kaum noch wahrnimmt. Das ist dramatischer als das Töten von Einzeltieren. Und so ist es wichtig, dass Sie, liebe Leserin, lieber Leser, wirklich gerne in die Natur gehen, genießen, entdecken und forschen – natürlich rücksichtsvoll, auch zu Schmetterlingen. Die und wir sind Teil des Ganzen, verbunden in einem gemeinsamen Schicksal.

Bild rechts: Happy End auch für den Baumweißling *(Aporia crataegi)?* Das bestimmen wir mit.

Epilog

Das andere Ende

Kennen Sie das? Sie haben einen wunderbaren Naturfilm genossen. Oder ein Sachbuch, einen Ratgeber. Diesen hier? Wie schön die Welt doch ist. Man ist beseelt, motiviert. Dann aber zum Finale erhebt sich die Stimme des Sprechers, man spürt den moralischen Zeigefinger: Und dies ist jetzt alles in Gefahr. Mahnende Worte. Kennen Sie doch!

Sonnenuntergang. Frust. Fertig.

Viele Werke enden mit solchen negativen Ausstiegsmomenten. Man bleibt etwas frustriert zurück. Drehen wir das hier doch mal um. Ich werde Ihnen jetzt nicht von der Macht der Agrarindustrie oder dem Massengeschmack für aufgeräumte Grünflächen berichten. Besser ist es, in Richtung Happy End zu blicken, mit Sonnenaufgang statt Untergang: Schmetterlinge verzaubern mit ihren Verwandlungen in Schönheit und Vielfalt auch den ordnungsliebendsten Gärtner. Schmetterlinge sind derart wichtige Zeiger für Lebensqualität, dass Landwirte und Verbraucher ihr Handeln daran messen, ob auf den Flächen viele Falter leben. Schmetterlinge verbinden Menschen mit ihrer Natur so tief, dass ein jeder gerne lächelt, wenn er sie sieht. Dafür dieses Buch!

Jeder Schmetterlingsplatz, sei er noch so klein, ist ein Zeichen gegen Zerstörung und für eine lebendige Zukunft. Er wirkt! Viele Oasen für Schmetterlinge verwandeln die Wüste. Natur hat so viel Kraft. Binden wir sie klug ein. Ja, es ist möglich.

Sonnenaufgang. Lust. Nie fertig.

Der Autor

Michael Altmoos, 1967 in Mannheim geboren, ist Ökologe und Naturschützer mit Diplom in Naturschutz-Biologie (Marburg 1994) und Promotion in Geografie (Dr. rer. nat., Leipzig 1999). Zu Schmetterlingen forschte er an Hecken in Hessen, in Bergbaufolgelandschaften Ostdeutschlands, bezog sie ein in ein Zielartensystem im Biosphärenreservat Rhön und arbeitete mit ihnen für das europaweite Gebietssystem Natura 2000 (»FFH«) am deutschen Bundesamt für Naturschutz und lange im Landesamt für Umwelt Rheinland-Pfalz (2002 bis 2020). Seit 2020 arbeitet er im Ministerium für Umwelt und Verbraucherschutz des Saarlandes, Referat D/2 »Arten- und Biotopschutz, Zentrum für Biodokumentation«.

Unabhängig davon betreibt er seit 2012 mit seiner Familie das »Nahe der Natur – Mitmach-Museum für Naturschutz« in Staudernheim mit Naturgelände, Moosgarten und »SchmetterlingsReich«. Darin kombiniert er aktuelle Wissenschaft, Praxis und Bildung zu einem kreativen Naturschutz mit Rundblick. Sein Herz schlägt besonders für dynamische Sichtweisen und neue Wildnis. Schmetterlingen fühlt er sich verbunden im Streben nach Leben und Freiheit, zwischen Scheitern und Neubeginn.

Sein Lieblingszitat zu Schmetterlingen stammt von Maya Angelou:

Wir staunen über die Schönheit eines Schmetterlings,
aber erkennen die Veränderungen so selten an, durch die er gehen musste,
um so schön zu werden.

Im pala-verlag erschien 2019 von Michael Altmoos in ähnlichem Stil:
Der Moosgarten.
Naturnah gestalten mit Moosen. Praxiswissen, Inspiration, Naturschutz

Weitere Informationen:
Nahe der Natur – Mitmach-Museum für Naturschutz
www.nahe-natur.com

Pflanzen für den Faltergarten

Kräuter und Stauden

Rang	Botanischer Name Deutscher Name	Raupen-Artenzahl Raupenpflanze-Bemerkung	Nektar-Bedeutung Nektarpflanze-Bemerkung	
1	Vaccinium myrtillus **Heidelbeere**	**106** Top: ganz viele Nachtfalter, monophag z. B. Ebereschen-Blattspanner, Blaßgrüner Heidelbeerspanner	keine Bedeutung	
2	Calluna vulgaris **Besenheide**	**80** Top: ganz viele Nachtfalter, monophag z. B. Kiefernheide-Erdeule, Gebänderter Heidekraut-Blütenspanner	für bestimmte Arten; stellenweise wichtig für Dukatenfalter, Dickkopffalter, Feuerfalterarten	
3	Taraxacum officinale **Löwenzahn**	**60** Top: aber zumeist Allerweltsarten	mittlere Bedeutung; wird von vielen Faltern unspezifisch genutzt	
4	Urtica dioica **Große Brennnessel**	**36** Top: ganz viele zumeist häufige Arten, aber auch monophage »Brennnesselfalter«	keine Bedeutung	
5	Rumex acetosa **Sauerampfer**	**32** Top und wichtig für Feuerfalter-Arten und Grünwidderchen	keine Bedeutung	
6	Lotus corniculatus **Hornklee, Schweiz: Schotenklee**	**32** Top: darunter Gemeiner Bläuling (Polyommatus icarus), weitere Bläulinge	**hohe Bedeutung:** Top – Vielfalt; beliebt bei vielen Tagfaltern, besonders bei Bläulingen	!
7	Rumex acetosella **Kleiner Sauerampfer**	**30** Top: auch wichtig für einige Feuerfalter-Arten	keine Bedeutung	
8	Hypocrepis comosa **Hufeisenklee**	**30** Top: auch wichtig für Bläulinge, besonders Himmelblauer Bläuling (Polyommatus bellargus)	für bestimmte Arten; viele Bläulinge	
9	Lamium **Heimische Taubnessel-Arten, rot und weiß**	**25** viele Nachtfalter, in warmen Regionen Weißfleck-Widderchen	geringe Bedeutung; weniger für Tagfalter, aber für Wildbienen	
10	Plantago lanceolata **Spitzwegerich**	**24** viele Nachtfalter, verschiedene Scheckenfalterarten	geringe Bedeutung; gelegentlich Tagfalter, mehr Wildbienen	
11	Vicia sepium, Vicia cracca **Wicke**	**24** viele Nachtfalter, z. B. Rostspanner, Wickeneule	mittlere Bedeutung; trotz auffälliger Blüte nur wenige Schmetterlinge, aber Wildbienen	
12	Hieracium **Heimische Habichtskraut-Arten**	**24** viele Eulen und Mönche	mittlere Bedeutung; wird von vielen Tagfaltern gelegentlich genutzt	
13	Medicago sativa **Saat-Luzerne**	**23** viele Nachtfalter, manche Bläulinge, auch Distelfalter	mittlere Bedeutung; Weißlinge, Bläulinge, Dickkopffalter	

Achtung: Erläuterungen zur Pflanzen-Auswahl und zur Tabellen-Darstellung: Seite 105 bis 106

Blütenfarbe Blütenform	Blütezeit	Wuchs	Boden	Natur-Lebensraum Besonderheit	Botanischer Name Deutscher Name	Rang
weißlich Glocke	Spät-frühling bis Sommer	mittelhoch	sandig, trocken, variabel	lichte, bodensaure Wälder, Heiden	Vaccinium myrtillus **Heidelbeere**	**1**
violett Glocke	Spät-sommer bis Herbst	mittelhoch	sandig, trocken	lichte, bodensaure Wälder, Heiden	Calluna vulgaris **Besenheide**	**2**
gelb Schirmblüte	Frühling, auch später	mittelhoch	eutroph	Fettwiesen	Taraxacum officinale **Löwenzahn**	**3**
grünlich	Frühling	mittelhoch bis hoch	eutroph	eutrophe Stellen, Säume, Auen	Urtica dioica **Große Brennnessel**	**4**
braun-rötlich Traube	Spät-frühling bis Sommer	hoch	frisch bis eutroph	eutrophe Stellen, Säume, Auen, Wiesen	Rumex acetosa **Sauerampfer**	**5**
gelb Schmetter-lingsblüte	Sommer bis Herbst	niedrig	mager bis frisch	Wiesen aller Art, Ruderalstellen, Raine	Lotus corniculatus **Hornklee, Schweiz: Schotenklee**	**6**
braun-rötlich Traube	Spät-frühling bis Sommer	mittelhoch	mager bis frisch	Wiesen, Weiden, Säume	Rumex acetosella Kleiner Sauerampfer	**7**
gelb Schmetter-lingsblüte	Spät-frühling bis Sommer	niedrig	mager bis frisch	Magerrasen	Hypocrepis comosa **Hufeisenklee**	**8**
weiß und rot Lippenblüte	Spät-frühling bis Sommer	mittelhoch	eutroph	Säume, Wälder	Lamium **Heimische Taubnessel-Arten, rot und weiß**	**9**
grau-weiß Grasköpfchen	Spät-frühling bis Sommer	mittelhoch	variabel	Säume, Wiesen	Plantago lanceolata **Spitzwegerich**	**10**
blau-rot Schmetter-lingsblüte	Spät-frühling bis Sommer	mittelhoch	frisch	Säume, Wiesen	Vicia sepium, Vicia cracca **Wicke**	**11**
orange-gelb Schirmblüte	Spät-frühling bis Sommer	mittelhoch	mager bis frisch	Säume, Wiesen, lichte Wälder	Hieracium **Heimische Habichtskraut-Arten**	**12**
blau Schmetter-lingsblüte	Sommer	mittelhoch	mittel bis eutroph	Säume, Wiesen	Medicago sativa **Saat-Luzerne**	**13**

Rang	Botanischer Name Deutscher Name	Raupen-Artenzahl Raupenpflanze-Bemerkung	Nektar-Bedeutung Nektarpflanze-Bemerkung
14	Silene vulgaris **Taubenkropf-Nelke, Taubenkropf-Leimkraut**	**22** Nachtfalter, z. B. Leinkraut-Kapselspanner, Leimkrauteulen	mittlere Bedeutung; vor allem für Eulen, auch Linienschwärmer, Kleinen und Mittleren Weinschwärmer
15	Euphorbia cyparissias **Zypressen-Wolfsmilch**	**21** Nachtfalter, Zypressen-Wolfsmilch-Glasflügler, Mausspanner darauf angewiesen, polyphag z. B. Spätsommer-Glasflügler, Wolfsmilchschwärmer (bunte Raupen)	mittlere Bedeutung; nur wenige Tagfalter, gerne Würfelfalter und Glasflügler
16	Thymus pulegioides, Thymus serpyllum **Heimische Thymian-Arten**	**18** viele Nachtfalter, z. B. Steinspanner, Blütenspanner	**hohe Bedeutung:** Top – Vielfalt; **!** beliebt bei vielen Arten, häufig: Bläulinge, Kleiner Fuchs, Weißlinge
17	Silene nutans **Nickendes Leimkraut**	**14** viele Nachtfalter, vor allem Eulen	mittlere Bedeutung; Nachtfalter
18	Salvia pratensis **Wiesensalbei**	**17** vorwiegend Spanner	mittlere Bedeutung; einige Tagfalter, darunter gerne Schwalbenschwanz, Bläulinge, Weißlinge
19	Eupatorium cannabinum **Wasserdost**	**16** anpassungsfähige Nachtfalter, z. B. Brauner Bär	**hohe Bedeutung:** Top – Vielfalt; **!** vor allem im Spätsommer die Top-Nektarpflanze mit Massen- anziehungskraft, gerne Spanische Flagge (Callimorpha quadripunctaria)
20	Lathyrus pratensis **Wiesen-Platterbse**	**16** Weißlingsarten, einige Nachtfalter, auch Schlupfwespen-Glasflügler	geringe Bedeutung; für wenige Falter, mehr für Wildbienen
21	Galium mollugo **Wiesen-Labkraut**	**15** Nachtfalter, z. B. Labkrautschwärmer	geringe Bedeutung
22	Artemisia vulgaris **Beifuß**	**15** viele Nachtfalter, polyphag z. B. Gammaeule, Beifußmönch	keine Bedeutung
23	Filipendula ulmaria **Mädesüß**	**14** polyphag z. B. Mädesüß-Perlmutter, Kleiner und Gewöhnlicher Würfeldickkopffalter	geringe Bedeutung; trotz auffälliger Blüte und Duft nur wenige Tagfalter, wird aber mitgenutzt
24	Tussilago farfara **Huflattich**	**13** Nachtfalter, polyphag z. B. Blutbär, Buchdruckereule, Purpurglanzeule	für bestimmte Arten; wichtig für sehr früh fliegende Falter und aufwachende Überwinterer
25	Verbascum **Heimische Königskerzen-Arten**	**13** auffällig: Königskerzen-Mönch (Brauner Mönch), weitere kleine Eulen und Mönche	keine Bedeutung
26	Hypericum perforatum **Johanniskraut**	**12** besonders Eulen und Spanner, z. B. Johanniskraut-Eule, Johanniskraut-Glasflügler	geringe Bedeutung; Glasflügler, Kleinschmetterlinge

Blütenfarbe Blütenform	Blütezeit	Wuchs	Boden	Natur-Lebensraum Besonderheit	Botanischer Name Deutscher Name	Rang
weiß Glocke	Spät- frühling bis Sommer	mittelhoch	mager bis frisch	Säume, Wiesen Nacht!	Silene vulgaris **Taubenkropf-Nelke, Taubenkropf-Leimkraut**	14
gelb Schelle	Spät- frühling bis Herbst	mittelhoch	mager bis frisch	Säume, Wiesen	Euphorbia cyparissias **Zypressen-Wolfsmilch**	15
rot (zart) Strahlenblüte	Frühling bis Herbst	niedrig, polster- bildend	mager bis frisch	Magerrasen Duft!	Thymus pulegioides, Thymus serpyllum **Heimische Thymian-Arten**	16
grau-weiß Glocke	Spät- frühling bis Sommer	mittelhoch	mager	Magerflächen, Säume Nacht!	Silene nutans **Nickendes Leimkraut**	17
blau Salbeiblüte	Sommer	mittelhoch	mager bis frisch	Wiesen	Salvia pratensis **Wiesensalbei**	18
rot-violett Dolde	Sommer bis Herbst	hoch (bis 2 m!)	frisch bis eutroph, gerne feucht	Ufer, Säume, Staudenbeete	Eupatorium cannabinum **Wasserdost**	19
gelb Schmetter- lingsblüte	Spät- frühling bis Sommer	mittelhoch	frisch	Säume, Wiesen	Lathyrus pratensis **Wiesen-Platterbse**	20
weiß zarte Dolde	Spät- frühling bis Sommer	mittelhoch bis hoch	frisch	Säume, Wiesen	Galium mollugo **Wiesen-Labkraut**	21
braun Traube	Spät- frühling bis Sommer	hoch	variabel	Säume allergen	Artemisia vulgaris **Beifuß**	22
weiß große Traube	Spät- frühling bis Sommer	hoch	feucht	Ufer, Feuchtwiesen Duft!	Filipendula ulmaria **Mädesüß**	23
gelb Strahlenblüte	sehr früher Frühling	mittelhoch	frisch bis feucht	sonnige Ruderalstellen	Tussilago farfara **Huflattich**	24
gelb Kerze	Spät- frühling bis Sommer	hoch	mager	sonnige Ruderalstellen, Säume	Verbascum **Heimische Königskerzen-Arten**	25
gelb Strahlenblüte	Spät- frühling bis Sommer	mittelhoch	mager	Säume, Wiesen, Ruderalstellen	Hypericum perforatum **Johanniskraut**	26

Rang	Botanischer Name Deutscher Name	Raupen-Artenzahl Raupenpflanze-Bemerkung	Nektar-Bedeutung Nektarpflanze-Bemerkung	
27	Epilobium angustifolium **Weidenröschen**	**12** einige Nachtfalter, darunter Nachtkerzenschwärmer	geringe Bedeutung; wird gerne von Weißlingen mitgenutzt	
28	Ononis spinosa **Dornige Hauhechel**	**11** z. B. Magerrasen-Hauhechelspanner, Hauhechel-Glasflügler, Schlufpwespen-Glasflügler, auch Gemeiner Bläuling, Kleines Nachtpfauenauge	geringe Bedeutung; gelegentlich Feuerfalter	
29	Echium vulgare **Natternkopf**	**11** einige Nachtfalter, selten auch für Ameisenbläulinge (Maculinea arion)	**hohe Bedeutung:** Top – Vielfalt; **!** attraktiv für Taubenschwänzchen, noch mehr aber für Wildbienen	
30	Origanum vulgare **Oregano, Wilder Majoran**	**11** einige Nachtfalter, monophag z. B. Dost-Glasfügler, polyphag z. B. Mohrenfalter (Erebia aethiops)	**hohe Bedeutung:** Top – Vielfalt; **!** beliebt bei vielen Tagfaltern: Weißlinge, Ochsenauge, Segelfalter, Schwalbenschwanz	
31	Bistorta officinalis **Schlangenknöterich**	**10** Nachtfalter, entscheidend für Blauen Feuerfalter (Lycaena helle), wo er vorkommt	geringe Bedeutung; wird von manchen Schmetterlingen mitgenutzt	
32	Centaurea jacea (ähnlich: Centaurea scabiosa) **Wiesen-Flockenblume**	**10** (manchmal) Skabiosen-Scheckenfalter (Eurodryas aurinia), Skabiosen-Schwärmer (Hemaris tityus), Rindeneulen	**hohe Bedeutung:** Top – Vielfalt; **!** beliebt bei vielen Arten, häufig: Widderchen, Schachbrett, Ochsenauge, Mohrenfalter	
33	Trifolium pratense **Rotklee, Wiesenklee**	**10** wichtig für Rotklee-Bläuling, manche Nachtfalter	hohe Bedeutung; für anpassungsfähige Falter; Klee-Nektar oft wichtig für Schwalbenschwanz und Segelfalter	
34	Daucus carota **Wilde Möhre**	**10** viele Nachtfalter, Tagfalter: besonders Schwalbenschwanz!	**hohe Bedeutung;** **!** viele Tagfalter und Nachtfalter	
35	Lythrum salicaria **Blutweiderich**	**10** wenige Nachtfalter, aber auch Faulbaumbläuling	**hohe Bedeutung;** **!** beliebt bei Weißlingen, »Brennnesselfaltern«, breites Falterbesuchsspektrum	
36	Humulus lupulus **Hopfen**	**9** Nachtfalter, aber auch C-Falter!	keine Bedeutung	
37	Achillea millefolium **Schafgarbe**	**9** einige Nachtfalter, z. B. Erdeule, Hofdame (Spinner), Smaragdgrüner Schafgarbenspanner	mittlere Bedeutung; wird gerne von verschiedenen Scheckenfaltern, Wiesenvögelchen, Zipfelfaltern genutzt	
38	Heracleum sphodylium **Wiesenbärenklau**	**8** manche Nachtfalter, z. B. Silberpunkt-Höckereule	mittlere Bedeutung; wird besonders gerne von Landkärtchen und Pflaumen-Zipfelfalter genutzt, auch von Kaisermantel	
39	Sedum album **Weiße Fetthenne, Mauerpfeffer**	**8** manche Nachtfalter, Roter Apollo (nur dort, wo er vorkommt!)	für bestimmte Arten; Apollo, wird von manchen Tagfaltern (Bläulingen, Zipfelfaltern) gerne genutzt	

Blütenfarbe Blütenform	Blütezeit	Wuchs	Boden	Natur-Lebensraum Besonderheit	Botanischer Name Deutscher Name	Rang
rot Kerze	Spät- frühling bis Sommer	hoch	variabel	sonnige Ruderalstellen, Säume	Epilobium angustifolium **Weidenröschen**	27
rosa Schmetter- lingsblüte	Spät- frühling bis Sommer	mittelhoch	mager	sonnige Ruderalstellen, Säume	Ononis spinosa **Dornige Hauhechel**	28
blau Raublüte	Spät- frühling bis Sommer	mittelhoch	mager bis frisch	sonnige Ruderalstellen	Echium vulgare **Natternkopf**	29
rot (zart) Dolde	Sommer bis Herbst	niedrig	mager bis frisch	Magerrasen, Raine, Säume, Ruderalstellen Duft!	Origanum vulgare **Oregano, Wilder Majoran**	30
rosa auffällige Traube	Spät- frühling bis Sommer	mittelhoch	feucht	Feuchtwiesen, Feuchtbrachen, Säume	Bistorta officinalis **Schlangenknöterich**	31
rot Schirmblüte	Sommer	mittelhoch	mager bis frisch	Wiesen	Centaurea jacea (ähnlich: Centaurea scabiosa) **Wiesen-Flockenblume**	32
rot Kleekopf	Sommer	mittelhoch	frisch bis fett	Wiesen	Trifolium pratense **Rotklee, Wiesenklee**	33
weiß Dolde	Sommer bis Herbst	mittelhoch	mager bis mittel	Magerrasen, Ruderalstellen, Wiesen	Daucus carota **Wilde Möhre**	34
rot (knallig) Schmetter- lingsblüte	Sommer bis Herbst	hoch	eutroph, feucht, frisch	Ufer, Feuchtwiesen, Böschungen	Lythrum salicaria **Blutweiderich**	35
grün Hopfen	Spät- frühling bis Sommer	hoch (kletternd)	frisch bis eutroph	Säume, Wälder	Humulus lupulus **Hopfen**	36
weiß Schirmblüte	Spät- frühling bis Sommer	mittelhoch	frisch	Säume, Wiesen	Achillea millefolium **Schafgarbe**	37
weiß Schirmblüte	Spät- frühling bis Sommer	hoch	frisch bis eutroph	Säume, Wiesen	Heracleum sphodylium **Wiesenbärenklau**	38
weiß Strahlenblüte	Spät- frühling bis Sommer	niedrig, polster- bildend	mager	Steinfluren	Sedum album **Weiße Fetthenne, Mauerpfeffer**	39

Rang	Botanischer Name Deutscher Name	Raupen-Artenzahl Raupenpflanze-Bemerkung	Nektar-Bedeutung Nektarpflanze-Bemerkung
40	Tanacetum vulgare **Rainfarn**	**8** einige Nachtfalter, polyphag z. B. Zimtbär, Rotrandbär, Rainfarn-Blütenspanner	mittlere Bedeutung; beliebt bei Dickkopffaltern, Bläulingen, Feuerfaltern
41	Viola (z. B. Viola odorata) **(Wohlriechendes) Veilchen, ähnlich andere Wildveilchen**	**7** Kaisermantel, manche Scheckenfalter	geringe Bedeutung; gelegentliche Falterbesuche
42	Anthyllis vulneraria **Wundklee**	**6** Bläulinge, z. B. Zwergbläuling (kleinster Tagfalter!), Wundkleebläuling, Dickkopffalter	**hohe Bedeutung;** ! beliebt bei vielen Bläulingen
43	Sanguisorba officinalis **Großer Wiesenknopf**	**6** Ameisenbläulinge!	für bestimmte Arten; Ameisenbläulinge darauf angewiesen
44	Helianthemum nummularium **Sonnenröschen**	**6** z. B. Sonnenröschen-Dickkopffalter, Sonnenröschen-Bläuling	für bestimmte Arten; Sonnenröschen-Dickkopffalter, Sonnenröschen-Bläuling, andere früh fliegende Arten
45	Silene alba **Weiße Lichtnelke**	**6** Nachtfalter (Eulen)	geringe bis mittlere Bedeutung; häufige Falter besuchen sie gerne
46	Silene dioica **Rote Lichtnelke**	**6** Nachtfalter (Eulen)	geringe bis mittlere Bedeutung; häufige Falter besuchen sie gerne
47	Cirsium, Carduus, Eryngium, weitere Gattungen **Heimische Distel-Arten**	mindestens **5** weniger Raupen- bedeutung (aber z. B. für Distelfalter), wichtig für (Klein-)Käferentwicklungen	**hohe Bedeutung:** Top – Vielfalt; ! beliebt bei vielen Tagfaltern
48	Knautia arvense **Witwenblume**	**5** (manchmal) Skabiosen-Scheckenfalter (Eurodryas aurinia), Skabiosen-Schwärmer (Hemaris tityus)	**hohe Bedetung:** Top – Vielfalt; ! beliebt bei vielen Arten, häufig: Widderchen, Schachbrett, Ochsenauge, Mohrenfalter
49	Scabiosa columbaria **Tauben-Skabiose**	**5** polyphag: Skabiosen-Schwärmer, Goldener Scheckenfalter	**hohe Bedetung:** Top – Vielfalt; ! beliebt bei vielen Arten, häufig: Widderchen, Schachbrett, Ochsenauge, Mohrenfalter
50	Lysimachia vulgaris **Gilbweiderich**	**5** Nachtfalter, monophag: Gilbweiderich- Wellenrandspanner	geringe Bedeutung; manche Nachtfalter nutzen ihn, Optik für uns attraktiver als für Falter
51	Melilotus officinalis **Gelber Steinklee**	**5** manche Nachtfalter	geringe Bedeutung; gelegentlich Falter, mehr für Wildbienen
52	Alliaria petiolata **Knoblauchsrauke**	mindestens **3** wichtig für Aurorafalter, Grünader-Weißling, Achateule	für bestimmte Arten; Waldbrettspiel, Aurorafalter und weitere Weißlinge

Blütenfarbe Blütenform	Blütezeit	Wuchs	Boden	Natur-Lebensraum Besonderheit	Botanischer Name Deutscher Name	Rang
gelb Dolde	Spät-sommer bis Herbst	hoch	mager bis eutroph	Säume, Ruderalstellen	Tanacetum vulgare **Rainfarn**	**40**
blau Veilchen	Frühling	niedrig	mittel	Säume, Wälder	Viola (z. B. Viola odorata) **(Wohlriechendes) Veilchen, ähnlich andere Wildveilchen**	**41**
gelb Schmetter-lingsblüte	Spät-frühling bis Sommer	niedrig bis mittelhoch	mager bis frisch	Magerwiesen	Anthyllis vulneraria **Wundklee**	**42**
rot (purpur) Kopfblüte	Spät-frühling bis Sommer	hoch	feucht	Säume, Feuchtwiesen	Sanguisorba officinalis **Großer Wiesenknopf**	**43**
gelb Schirmblüte	Frühling	niedrig	mager	Säume, Magerwiesen	Helianthemum nummularium **Sonnenröschen**	**44**
weiß Nelkenform	Spät-frühling bis Sommer	mittelhoch	mager bis frisch	Säume Nacht!	Silene alba **Weiße Lichtnelke**	**45**
rot Nelkenform	Spät-frühling bis Sommer	mittelhoch	mager bis frisch	Säume Nacht!	Silene dioica **Rote Lichtnelke**	**46**
rot-violett Distelkopf	Spät-frühling bis Herbst	hoch	variabel	Säume, variabel	Cirsium, Carduus, Eryngium, weitere Gattungen **Heimische Distel-Arten**	**47**
rot-blau Schirmblüte	Sommer	mittelhoch	mager bis frisch	Wiesen optisch ähnlich Skabiose	Knautia arvense **Witwenblume**	**48**
rot-blau Schirmblüte	Sommer	mittelhoch	mager bis frisch	Wiesen, Säume optisch ähnlich Witwenblume	Scabiosa columbaria **Tauben-Skabiose**	**49**
gelb auffällige Glocke	Spät-frühling bis Sommer	mittelhoch bis hoch	frisch bis eutroph	Säume	Lysimachia vulgaris **Gilbweiderich**	**50**
gelb Schmetter-lingsblüte	Spät-frühling bis Sommer	hoch	mager bis frisch	Säume, Ruderalstellen	Melilotus officinalis **Gelber Steinklee**	**51**
weiß Kreuzblüte	Frühling bis Sommer	mittelhoch	mittel bis eutroph	Säume, Wälder, Hecken Duft!	Alliaria petiolata **Knoblauchsrauke**	**52**

Rang	Botanischer Name Deutscher Name	Raupen-Artenzahl Raupenpflanze-Bemerkung	Nektar-Bedeutung Nektarpflanze-Bemerkung
53	Cardamine pratensis **Wiesenschaumkraut**	**3** wichtig für Aurorafalter, Weißlinge	für bestimmte Arten; beliebt bei früh fliegenden Faltern: Aurorafalter, Weißlinge
54	Dianthus cartusianorum **Kartäusernelke**	**3** z. B. Karthäusernelken-Kapseleule	mittlere Bedeutung; beliebt bei Faltern mit ihren langen Rüsseln
55	Reseda lutea **Gelber Wau,** **Resede**	**3** wenige anpassungsfähige Weißlinge	geringe Bedeutung; wird von wenigen Faltern mitgenutzt, wegen Optik beliebt bei Menschen
56	Lychnis flos-cuculi **Kuckuckslichtnelke**	**3** z. B. Kuckucksnelken-Kapseleule	geringe Bedeutung; aber auffällig schön und Zeiger für gute, schmetterlingsreiche Feuchtwiesen
57	Moschus (Malva) moschata **Moschusmalve**	**2** einige anpassungsfähige Falter (Moschus-Dickkopffalter)	geringe Bedeutung; wird von wenigen Faltern mitgenutzt, wegen Optik beliebt bei Menschen
58	Valeriana officinalis **Großer Baldrian**	**2** wenige Nachtfalter, regionale Seltenheit: Baldrian-Scheckenfalter (Melitaea diamina)	geringe Bedeutung; beliebt bei manchen Zipfelfaltern
59	Dipsacus fullonum **Wilde Karde**	**2** nur zwei Eulen	**hohe Bedeutung:** Top – Vielfalt; **!** wird von sehr vielen Faltern besucht, zudem Vogelnahrung (Distelfink, Meisen) über den Winter
60	Ajuga reptans **Kriechender Günsel**	**1** nur bekannt für Trapez-Eule, die aber auch woanders fressen kann	mittlere bis hohe Bedeutung; für einige Falter, z. B. Weißlinge, Bläulinge
61	Oenothera biennis **Nachtkerze**	**1** Nachtkerzenschwärmer	mittlere Bedeutung; für einige Nachtfalter
62	Dianthus deltoides **Heidenelke**	**1** oligophag: Karthäusernelken-Kapseleule	geringe Bedeutung; C-Falter, Dickkopffalter, Schwalbenschwanz, Taubenschwänzchen nutzen sie gerne mit
63	Jasione montana **Sandglöckchen**	**0** keine Raupenpflanze, aber für Nektar	mittlere Bedeutung; wird gerne von häufigen Faltern mitbesucht
64	Leucanthemum vulgare **Wiesenmargerite**	**0** keine Raupenpflanze, aber für Nektar	geringe Bedeutung; für manche Tagfalter, optisch für uns Menschen schön

Blütenfarbe Blütenform	Blütezeit	Wuchs	Boden	Natur-Lebensraum Besonderheit	Botanischer Name Deutscher Name	Rang
weiß-rosa Kreuzblüte	Frühling	mittelhoch	mittel und (leicht) feucht	Wiesen, Wegränder	Cardamine pratensis **Wiesenschaumkraut**	**53**
rot (knallig) Nelkenform	Spät- frühling bis Sommer	mittelhoch	mager	Säume, Magerwiesen	Dianthus cartusianorum **Kartäusernelke**	**54**
gelb Traube	Spät- frühling bis Sommer	mittelhoch bis hoch	mager	Säume	Reseda lutea **Gelber Wau, Resede**	**55**
rosa-rot Nelkenform (gefranst)	Spät- frühling bis Sommer	mittelhoch	mager bis frisch und feucht	Feuchtwiesen, Frischwiesen	Lychnis flos-cuculi **Kuckuckslichtnelke**	**56**
rosa Strahlenblüte	Spät- frühling bis Herbst	hoch	frisch	Säume, Ruderalstellen, Wiesen	Moschus (Malva) moschata **Moschusmalve**	**57**
rot (zart) Dolde	Frühling bis Herbst	hoch	mittel bis eutroph	Säume, Ufer, Ruderalstellen Duft!	Valeriana officinalis **Großer Baldrian**	**58**
violett Karde	Spät- sommer bis Herbst	sehr hoch	variabel	Säume Ruderalstellen	Dipsacus fullonum **Wilde Karde**	**59**
blau Lippenblüte	Frühling bis Herbst	niedrig	mittel bis eutroph	Säume, Wiesen	Ajuga reptans **Kriechender Günsel**	**60**
gelb große Lappenblüte	Spät- frühling bis Sommer	hoch	mager bis frisch	Säume, Ruderalstellen, Sand und Kies Nacht!	Oenothera biennis **Nachtkerze**	**61**
rot Nelkenform	Spät- frühling bis Sommer	mittelhoch	mager	Säume, Magerrasen	Dianthus deltoides **Heidenelke**	**62**
hellblau Kopfblüte	Spät- frühling bis Sommer	niedrig	mager	Sandrasen, Steinflächen	Jasione montana **Sandglöckchen**	**63**
weiß Strahlenblüte	Spät- frühling bis Sommer	hoch	frisch	Säume, Wiesen	Leucanthemum vulgare **Wiesenmargerite**	**64**

Gehölze und Bäume

Rang	Botanischer Name Deutscher Name	Raupen-Artenzahl Raupenpflanze-Bemerkung	Nektar-Bedeutung Nektarpflanze-Bemerkung
1	Quercus robur **Stieleiche,** Quercus petraea **Traubeneiche**	**154** Top: Raupenbaum für extrem viele Schmetterlinge	keine Bedeutung
2	Betula pendula **Birke**	**124** Top: Raupenbaum für extrem viele Schmetterlinge, auch Trauermantel	keine Bedeutung
3	Prunus spinosa aggr. **Schlehe,** **Schwarzdorn**	**118** Top: hauptsächlich Nachtfalter, aber auch Segelfalter, mehrere Zipfelfalterarten	mittlere bis hohe Bedeutung; im Frühjahr wichtig für Landkärtchen (Frühform) und viele andere
4	Salix caprea **Salweide**	**100** Top: für ganz viele Schmetterlingsarten, darunter Großer Schillerfalter, seltener Kleiner Schillerfalter	**hohe Bedeutung;** **!** unersetzlich für aufwachende Überwinterer: Kleiner Fuchs, Tagpfauenauge, Zitronenfalter
5	Populus tremula **Espe,** **Zitterpappel**	**86** Top: für ganz viele Schmetterlingsarten, darunter Rotes Ordenband, an Tagfaltern z. B. Kleiner Schillerfalter, Großer Eisvogel	keine Bedeutung
6	Crataegus monogyna **Eingriffeliger Weißdorn,** Crataegus laevigata **Zweigriffeliger Weißdorn**	**70** viele Nachtfalter, z. B. Weißdorneule, Weißdornspinner, Trauerwidderchen, selten auch Segelfalter und Baumweißling	geringe Bedeutung; wenige Falter und Glasflügler
7	Rubus idaeus **Himbeere**	**70** Top: Nachtfalter-Vielfalt, ähnlich wie bei Brombeere	ähnlich wie bei Brombeere
8	Rubus fructicosus aggr. **Brombeeren**	**68** Top: Nachtfalter-Vielfalt (auch Schönbär), an Tagfaltern z. B. Brombeerperlmutter, Faulbaumbläuling, Grüner Zipfelfalter	**hohe Bedeutung;** **!** für viele verschiedene Falter, gerne Landkärtchen, Perlmutterfalter, Kleiner und Großer Fuchs
9	Fagus sylvatica **Buche**	**68** Top: Urwaldarten, z. B. Nagelfleck, Buchenspinner, Buchen-Sichelflügler	keine Bedeutung
10	Heimische Linden-Arten Tilia platyphyllos **Sommerlinde,** Tilia cordata: **Winterlinde** nie: Silberlinde	**64** Nachtfaltervielfalt	geringe Bedeutung; für einige Nachtfalter, aber viele Wildbienen
11	Coryllus avellana **Haselnuss**	**64** Nachtfaltervielfalt, auch polyphag, Kleines Nachtpfauenauge, Schönbär, Spanische Flagge, gelegentlich C-Falter	keine Bedeutung
12	Alnus glutinosa **Erle**	**60** Nachtfaltervielfalt	keine Bedeutung

Blütenfarbe Blütenform	Blütezeit	Wuchs	Boden	Natur-Lebensraum Besonderheit	Botanischer Name Deutscher Name	Rang
gelb- grünlich unscheinbar	Frühling	Baum	alle	(lichte) Wälder, Halboffenland	Quercus robur **Stieleiche,** Quercus petraea **Traubeneiche**	1
grünlich Kätzchen	Frühling	Baum	alle	Wald(-ränder), Pionierwälder allergen	Betula pendula **Birke**	2
weiß einfach	Frühling	Strauch	alle	Waldränder, Halboffenland, Hecken	Prunus spinosa aggr. **Schlehe,** **Schwarzdorn**	3
gelb Kätzchen	sehr früher Frühling!	Baum (und Strauch)	alle	Wald(-ränder), Pionierwälder	Salix caprea **Salweide**	4
weiß kleiner Zapfen	Frühling	Baum	alle	Wald(-ränder), Pionierwälder allergen	Populus tremula **Espe,** **Zitterpappel**	5
weiß Rosenblüte	Sommer	Strauch	alle	sonnige Waldränder, Hecken Duft!	Crataegus monogyna **Eingriffeliger Weißdorn,** Crataegus laevigata **Zweigriffeliger Weißdorn**	6
weiß Rosenblüte	Sommer	Strauch	frisch bis eutroph	überall	Rubus idaeus **Himbeere**	7
weiß Rosenblüte	Sommer	Strauch	eutroph	überall	Rubus fructicosus aggr. **Brombeeren**	8
grünlich unscheinbares Mini-Kätzchen	Sommer	Baum	frisch, variabel	Wälder	Fagus sylvatica **Buche**	9
weiß kleines Köpfchen	Sommer	Baum	frisch	Wälder Duft!	Heimische Linden-Arten Tilia platyphyllos **Sommerlinde,** Tilia cordata: **Winterlinde** nie: Silberlinde	10
grünlich Kätzchen	sehr früher Frühling	Strauch und Baum	frisch	überall allergen	Coryllus avellana **Haselnuss**	11
braun Kätzchen und Zapfen	Frühling	Baum	feucht	feuchte Waldränder, Bachufer allergen	Alnus glutinosa **Erle**	12

Rang	Botanischer Name Deutscher Name	Raupen-Artenzahl Raupenpflanze-Bemerkung	Nektar-Bedeutung Nektarpflanze-Bemerkung	
13	Cytisus scoparius **Besenginster**	**57** Nachtfaltervielfalt, polyphage Tagfalter: Grüner Zipfelfalter, Idas-Bläuling	geringe Bedeutung; trotz auffälliger gelber Blüte kaum von Faltern genutzt	
14	Carpinus betulus **Hainbuche**	**50** Nachtfaltervielfalt	geringe Bedeutung	
15	Ulmus spec. **Heimische Ulmen-Arten**	**42** Nachtfaltervielfalt, z. B. Blaues Ordensband, an Tagfaltern: Ulmen-Zipfelfalter	keine Bedeutung	
16	Prunus padus **Heimische(!) Traubenkirsche**	**30** Nachtfaltervielfalt, gelegentlich auch Zitronenfalter	geringe Bedeutung; für wenige Falter, mehr für Wildbienen	
17	Frangula alnus **Faulbaum**	**28** wichtig z. B. auch für Zitronenfalter, Faulbaumbläuling	geringe Bedeutung; fast nur Glasflügler unter den Schmetterlingen, aber viele Wildbienen	
18	Fraxinus excelisor **Esche**	**27** anpassungsfähige Nachtfalter	keine Bedeutung	
19	Salix alba **Silberweide**	**27** Nachtfalter, auch Schillerfalter	keine Bedeutung	
20	Sorbus aucuparia **Vogelbeere, Eberesche**	**26** viele Nachtfalter (Liguster-Schwärmer)	geringe Bedeutung; für wenige Schmetterlinge, aber viele Wildbienen	
21	Lonicera peryclymenum, Lonicera xylosteum **Heimische Heckenkirschen, Geißblattgewächse**	mindestens **25** viele Nachtfalter, Blauschwarzer Eisvogel und Kleiner Eisvogel (vor allem an L. xylosteum), auch Spanische Flagge	keine Bedeutung	
22	Malus silvestris **Wildapfel**	**25** viele Nachtfalter, auch Baumweißling, Großer Fuchs	geringe Bedeutung; mehr für Wildbienen	
23	Ligustrum vulgare **Liguster**	**24** viele Nachtfalter (Liguster-Schwärmer)	mittlere bis hohe Bedeutung; immer wieder viele Tagfalter: Weißlinge, Ochsenauge, Kleiner Fuchs	
24	Acer campestre **Feldahorn**	**23** viele Nachtfalter	keine Bedeutung	
25	Prunus avium **Vogelkirsche, Wildkirsche**	**20** Nachtfalter, z. B. Gelbes Ordensband, aber auch ein polyphager Tagfalter: Nierenfleck-Zipfelfalter	geringe Bedeutung kaum von Schmetterlingen genutzt, aber Wildbienen	

Blütenfarbe Blütenform	Blütezeit	Wuchs	Boden	Natur-Lebensraum Besonderheit	Botanischer Name Deutscher Name	Rang
gelb Schmetterlingsblüte	Frühling	Strauch	trocken, sandig	lichte Wälder, Heiden	Cytisus scoparius **Besenginster**	13
grünlich Zäpfchen	Frühling	Baum	frisch	Wälder, Hecken	Carpinus betulus **Hainbuche**	14
weiß-braun kleines Köpfchen	Frühling	Baum	frisch	Wälder, Hecken	Ulmus spec. **Heimische Ulmen-Arten**	15
weiß große Traube	Sommer	Strauch und Baum	frisch	Wälder, Hecken, Halboffenland, Pionierwälder Duft!	Prunus padus **Heimische(!) Traubenkirsche**	16
grünlich weiß kleine Dolde	Sommer	Strauch, Kleinbaum	frisch bis eutroph	Wälder, Waldränder, Hecken Duft!	Frangula alnus **Faulbaum**	17
weiß zarte Dolde	Frühling	Baum	frisch	Wälder, Auen	Fraxinus excelisor **Esche**	18
gelb zarte Traube	Frühling	Baum	eutroph	Auen, Ufer allergen	Salix alba **Silberweide**	19
weiß große Dolde	Frühling	Baum	frisch	(lichte) Wälder, Halboffenland Duft!	Sorbus aucuparia **Vogelbeere, Eberesche**	20
gelb und rot Dolde	Sommer	Strauch	frisch bis eutroph	Wälder, Waldränder Duft! Nacht!	Lonicera peryclymenum, Lonicera xylosteum **Heimische Heckenkirschen, Geißblattgewächse**	21
weiß Rosenblüte	Frühling bis Sommer	Baum	frisch	(lichte) Wälder, Halboffenland, Waldränder, Hecken	Malus silvestris **Wildapfel**	22
weiß kleines Köpfchen	Sommer	Strauch	frisch	sonnige Waldränder, Hecken Duft!	Ligustrum vulgare **Liguster**	23
grün kleines Köpfchen	Frühling bis Sommer	Baum	frisch bis eutroph	Waldränder, Hecken	Acer campestre **Feldahorn**	24
weiß Rosenblüte	Frühling	Baum	variabel	Wald(-ränder), Pionierwälder, lichte Wälder Duft!	Prunus avium **Vogelkirsche, Wildkirsche**	25

Rang	Botanischer Name Deutscher Name	Raupen-Artenzahl Raupenpflanze-Bemerkung	Nektar-Bedeutung Nektarpflanze-Bemerkung
26	Genista tinctoria **Färber-Ginster**	**20** Nachtfalter, monophag: Färberginster-Glasflügler	geringe Bedeutung; wird von Nachtfaltern mitgenutzt
27	Cornus sanguinea **Blutroter Hartriegel**	**15** einige Nachtfalter, entscheidend für Hartriegel-Spanner	geringe Bedeutung
28	Sambucus niger **Schwarzer Holunder**	**14** einige Nachtfalter, polyphag z. B. Nachtschwalbenschwanz, Achateule	mittlere Bedeutung; wird von anpassungsfähigen Faltern mitgenutzt, auch Pflaumen-Zipfelfalter
29	Ribes uva-crispa **Stachelbeere**	**13** einige Nachtfalter und Glasflügler, Stachelbeerspanner	keine Bedeutung; aber alte Beeren werden mitgenutzt
30	Ribes spec. **Heimische Johannisbeer-Arten**	**10** wenige Nachtfalter, auch Johannisbeer-Glasflügler	keine Bedeutung; aber alte Beeren werden mitgenutzt
31	Rhamnus **Heimische Kreuzdorn-Arten**	**5** wenige Nachtfalter, auch Zitronenfalter	keine Bedeutung

Besonderheiten

Rang	Botanischer Name Deutscher Name	Raupen-Artenzahl Raupenpflanze-Bemerkung	Nektar-Bedeutung Nektarpflanze-Bemerkung
1	Clematis vitalba **Waldrebe**	**32** wichtig für viele Nachtfalter	geringe Bedeutung; aber schöne Winterblüte
2	Phragmites australis **Schilf**	**27** minierende Nachtfalter	geringe Bedeutung; wenige Nachtfalter!
3	Poa, Festuca, Bromus, weitere Gattungen **Heimische Gräser (zusammengefasst)**	mindestens **25** »Grasfalter« (häufig: Familie der Augenfalter) darauf angewiesen	keine Bedeutung
4	Malus, Pyrus, Prunus **Wildobst und Zuchtformen**	mindestens **25** viele Nachtfalter (auch an Zuchtformen, sofern ungespritzt!)	geringe Bedeutung; mehr für Bienen
5	Hedera helix **Efeu**	**8** Faulbaumbläuling, viele Nachtfalter	geringe Bedeutung; wird von C-Falter und Zünsler-Eule mitbesucht

Blütenfarbe Blütenform	Blütezeit	Wuchs	Boden	Natur-Lebensraum Besonderheit	Botanischer Name Deutscher Name	Rang
gelb Schmetterlingsblüte	Frühling bis Sommer	Strauch	sandig, trocken bis frisch	Halboffenland, Heiden	Genista tinctoria **Färber-Ginster**	**26**
weiß Kreuzblüte	Frühling bis Sommer	Strauch	variabel	Waldränder, Hecken Duft!	Cornus sanguinea **Blutroter Hartriegel**	**27**
weiß Schirmblüte	Sommer	Strauch	eutroph	Waldränder, Hecken Duft!	Sambucus niger **Schwarzer Holunder**	**28**
grünlich kleine Strahlenblüte	Sommer	Klein- strauch	frisch bis eutroph	Waldränder, lichte Wälder, Hecken	Ribes uva-crispa **Stachelbeere**	**29**
grünlich kleine Strahlenblüte	Sommer	Klein- strauch	frisch bis eutroph	Waldränder, lichte Wälder, Hecken	Ribes **Heimische Johannisbeer-Arten**	**30**
weiß unscheinbar	Sommer	Strauch	frisch bis eutroph	lichte Waldränder, Hecken	Rhamnus **Heimische Kreuzdorn-Arten**	**31**

Blütenfarbe Blütenform	Blütezeit	Wuchs	Boden	Natur-Lebensraum Besonderheit	Botanischer Name Deutscher Name	Rang
weiß Schneeflocke	Winter	Liane	eutroph	Waldränder	Clematis vitalba **Waldrebe**	**1**
braun Ähre	Spät- frühling bis Sommer	Schilf	nass	Ufer, Verlandungszonen, (Garten-)Teiche	Phragmites australis **Schilf**	**2**
braun Rispe und Ähre	Spät- frühling bis Sommer	Gras, mittelhoch bis hoch	variabel	variabel allergen	Poa, Festuca, Bromus, weitere Gattungen **Heimische Gräser (zusammengefasst)**	**3**
weiß-rosa Rosenblüte	Frühling bis Sommer	(Klein-) Baum	frisch	Waldränder, Streuobstwiesen	Malus, Pyrus, Prunus **Wildobst und Zuchtformen**	**4**
grün Köpfchen	Winter	Kletter- pflanze	eutroph	Mauern, Wälder, Waldränder; dichter Efeubewuchs ist wichtiges Winterquartier!	Hedera helix **Efeu**	**5**

Anhang

Literatur und Quellenhinweis: Alle Fakten im Buch sind durch wissenschaftliche Quellen oder eigene Erkenntnisse belegt. Zur besseren Lesbarkeit wurde auf Zitate und Fußnoten verzichtet. Belege zu Aussagen im Buch sind bei Interesse beim Autor erhältlich (über Naturschutzmuseum: info@nahe-natur.com).

Zum Weiterlesen und Weiterinformieren

Bücher speziell zu Schmetterlingen

... in eigenem Stil und mit eigenen Blickwinkeln – von mir sehr empfohlen:

- Josef Reichholf: Schmetterlinge. Warum sie verschwinden und was das für uns bedeutet. Carl Hanser Verlag, 2018
  Kenntnis- und Erfahrungsreichtum!
- Johann Brandstetter & Elke Zippel: Wie Schmetterlinge leben. Haupt-Verlag, 2019
  Ästhetisch und sachlich treffende Falterporträts und Geschichten
- Andrea Grill: Schmetterlinge. Ein Porträt. Matthes & Seitz, 2016
  Unterhaltsame und liebevolle kleine Wahrheiten zwischen Ökologie und Philosophie
- Anita Albus: Sonnenfalter und Mondmotten. S. Fischer, 2019
  Schmetterlinge tiefsinnig und bezaubernd in Biologie, Literatur und Kunst
- Angela Klein: Naturwerkstatt Schmetterlinge. AT-Verlag, 2016
  Buntes Pädagogikbuch mit Kompaktinfos und Spielen rund um Schmetterlinge
- Rainer Ulrich: Schmetterlinge entdecken und verstehen. Kosmos Verlag, 2015
  Fotoreiches Wissens- und Anrege-Buch
- Andreas Kolossa: Schmetterlinge. So gelingen faszinierende Fotos. Bildner-Verlag, 2020
  Schmetterlinge mit Fotografenblick und Foto-Ratgeber
- Hermann Hesse: Schmetterlinge. Insel-Verlag (zuletzt 2002)
  Darunter die Kurzgeschichte »Das Nachtpfauenauge«

Garten-Ratgeber

... (auch) mit Schmetterlingen, eigene Schwerpunkte:

- Ursula Kopp: Ein Gartenparadies für Schmetterlinge. Bassermann, 2020
- Bruno P. Kremer: Schmetterlinge in meinem Garten. Haupt-Verlag, 2018
- Bruno P. Kremer & Klaus Richarz: Tiere in meinem Garten. Haupt-Verlag, 2020
- Anita & Norbert Schäffer: Ein Garten für Insekten. Aula-Verlag, 2020
- Elke Schwarzer: Mein Schmetterlingsgarten. Ulmer Verlag, 2019

Schmetterlinge bestimmen

Aus der Vielzahl an Bestimmungs-Büchern diejenigen Bücher, die Artenspektren in ihrem Bezugsraum wirklich (fast) vollständig abbilden:

Tagfalter:

- Josef Settele, Roland Steiner, Rolf Reinhardt, Reinart Feldmann & Gabriel Hermann: Schmetterlinge Die Tagfalter Deutschlands. Ulmer Verlag, aktuell als Taschenbuch, 2015
- Tom Tolmann & Richard Lewington: Schmetterlinge Europas und Nordwestafrikas. Alle Tagfalter, über 400 Arten. Kosmos Verlag, 2012
- Rolf Reinhardt et al.: Verbreitungsatlas der Tagfalter und Widderchen Deutschlands. Ulmer Verlag, 2020

Nachtfalter:

- Axel Steiner, Ulrich Ratzel, Morten Top-Jensen & Michael Fibiger: Die Nachtfalter Deutschlands. BugBook Publishing, 2014
- Rainer Ulrich: Tagaktive Nachtfalter. Kosmos Verlag, 2018

Bücher zum Thema Naturschutz

Vier von mir ausgewählte aktuelle Bücher, die Naturschutzprobleme und Chancen über Schmetterlinge hinaus umfassend und gut lesbar zugleich behandeln:

- Jan Haft: Die Wiese. Penguin Verlag, 2019
- Andreas H. Segerer & Eva Rosenkranz: Das große Insektensterben. oekom verlag, 2018
- Eberhard Schneider & Anne Schneider: Schöne Insektenwelt. Ihre Vernichtung und was wir dagegen tun können. oekom verlag, 2020
- Tanja Busse: Das Sterben der anderen. Karl Blessing Verlag, 2019
- Josef Settele: Die Triple-Krise. Artensterben, Klimawandel, Pandemien. Warum wir dringend handeln müssen. Edel Verlag, 2020

Rat zur Gestaltung von Naturgärten

... gibt es in Vielzahl im Internet und in Broschüren. Hier Beispiele mit Qualität:

- Verein »Naturgarten e. V.«: www.naturgarten.org
- Portal »Faltergarten«: www.faltergarten.de
- Freie NABU-Naturgartenseiten, darunter Bau einer Schmetterlingsspirale: www.nabu.de (Suchbegriff: Schmetterlingsspirale)

Wichtige Spezial-Informationen

- Spezialtipp für Naturschutz- und faltertaugliche Beweidung (siehe Seite 114): ABU Soest (Hrsg.), 2019: Naturnahe Beweidung und Natura 2000, 411 Seiten (Großbroschüre), viele Bilder, 18 Euro, bei: www.abu-naturschutz.de
- Fachinformationssystem Mahdgutübertragung (siehe Seite 96): Methoden (überregional) und Beispiele (Nordrhein-Westfalen): mahdgut.naturschutzinformationen.nrw.de/mahdgut/de/fachinfo

- Hintergrundbelastungsdaten Stickstoff (siehe Seite 59): https://gis.uba.de/website/depo1/
- Info-Portal des deutschen Bundesamtes für Naturschutz zu Neobiota: www.neobiota.de
- Initiative »Wildnis in Deutschland«: www.wildnisindeutschland.de

Mitmachen und Engagieren

- Wissenschaftlicher Fachverband GfS (Gesellschaft für Schmetterlingsfreunde): https://www.ufz.de/european-butterflies/
- Tagfalter-Monitoring (aktuelle Ergebnisse und Beteiligungsmöglichkeiten): https://www.ufz.de/tagfalter-monitoring/
- »Mitmach«-Naturschutzverbände mit Schmetterlingsaktivitäten (alle gemeinnützig):
  Deutschland: BUND (in Bayern: BN), Delattinia (Saarland),
  GNOR (Rheinland-Pfalz), HGON (Hessen), NABU (in Bayern: LBV),
  NI – Naturschutzinitiative, Pollichia (Rheinland-Pfalz), VLAB (Bayern)
  Schweiz: Pro Natura; Österreich: Naturschutzbund; Luxemburg: natur&ëmwelt

Bezugsquellen-Hinweise

Hier – als kleine Auswahl – finden Sie Lieferanten für Wildpflanzen und regionales Saatgut:

- Naturgarten e. V., unter: »Mitgliedbetriebe«: www.naturgarten.org
- Verband deutscher Wildsamen- und Wildpflanzenproduzenten e. V.: www.natur-im-vww.de
- Naturschutzbund Deutschland e. V. (NABU): www.nabu.de/umwelt-und-ressourcen/oekologisch-leben/balkon-und-garten/trends-service/empfehlungen/00592.html

Link-Auswahl

... aus der dynamischen Vielzahl privater, kommerzieller und behördlicher Seiten:

- Behördliches Infoportal mit Arteninfos: https://www.rote-liste-zentrum.de
- Austausch und Fragen zur Schmetterlingsbestimmung: www.lepiforum.de
- Forschungs-News, auch zu Faltern: www.ufz.de, www.spektrum.de, www.scinexx.de, www.idiv.de (darin: »Jena-Experiment« zu Wiesenökologie), www.wissenschaft.de,
- Infoseite zu allen Schmetterlingen von Wolfgang Wagner: www.pyrgus.de
- Schmetterlinge Deutschland (BfN): www.schmetterlinge-d.de
- Schmetterlingspflanzen-Datenbank des deutschen Bundesamtes für Naturschutz: www.floraweb.de/pflanzenarten/schmetterlingspflanzen.xsql
- Tropische Häuser für Schmetterlinge zum Besuchen: www.schmetterling-raupe.de/gaerten.htm
- Und (nicht) zuletzt: das zu Öffnungszeiten besuchbare »SchmetterlingsReich« des Autors als Teil von »Nahe der Natur – Mitmach-Museum für Naturschutz« in Staudernheim (Nahe) ist Modell, Treffpunkt, Beratungs- und Beobachtungsort: www.nahe-natur.com/Schmetterlingsreich/

Weitere Bücher aus dem pala-verlag

Michael Altmoos:
Der Moosgarten
ISBN: 978-3-89566-387-1

Ulrike Aufderheide:
Tiere pflanzen
ISBN: 978-3-89566-388-8

Sigrid Tinz:
Haufenweise Lebensräume
ISBN: 978-3-89566-389-5

Brigitte Kleinod, Friedhelm Strickler:
Schön wild!
ISBN: 978-3-89566-367-3

Gesamtverzeichnis bei:
pala-verlag, Am Molkenbrunnen 4, 64287 Darmstadt, www.pala-verlag.de

ISBN: 978-3-89566-408-3

Am Molkenbrunnen 4, 64287 Darmstadt
www.pala-verlag.de

Bildnachweis:
Seiten 10, 12 (oben), 26, 45, 52, 54, 63 (unten), 71, 74 (2. u. 3. von oben), 123 (oben rechts, Mitte Mitte u. rechts), 140, 167 (unten), 171, 174, 185: Udo Steinhäuser
Seiten 23, 63 (Mitte links), 87 (links), 186: Ursula Altmoos
Seiten 33 (oben links, Mitte links u. rechts, unten links u. rechts), 34 (oben links), 39, 107 (beide), 123 (oben links, unten rechts), 177, 182: Harald Karl
Seiten 33 (oben rechts), 37, 87 (rechts), 138, 160, 162 (alle): Dirk Funhoff
Seite 42: Helga Simon
Seite 49: Meike-Christine Karl
Seite 64: Sigrid Tinz
Seite 86 (beide): Raimund Hinsberger
Seite 94: Sarah Altmoos
Seite 158: Ulrike Aufderheide
Seiten 123 (Mitte links), 179: Steffen Caspari
Seite 123 (unten links u. Mitte): Wolfgang Wagner
Seite 125: Kerstin Schmitz

alle anderen Fotos: Michael Altmoos

Umschlagfotos vorne: Michael Altmoos *(oben: Schachbrettfalter, unten rechts: Kaisermantel, unten Mitte: »SchmetterlingsReich« Staudernheim, unten links: Schwalbenschwanz-Raupe)*
Umschlagfoto hinten: Ursula Altmoos

Illustrationen: Margret Schneevoigt
Lektorat und Gestaltung: Angelika Eckstein

Druck und Bildung: Beltz Grafische Betriebe GmbH, Bad Langensalza
www.beltz-grafische-betriebe.de
Printed in Germany

Gedruckt auf
100% Recyclingpapier